国家社科基金项目："基于吸收能力视角的中国对外直接投资逆向技术溢出效应研究"(项目号：11CGL037)

吸收能力视角的OFDI逆向技术溢出效应研究

徐磊 著

A Research on the Reverse Technology Spillover Effect of OFDI from the Perspective of Absorptive Capacity

中国社会科学出版社

图书在版编目（CIP）数据

吸收能力视角的OFDI逆向技术溢出效应研究/徐磊著．
—北京：中国社会科学出版社，2020.12
ISBN 978-7-5203-7316-6

Ⅰ.①吸… Ⅱ.①徐… Ⅲ.①对外投资—直接投资—投资效应—研究—中国 Ⅳ.①F832.6

中国版本图书馆CIP数据核字(2020)第186295号

出 版 人　赵剑英
责任编辑　杨晓芳
责任校对　王　潇
责任印制　王　超

出　　版　中国社会科学出版社
社　　址　北京鼓楼西大街甲158号
邮　　编　100720
网　　址　http://www.csspw.cn
发 行 部　010-84083685
门 市 部　010-84029450
经　　销　新华书店及其他书店

印　　刷　北京明恒达印务有限公司
装　　订　廊坊市广阳区广增装订厂
版　　次　2020年12月第1版
印　　次　2020年12月第1次印刷

开　　本　710×1000　1/16
印　　张　18
插　　页　2
字　　数　318千字
定　　价　99.00元

前　言

在人类工业文明发展过程中，“科学技术是第一生产力”被一次次的工业革命活动所证实。世界最大的转型经济体——中国曾先后错失第一次及第二次二业革命的机遇，导致那个阶段中国政治被边缘化，技术陈旧落伍，经济急剧衰落，这些都成为中国近代饱受欺凌的重要原因。21 世纪，人类社会已悄然进入以“智能制造”为核心的“第四次工业革命”时代，曾经饱受欺凌的中国再也不能错过新一次的工业革命。在此背景下，中国制造业转型及升级显得更加紧迫。为了全面提升中国制造业的水平，推动其由大变强，中国政府试图借由多种渠道促进制造业整体技术水平的提升。一方面，中国政府凭借“中国特色自主创新道路”“创新驱动发展战略”“科技自主创新战略”等重大战略及部署，大幅快速地增加了科技经费投入，但与美、德等发达国家差距依然很大；另一方面，近些年劳动力成本不断攀升，国内市场不断饱和，在华投资企业对核心技术扩散的控制不断加大，加之我国引资质量不高、结构不当等原因，导致中国吸引外商直接投资带来的技术溢出效果不尽如人意。此时，中国企业“走出去”，通过对外直接投资进行国际化经营，并在全球范围内进行资源配置、寻求增长机会，成为最终提升中国企业国际竞争力的重大战略举措。

党的十八大报告明确提出要“加快走出去步伐，增强企业国际化经营能力，培育一批世界水平的跨国公司”①。国家对“走出去”战略的持续重视，促使越来越多的中国企业“走出去”进行海外投资，对外直接投资呈现爆发式的增长。《2015 年度中国对外直接投资统计公报》发布的数据显示，截至 2015 年年末，中国 2.02 万家境内投资者在国（境）外共设立对外直接投资企业 3.08 万家，共分布在全球 188 个国家（地区），对外直接投资流量创下 1456.7 亿美元

① 胡锦涛：《胡锦涛在中国共产党第十八次全国代表大会上的报告》。

的历史最高值，同比增长 18.3%，这是中国连续三年位列世界第三大投资国后，首次超越日本成为世界第二大投资国。此外，随着习近平总书记“一带一路”倡议的提出，中国对外投资特别是对“一带一路”相关国家的投资发展更加迅猛。我国商务部数据显示：2015 年，中国对“一带一路”相关国家的投资占当年流量总额的 13%，高达 189.3 亿美元，同比增长 38.6%，是对全球投资增幅的 2 倍。融入对外投资热潮的中国企业是否同样能够通过大量对发达国家以及“一带一路”相关国家开展“技术获取型”投资活动获取逆向技术溢出效应？这种逆向技术溢出效应在中国是否存在区域异质性？如果存在区域异质性，又是哪些因素导致的，具体作用机制是什么？这些问题是当前中国推进“全面深化改革”及“走出去”战略过程中亟须考虑的重要问题。此外，作为发展中国家、新兴经济体、转型经济体，中国与东道国或地区之间存在不可忽视的制度距离，这种制度距离是否影响到了我国企业海外投资进程，特别是对“一带一路”相关国家投资的进程；又是如何影响中国在“一带一路”相关国家开展 OFDI 活动的逆向技术溢出效应？这是当前我国借由“一带一路”倡议引导“走出去”战略过程中亟须考虑的另一方面问题。针对以上诸多重要问题，本书展开了系统的理论及实证研究，其核心研究内容包括以下五大板块。

第一板块：中国对外直接投资现状及发展趋势研究，即本书第三章内容。

首先，在研读相关文献的基础上，首先借助投资发展周期理论对中国对外投资的发展阶段进行划分，以此清晰地揭示中国对外直接投资近 40 年的发展历程；其次，分别选择中国对外直接投资的流量、存量、区域结构、行业结构、投资主体结构及地区分布结构进行现状分析，以期可以总结和归纳中国对外直接投资在各方面的特点及存在的问题，为后续相关研究奠定基础。

详细的现状研究表明：第一，中国 OFDI 经历了 1978—1991 年的起步、1992—2004 年的曲折发展、2005—2013 年的快速发展及 2014 年以后的稳步发展四个阶段。第二，中国 OFDI 流量高速增长且位居世界前列，但在全球占比极低，且其存量仍处于较低发展阶段。第三，中国 OFDI 区位分布虽然比较多元化，但其集中度过高，盲目扎堆，多投向亚洲、拉丁美洲及非洲的发展中国家或地区，对欧美的国家或地区投资明显很少。第四，中国 OFDI 的行业覆盖面广，但又相对集中，说明境外投资动机多元化程度高，但其主要动机依然是市场及资源的获取，技术获取型动机不够强烈。第五，中国 OFDI 的投资主体类型众多，但主体依然为国有企业，而非国有经济份额极小，中国 OFDI 具有极强的政策推动性。第六，中国 OFDI 存在显著的地区分布差异，宏观上而言，中国对外直接投资在地区分布上呈现明显的“东、西、中部地区依次递减”格局；就具体省份情况而言，主要集中于北京、上海、广东、山东、福建及江苏等东部沿海地区，全国其他地区对外直接投资占比极低。

第二板块：发展中国家广义吸收能力与 OFDI 逆向技术溢出的理论研究，即本书第四章研究内容。

在对相关理论进行回顾与综述的基础上，以不具备所有权优势的发展中国家跨国公司的对外直接投资活动作为研究对象，在借鉴徐磊和刘怡（2014）模型思想的基础上，增加考虑企业自身研发创新对企业技术水平的促进作用，构建三阶段古诺模型，从理论角度分析了发展中国家对外投资过程中的学习能力、学习机会与对外直接投资逆向技术溢出之间的关系。希望通过该板块严密的理论推导，明晰发展中国家跨国公司广义吸收能力对 OFDI 逆向技术溢出效应的一般作用机理，客观地解释吸收能力与 OFDI 逆向技术溢出关系实证结果的差异性。

规范的理论研究表明：发展中国家的母国企业通过开展“技术获取型”对外投资来获取逆向技术溢出效应并不是无条件的，需要母国企业的学习能力及学习机会处于合理范围，OFDI 逆向技术溢出效应存在基于学习能力及学习机会的双门槛效应。具体而言：第一，就母国跨国公司的学习能力而言，若学习能力未跨越低门槛值，母国跨国公司不会考虑前往东道国或地区开展对外直接投资活动，更无法获取逆向技术溢出效应；若学习机会处于低门槛值与最高门槛值之间，母国跨国公司能够从对外投资过程中获取逆向技术溢出效应，而且随着学习能力的不断提升，母国跨国公司愿意增加费用 g，跨国公司愿意减少费用 p，均衡逆向技术溢出率会逐渐增大 s^*；若学习能力跨越更高门槛值，随着母国企业学习能力的提升，母国企业愿意支付的费用 g、东道国企业愿意支付的费用 p，以及均衡逆向技术溢出率的变化方向都无法确定。第二，就母国跨国公司的学习机会而言，若学习机会未跨越最低门槛值，母国跨国公司会由于学习空间太少，不考虑前往东道国或地区开展对外直接投资活动，更无法获取逆向技术溢出效应；若学习机会处于低门槛值与最高门槛值之间，母国跨国公司能够从对外投资过程中获取逆向技术溢出效应，而且随着学习机会即技术差距的不断缩小，母国跨国公司愿意增加费用 g，跨国公司愿意减少费用 p，均衡逆向技术溢出率会逐渐增大 s^*；若学习机会跨越更高门槛值，母国跨国公司技术水平已达到一个新高度，随着学习机会即技术差距的变化，无法确定母国企业愿意支付的费用 g 和东道国企业愿意支付的费用 p，以及均衡逆向技术溢出率 s^*。本章研究结论从理论视角解释了 OFDI 逆向技术溢出效应实证研究结果差异性的原因，并为后续实证研究的开展提供了方向。

第三板块：以投资于发达国家的 OFDI 作为研究对象，实证分析中国吸收能力与 OFDI 逆向技术溢出效应之间的关系，即本书第五章至第七章研究内容。

首先，在对中国各省份通过进口贸易、吸引外商直接投资及对外直接投资三个途径获取的国外研发资本存量估算的基础上，尝试实证检验中国投向发达国家 OFDI 的逆向技术溢出效应及其区域异质性。其次，在对中国 OFDI 逆向技术溢出效应“吸收能力”重新刻画的基础上，从“技术资源获取能力”“技术资源直接利用能力”及“资源再配置及技术杠杆化环境”3 个维度选择 21 个二级测度指标，对中国各省市 2003—2014 年 OFDI 逆向技术溢出“吸收能力”进行定量测度，并对“吸收能力”总体指数得分及 3 个维度指数得分进行变化趋势分析，以期能够客观测度中国 OFDI 逆向技术溢出“吸收能力”的影响因素，并为实证分析中国吸收能力与 OFDI 逆向技术溢出效应关系奠定基础。最后，在对中国各省市 OFDI 逆向技术溢出“吸收能力”进行客观度量的基础上，将“吸收能力”指标作为“门槛变量”引入“门槛模型”，实证分析中国吸收能力与 OFDI 逆向技术溢出效应的关系。希望通过对门槛效应的检验，以及对具体门槛值及参数的估计，深入剖析中国 OFDI 逆向技术溢出效应产生的条件及其区域异质性产生的原因。

系统的实证研究表明：第一，现阶段，中国大部分省份并没有通过对美国等 11 个发达国家或地区开展的对外直接投资活动获取明显的逆向技术溢出效应，仅有东部地区获取了显著的 OFDI 逆向技术溢出效应，因此中国的 OFDI 逆向技术溢出效应存在显著的区域异质性。第二，本书构建的“吸收能力”总体指标体系及“技术资源获取能力”“技术资源直接利用能力”“资源再配置及技术杠杆化环境”3 个维度指标体系，都能够很好地从时间维度及截面维度刻画中国各地区“吸收能力”的变化趋势及区域差异，2003—2014 年各地区“吸收能力”呈现平稳上升的趋势，并且总体呈现东部地区、中部地区及西部地区逐次降低的趋势。第三，将“吸收能力”指标纳入门槛模型开展的实证研究证实，中国的 OFDI 逆向技术溢出效应存在基于“吸收能力”的显著单门槛效应，“吸收能力”的区域差异是造成中国 OFDI 逆向技术溢出区域异质性的重要原因之一。中国各地区要通过对美国等11个发达国家或地区开展对外直接投资活动来获取技术水平的提升并不是无条件的，需要各地区“吸收能力”跨越门槛值60.2641，现阶段中国仅有北京、天津及上海等地的“吸收能力”跨越了门槛值，绝大多数地区的“吸收能力”并未跨越门槛值，其对外直接投资并没有对技术进步产生显著的促进作用。

第四板块：以投资于“一带一路”沿线发达国家的OFDI作为研究对象，实证分析制度距离对OFDI逆向技术溢出效应的影响，即本书第八章研究内容。

首先，在制度距离定义的基础上，从政治、经济及文化三方面制度因素上选择22个二级指标，对中国与“一带一路”沿线15个国家之间的制度距离进行客观度量；然后，在此基础上，构建实证模型分析制度距离对流向“一带一路”沿线国家OFDI逆向技术溢出效应的影响，期望通过该部分研究，明晰在“一带一路”倡议背景下对OFDI逆向技术溢出效应的影响。

系统的实证研究表明：第一，对于中国与“一带一路”沿线15个国家的制度距离而言，经济距离对制度距离的影响最大，其次为政治距离，而文化距离对于制度距离的贡献率最小。第二，制度距离指标体系能够较好地刻画中国与“一带一路”沿线15个国家之间制度距离的时间变化趋势及国别差异，中国与俄罗斯的制度距离最小，与新加坡的制度距离最大；而在政治距离这一层面，中国与同属于社会主义国家的越南之间差距最小，与新加坡之间的差距最大；在经济距离这一层面，中国与同样进行了经济体制改革的俄罗斯之间差距最小，仍然与新加坡之间的差距最大；在文化距离这一层面，中国与印度尼西亚之间的差距最小，与匈牙利之间的差距最大。第二，总体而言，中国通过对“一带一路”沿线国家的对外直接投资显著地获取了各国的研发溢出效应，即中国对“一带一路”国家的对外直接投资存在显著的逆向技术溢出效应。第四，制度距离过大会阻碍中国获取投资与“一带一路”沿线国家的OFDI逆向技术溢出效应，而三个维度的制度距离中，经济距离及文化距离均阻碍了逆向技术溢出效应，但政治距离的阻碍作用并不显著。

第五板块：促进中国OFDI逆向技术溢出效应充分吸收和利用的政策建议，即本书的第九章内容

在第一至第四板块的理论及实证分析基础上，分别针对中国对外直接投资特征、其存在的问题，以及如何有效吸收投资发达国家及“一带一路”沿线国家OFDI逆向技术溢出效应提出相关政策建议，为国家在准确把握“引进来”

与“走出去”两者关系的基础上加快实施“走出去”战略提供一定的决策参考依据。

本书的研究工作获得国家社会科学基金项目“基于吸收能力视角的中国对外直接投资逆向技术溢出效应研究（批准号：11CGL037）”的资助。在撰写及出版过程中得到了国家商学院、重庆市重点人文社科研究基地“国别经济与国际商务研究中心”及中国社会科学出版社的大力支持，在此一并表示感谢！此外，本书在开展研究及撰写过程中查阅、研读并参考了大量国内外相关文献，鉴于篇幅的限制，未能在书中一一罗列，在此特向未被罗列之献的作者表示歉意，并向所有参考文献的作者表达最诚挚的谢意。

最后，由于时间仓促及作者水平有限，本书错误之处在所难免，敬请读者批评指正！

目 录

CONTENTS

第一章　绪论

第一节　研究的背景及问题的提出

自18世纪中叶工业文明以来，制造业已成为西方各国经济的主体，是各国立国之本、兴国之器及强国之基；而全球制造业的发展永远伴随着新技术突破带来的技术进步，“科学技术是第一生产力”这一规律充分地体现在人类工业文明发展过程中。中国作为当前世界上最大的转型经济体，曾先后错失第一次及第二次工业革命的机遇，导致那个阶段中国政治边缘化、经济急剧衰落、技术陈旧落伍，中国近代之所以饱受欺凌，这也是其中的重要原因之一。在“科学技术”的重要性被充分意识到之后，20世纪80年代，中国政府凭借“改革开放”的基本国策终于赶上“第三次工业革命”的末班车，成为世界经济的“追赶者”，逐渐成为世界最大的ICT（信息通信技术）生产国、出口国及消费国。进入21世纪，以物联网、云计算及大数据等为代表的新一代信息技术，以人机协作及3D打印等为代表的新型制造技术，与新型材料、新型能源及新型生物科技呈现出相互融合并多点突破的局面，这已悄然将人类社会带入以“智能制造”为核心的“第四次工业革命”时代。在“智能制造”的新背景下，中国制造业转型及升级显得更加紧迫。为了全面提升其发展质量及水平，推动中国经济由大变强，中国政府通过各种方式、各种渠道来促进整体技术的进步。

近些年，我国一直坚持走“中国特色自主创新道路”，十八大又作出了实施“创新驱动发展战略”的重大部署，科技经费投入保持着稳定较快的增长速度。以2015年为例，“全国研究与试验发展（R&D）经费支出14169.9亿元，比上年增加1154.3亿元，增长8.9%；研究与试验发展（R&D）经费投入强度

（与国内生产总值之比）为2.07%，比上年提高0.05个百分点；按研究与试验发展（R&D）人员（全时工作量）计算的人均经费支出为37.7万元，比上年增加2.6万元"①。尽管中国研发经费保持着惊人的增速，大有赶超发达国家之势，但与美国、德国、韩国及日本等发达国家相比，其研发投入强度仍旧有限，总体科技水平差距较大。在此背景下，中国这样的开放经济体，如何借由"知识的外部性"，有效利用国际技术溢出效应，推动科技进步、经济发展及人民生活水平提高，并最终实现"中国梦"，已成为一项不容忽视的研究课题。

在不断推进"全球经济一体化"的背景下，对于开放的经济体系来说，对外直接投资（Outward Foreign Direct Investment，OFDI）已成为全球跨国公司（Mul—tinational Enterprises，MNES）凭借对全球最新科技的跟踪、对东道国或地区研发资源与要素的获取，最终促进其母公司乃至整个母国或地区技术进步的重要途径之一。在以往的全球对外直接投资活动中，发达国家的跨国公司一直扮演着主要角色。然而近些年，随着全球经济环境的不断变化，越来越多新兴经济体跨国公司出现在世界舞台上，大势开展对外直接投资活动，这些成长于发展中国家的跨国公司正不断加快着"走出去"的步伐。

以中国为例，随着近年来劳动力成本的不断攀升、国内市场的不断饱和、在华投资企业对核心技术扩散的控制，加之我国引资质量不高、结构不当等原因，导致中国吸引外商直接投资带来的技术溢出效果不尽如人意。此时，中国企业"走出去"，通过对外直接投资进行国际化经营，并在全球范围内进行资源配置、寻求增长机会，成为中国企业提升其国际竞争能力的重大战略举措。党的十八大报告明确提出要"加快走出去步伐，增强企业国际化经营能力，培育一批世界水平的跨国公司"②。中国政府"走出去"战略引起了诸多企业的持续重视，促使越来越多的中国企业"走出去"开展境外投资活动，对外直接投资呈现爆发式的增长。《2015年度中国对外直接投资统计公报》发布的数据显示，"截至2015年年末，中国2.02万家境内投资者在国（境）外共设立对外直接投资企业3.08万家，共分布在全球188个国家（地区），对外直接投资流量创下1456.7亿美元的历史最高值，同比增长

① 《2015年全国科技经费投入统计公报》。
② 胡锦涛：《胡锦涛在中国共产党第十八次全国代表大会上的报告》。

18.3%，这是中国连续三年位列世界第三大投资国后，首次超越日本成为世界第二大投资国”①。此外，随着习近平总书记“一带一路”倡议的提出，中国企业对“一带一路”沿线及相关国家的投资活动也变得越发频繁。我国商务部数据显示：2015年，中国对“一带一路”相关国家的投资占当年流量总额的13%，高达189.3亿美元，同比增长38.6%，是对全球投资增幅的2倍。② 尽管如此，相对于发达国家而言，中国企业前往境外开展“技术获取型”直接投资活动还处在一个比较初级的阶段。在发达国家跨国公司纷纷通过“技术获取型”投资获取逆向技术溢出的同时，中国跨国公司是否同样能够通过在大多数发达国家以及“一带一路”沿线国家开展“技术获取型”投资活动，获取逆向技术溢出效应？而这种逆向技术溢出效应在中国又是否存在区域异质性？如若存在区域异质性，又是哪些因素导致的，具体作用机制是什么？以上诸多问题是当前中国实施“走出去”战略并推进“全面深化改革”过程中迫切需要考虑的重要问题。此外，作为全球最大的发展中国家、新兴经济体及转型经济体，中国与东道国或地区之间产生了不可忽视的距离，这种距离是否会对中国企业推进境外投资进程产生影响，尤其对“一带一路”沿线国家投资进程是否会产生影响；这种影响又如何间接影响到中国企业吸收境外投资的逆向技术溢出效应？这是当前我国积极推进“一带一路”倡议过程中迫切需要考虑的另一方面重要问题。

传统跨国公司理论认为，跨国公司相较于东道国企业，具备所有权优势、内部化优势及区位优势，是其境外开展投资活动的必要条件。而近年来这种传统理论共识被许多学者质疑，因为诸多的理论及实证研究发现，所有权优势、内部化优势及区位优势并不是跨国公司开展境外投资活动的必要条件，即便是相较于东道国企业不具备相关优势的跨国公司，同样可以开展对外直接投资活动。这种对外直接投资活动的主要动机在于获取东道国或地区先进技术以促进母国或地区技术水平的提升，因此被学界称为“技术获取型”（Technolgy Souring）对外直接投资。“技术获取型”OFDI技术溢出效应，相较于传统内向型外商直接投资（Inward Foreign Direct Investment，IFDI）技术溢出效应，其方向恰巧是逆向的，故被称作逆向技术溢出效应（Reverse Technology Spillovers），这

① 《2015年度中国对外直接投资统计公报》。
② 参见中国商务部网站。

一溢出效应的提出，使得以往 IFDI 过程中技术及知识单向流动假说被打破，认为东道国或地区的先进技术同样能够以跨国公司作为媒介逆向溢出到母国或地区，对跨国公司母公司乃至母国或地区的技术进步及经济发展都产生积极的影响。

目前学界关于 OFDI 逆向技术溢出效应的研究主要呈现以下几方面特征。

第一，诸多相关研究主要开展 OFDI 逆向技术溢出效应存在性的实证研究，呈现出“实证研究颇为丰富，理论研究相对缺乏”的局面，尤其是选择发展中国家作为研究对象的理论研究更为欠缺。

第二，由于研究方法的限制，还未出现对发展中国家 OFDI 逆向技术溢出效应实证研究结论不一致性原因的研究。

第三，缺乏对 OFDI 逆向技术溢出效应的“吸收能力”进行界定和刻画的权威研究，这也进一步导致对于中国各地区 OFDI 逆向技术溢出效应“吸收能力”的系统度量和测度还未出现。

第四，国内相关研究大多以投资于发达国家的 OFDI 作为研究对象，缺乏对投资于某些特殊区域的 OFDI 逆向技术溢出效应的研究，例如投资于“一带一路”沿线国家的 OFDI 逆向技术溢出效应。

有鉴于以上现实及理论研究背景，本书将在对中国 OFDI 现状进行分析的基础上，通过构建理论模型、指标体系及实证模型的方式，将研究对象选择为世界最大的发展中国家——中国，从“吸收能力”视角出发研究中国 OFDI 逆向技术溢出效应的影响因素，以及影响因素对 OFDI 逆向技术溢出效应的影响机制，并在此基础上提出相应对策建议，以期为中国企业开展对外投资活动及中国政府制定“走出去”具体战略提供决策及政策参考。

第二节　研究的目的及研究的意义

一　研究目的

针对中国 OFDI 逆向技术溢出效应过程中的诸多重要问题，本书期望通过系统的研究及分析实现以下研究目的：

一是借助 Dunning 的投资发展周期理论对中国 OFDI 进行阶段划分，以此清晰地揭示中国 OFDI 近 40 年的发展历程；分别研究中国 OFDI 的区位选择、行业分布、地区差异及投资主体差异性特征，旨在清晰地揭示中国 OFDI 区位选择、行业分布、地区差异及投资主体的特点及未来发展动态，为本书后续理论及实证研究提供现状分析基础。

二是借鉴徐磊和刘怡（2014）研究吸收能力与 IFDI 之间关系的模型思想，以发展中国家作为研究对象，增加考虑企业自身研发创新对企业技术水平的促进作用，构建三阶段古诺模型，对发展中国家广义吸收能力与 OFDI 逆向技术溢出之间关系进行系统的理论分析，旨在通过严密的逻辑推理，明晰发展中国家“吸收能力”对 OFDI 逆向技术溢出效应的一般作用机理，客观地解释 OFDI 逆向技术溢出实证研究结果的差异性。

三是借鉴 Huang，Liu et al.（2012）模型思想，构建面板数据模型，分析中国对美国等 11 个发达国家或者地区的对外直接投资活动对中国技术水平的促进作用以及该作用在中国的区域异质性，旨在从实证角度，验证中国投向发达国家的 OFDI 逆向技术溢出效应的存在性及其区域异质性。

四是在归纳总结现有“吸收能力”概念刻画的基础上，重新对中国 OFDI 逆向技术溢出效应“吸收能力”概念进行刻画，进而构建指标体系，对中国各地区 OFDI 逆向技术溢出效应“吸收能力”进行客观度量，旨在从“技术资源获取能力”“技术资源直接利用能力”及“资源再配置及技术杠杆化环境”3 个维度刻画中国 OFDI 逆向技术溢出效应的影响因素，并明晰其时间变化趋势及区域差异动态变化情况。

五是在对“吸收能力”刻画及度量的基础上，将其作为门槛变量引入 Hansen（1999）的静态门槛回归模型中，实证分析“吸收能力”与 OFDI 逆向技术溢出效应之间的非线性关系，旨在从实证角度，验证中国投向发达国家的 OFDI 逆向技术溢出效应存在区域异质性的原因。

六是在对中国与“一带一路”沿线 15 个国家制度距离测度的基础上，构建实证模型，分析制度距离对流向“一带一路”沿线国家 OFDI 逆向技术溢出效应的影响，旨在以“一带一路”倡议为背景，实证探讨对 OFDI 逆向技术溢出效应的影响。

二　研究意义

本研究的意义主要体现在以下几方面。

第一，由于现有文献大多都是讨论发达国家之间相互投资获取逆向技术溢出的研究，本书在研究对象上，以中国这样一个发展中国家的跨国公司为主体，构建理论模型，研究其 OFDI 逆向技术溢出效应与“吸收能力”之间的关系，将极大地推动和丰富跨国公司对外投资理论的研究。

第二，尝试借鉴 OFDI 对东道国或地区技术溢出机制的研究，在客观度量“吸收能力”的基础上，从“吸收能力”视角深入研究 OFDI 逆向技术溢出的影响因素，并借助门槛分析的方法，深入剖析 OFDI 逆向技术溢出产生的条件，将开拓“技术获取型”OFDI 理论研究视野，增强该理论的说服力。

第三，现有研究大都单方面分析中国国内或者东道国或地区相关影响因素对 OFDI 逆向技术溢出效应的影响，忽视了中国与东道国或地区之间的对比因素，因此本书在对比中国与“一带一路”沿线东道国或地区之间制度距离的基础上，分析该因素对 OFDI 逆向技术溢出效应的影响，对研究中国 OFDI 逆向技术溢出效应影响因素也是一种有益的补充。

第四，在当前中国引进外资的技术溢出效应不尽如人意的情况下，如何通过“技术获取型”OFDI 获取发达国家东道国企业的逆向技术溢出效应显得尤为重要，因此通过本书的理论与实证研究提出相应的对策建议，对政府相关宏观政策的制定以及那些旨在通过 OFDI 获取先进技术的中国企业具有较强的借鉴意义。

第三节　研究的相关概念界定

无论哪个领域的研究，相关概念的界定从来都不容忽视。其原因在于，概念界定的差异性通常会直接影响到研究的最终结果，倘若无视概念界定差异性对比研究结果便毫无意义。因此，为了使得该项研究具有良好的对比性及参考性，首先需要对本书涉及的主要相关概念进行界定。

一　对外直接投资

关于对外直接投资的概念，诸多相关国际机构、政府部门与学者都给出过界定，但由于关注问题及研究目的的差异性，其概念的界定也不尽相同。以下将其大部分界定罗列于表 1.1。

表 1.1　　对于“对外直接投资”不同概念的界定

界定机构、部门及出处	概　念
国际货币基金组织（International Monetary Fund，IMF）在 2009 年出版的《国际收支和国际投资头寸手册（第六版）》（BPM6）	“直接投资是跨境投资的一种，指一经济体的居民对另一经济体的居民企业实施管理上的控制或重大影响。除产生控制权或影响的股权外，直接投资还包括关联债务和有相同直接投资者的企业之间的其他债务和股权。”①
经济合作与发展组织（Organization for Economic Co—operation and Development，OECD）2008 年发布的第 4 版《外国直接投资基准定义》	“外国直接投资反映了一经济体的常住单位（直接投资者）从另一经济体的常住单位（直接投资企业）那里获得持久利益的目标。持久利益意味着直接投资者与企业之间存在着长期关系，并对企业的管理有相当大的影响。直接投资包括两实体之间最初的交易，也包括随后发生在他们之间的以及发生在法人或非法人性质的附属企业之间的资本交易。”②
2016 年中国商务部、国家统计局及国家外汇管理局联合修订的《对外直接投资统计制度》	“我国企业、团体等（以下简称‘境内投资者’）在国外及港澳台地区以现金、实物、无形资产等方式投资，并以控制国（境）外企业的经营管理权为核心的经济活动。对外直接投资的内涵主要体现在一经济体通过投资于另一经济体而实现其持久利益的目标。凡境内投资者在境外企业中拥有或控制 10% 或以上的投票权（对公司型企业）或其他等价利益（对非公司型企业）的投资，均计入对外直接投资统计。”③
高敏雪（2005）	“是指一经济体的经济实体（直接投资者）对另一经济体的经济实体（直接投资企业）投入资金，以此获取持久利益的行为。获取持久利益，意味着直接投资者与直投企业之间存在着长期关系，对该企业管理具有相当大的影响力和控制力。”④

① 国际货币基金组织：《国际收支和国际投资头寸手册（第六版）》2009 年版，第 85—86 页。

② 经济合作与发展组织：《外国直接投资基准定义》2008 年版。

③ 中华人民共和国商务部、国家统计局、国家外汇管理局：《对外直接投资统计制度》2016 年修订版，第 8 页。

④ 高敏雪：《对外直接投资统计基础读本》，经济科学出版社 2005 年版，第 21 页。

虽然表 1.1 中关于对外直接投资概念的界定具有一定差异性，但总体而言主要从以下四个方面来进行概念的界定：一是投资者以获取经营利益为投资动机；二是投资者以获取对投资企业的控制权为投资目标；三是涉及投资者企业经营资源的跨国流动；四是涉及投资者海外经营的长期性。综合以上关于对外直接投资的定义并结合本书的研究需要，本书将对外直接投资定义为：对外直接投资是指一个国家（地区）的投资者通过将其经营资源用于其他国家（地区）的生产及经营，并通过长期经营获取长期经营利益并获取对投资企业一定经营控制权的投资活动。

二 技术

学界关于技术概念的界定很多，大致包括四种界定方式。

第一，将技术界定为人类运用于进行自然界改造的工具或者手段，这种界定是最为狭义的，因此缺乏足够的说服力。

第二，将技术界定为在某种特定状况下人类社会活动中使用的一切具有有效性方法或者知识的整体。

第三，将技术界定为与科学、体育、艺术及宗教等活动一样具有创造性，能创造及改造物质对象的人类活动。

第四，指人类为了实现自我及社会需求而采用的社会总体技术力量，它包括为实现自我及社会需求而采用的所有方法、工具、手段、技能、经验、认知及知识的总和。

世界知识产权组织在 1977 年版的《供发展中国家使用的许可证贸易手册》中，对技术作出以下定义："技术是制造一种产品的系统知识，所采用的一种工艺或提供的一项服务，不论这种知识是否反映在一项发明、一项外形设计、一项实用新型或者一种植物新品种，或者反映在技术情报或技能中，或者反映在专家为设计、安装、开办或维修一个工厂或为管理一个工商业企业或其活动而提供的服务或协助等方面。"①

虽然诸多关于技术的界定具有一定的差异性，但可以看出：技术既可以是物化于机器设备、生产装备、物质产品、数据资料及设计图纸当中的显性知识，也可以是隐藏于生产工艺、生产方法、生产规则、生产经验当中的隐性知识。

① 世界知识产权组织：《供发展中国家使用的许可证贸易手册》1977 年版。

综合以上关于技术概念的界定并结合本书的研究需要，本书将技术界定为：人类在产品生产、科学研究及消费娱乐等一切社会活动中用于认识及改造自然界的所有知识的总和，既包括可以物化的生产技术、工程技术及医疗技术等显性知识，也包括生产流程、管理经验、销售技巧等隐性知识。本书主要分析中国企业希望通过对外直接投资活动获取其他国家的先进技术水平，因此隐性知识与显性知识同样重要。

三　“技术获取型”对外直接投资

以往跨国公司理论都认为，跨国公司到海外进行直接投资活动必须较东道国企业具备所有权优势、内部化优势及区位优势，这种对外直接投资活动被称为“技术利用型”对外直接投资；而近年来相关领域的理论及实证研究发现，所有权优势、内部化优势及区位优势并不是跨国公司开展对外直接投资活动的必然条件，即使较东道国企业不具备相关优势的跨国公司同样可以开展对外直接投资活动，这类对外直接投资活动并不是追求对跨国公司所有权优势、内部化优势及区域优势的利用，而是追求对东道国或地区先进技术或者知识的获取，故被称作“技术获取型”对外直接投资。

以往发展中国家完全凭借“知识的外部性”被动获取的东道国或地区的技术，往往是已经标准化的成熟技术，该种技术往往创新性低、先进性差；而要获取东道国或地区创新性高、先进性好的领先技术，最直接的方式便是技术转让，然而东道国企业为了维持其技术水平的垄断优势，其技术转让动力严重不足，在这种情况下，发展中国家应该主动出击，前往东道国或地区开展“技术获取型”对外投资，通过在东道国或地区建立研发机构、并购东道国企业或者开展研发合作等方式，直接参与先进技术的研发过程或者获取创新性高的先进技术。综合以上分析并结合本书的研究需要，本书将“技术获取型”对外直接投资概念界定为：发展中国家或地区的跨国公司在东道国或地区通过兼并高科技企业及跨国公司的研发部门，或者在海外以独资、合资形式设立新技术开发公司及研发机构等方式开展的对外直接投资活动，这种对外投资活动的主要动机便是有效获取东道国或地区领先技术及创新知识，进而有效提升其技术水平及国际竞争力。

四　母国或地区及东道国或地区

母国或地区，英文译作“Home Country”，通常是指开展对外直接投资活动的跨国公司最早所在国家（地区），也即发起对外直接投资活动的跨国公司注册地以及归属地，本书的主要研究对象是中国的对外直接投资活动，因此母国或地区即指中国。东道国或地区，英文译作“Host Country”或者“Host State”，通俗意义上。东道国或地区是指在国际活动中作为主办方的国家（地区），或者是以主人身份接待其他国家（地区）的国家（地区）。在本书界定的对外直接投资范畴中，东道国或地区是指开展对外直接投资活动的首个投资目的国家（地区），也即跨国公司经营海外业务的所在国家（地区）。本书的东道国或地区不仅有发达国家，而且包括“一带一路”沿线的发展中国家。

此外，需要特别指出的是：本书中的母国或地区及东道国或地区并不限定于国家范畴，除了包括国家以外，还包括中国的香港特别行政区、澳门特别行政区及台湾地区等特定区域。出于严谨性的考虑，本应称作母国或地区、东道国或地区；但出于指代简洁性的考虑，若未做特别说明，本书均采用“母国或地区”及“东道国或地区”指代。

五　逆向技术溢出效应

要对逆向技术溢出效应的概念进行界定，首先必须了解技术溢出效应的概念。Blomström & Kokko（1994）曾经提出：“技术溢出效应（Technology Spillovers）指的是母国跨国公司在东道国或地区开展的外商直接投资活动对东道国或地区技术进步的促进效应，母国跨国公司并未从这种对技术进步的促进效应中获取全部收益，实质上是一种经济的外部效应。”

此外有学者认为，作为高创新性及强领先性技术的主要创造者，发达国家的跨国公司往往通过对外投资内部化实现其技术向东道国企业的转移，这种技术转移给东道国企业乃至整个东道国或地区带来的外部经济被称作技术溢出效应。实际上，“技术溢出效应”是知识外部性的一种特殊体现，当某个跨国公司通过自主研发创造了一套新设备、一项新技术及一些新方法，同行业的竞争企业便会通过知识外部性或多或少地模仿或者学习到该跨国公司的优势，这样的创新知识集合的流动行为就产生了“技术溢出效应”。

近年来，随着全球经济一体化进程的不断推进，发展中国家开展的对外直接投资活动也在不断增加。实质上，这些开展对外直接投资活动的发展中国家往往相对于发达国家不具备技术优势，但并未消减发展中国家对外直接投资的热情，其原因在于：由于知识外部性的存在，发展中国家跨国公司在发达国家开展 OFDI 活动时，东道国企业的先进技术、创新知识及管理经验不可避免地会通过诸多渠道溢出到跨国公司的子公司，进而通过子公司回传给母国或地区的母公司，最终实现先进技术从东道国或地区向母国或地区的扩散，提高母公司、相关行业乃至整个母国或地区的劳动生产率。这种技术从东道国或地区回传到母国或地区的效应也是一种技术溢出效应，只不过较之传统 IFDI 技术溢出效应而言，该技术溢出效应的方向刚好相反，因此被称作逆向技术溢出效应。综合以上分析并结合本书的需要，本书将逆向技术溢出效应的概念界定为：母国跨国公司通过开展对外直接投资活动，借由人员流动、产业关联、示范模仿等效应实现先进技术由东道国或地区向母国或地区的扩散，其中的母国或地区及东道国或地区性质不做任何限定，既可以是发展中国家也可以是发达国家。

六　吸收能力

国内外学者根据自身研究关注的重点，对“吸收能力”概念给出了诸多类型的界定，本书将在第二章以及第六章中对其进行系统的回顾及总结，此处仅根据本书的需要给出本书对“吸收能力”概念的界定。

本书将中国 OFDI 逆向技术溢出“吸收能力”刻画为：中国各省、市、自治区及直辖市通过开展对外直接投资活动对于东道国或地区的“技术资源获取”“技术资源直接利用”“资源再配置及技术杠杆化环境”等诸多因素共同作用形成的一种动态能力。根据第六章 OFDI 逆向技术溢出作用机制路径图可知，本书的“吸收能力”概念主要包括三个维度的因素：一是各地区技术资源获取能力（ACQ）；二是各地区技术资源直接利用能力（UTI）；三是各地区资源再配置及技术杠杆化环境（ENV）。

七　制度距离

国内外学者根据自身研究关注的重点，对“制度距离”的概念同样给出了诸多类型的界定，本书将在第八章中对其进行系统的回顾及总结，此处仅根据本书的需要，给出本书对“制度距离”概念的界定。

本书借鉴诸多学者对于“制度距离”概念的界定，综合考虑到管制、规范和认知三大因素，将“制度距离”概念界定为：两个不同国家之间在政治、经济及文化三方面，在制度因素上表现出来的国别差异。其中，政治距离为不同国家之间在一系列政策法规上的差异，具体包括话语权和问责（VA）、政治稳定性与无暴力（PV）、政府效率（GE）、政府监管水平（RQ）、法治程度（RL）以及腐败控制（CC）等方面的国别差异；经济距离为不同国家之间在经济制度上的差异，具体包括产权保护程度（PR）、廉洁程度（FC）、财政自由程度（FF）、政府开支（GS）、商业自由程度（BF）、劳工自由程度（LF）、货币自由程度（MF）、贸易自由程度（TF）、投资自由程度（IF）以及金融自由程度（fF）等方面的差异；文化距离为不同国家在长期文化熏陶下所导致的价值观、道德观、行为习惯等方面的差异，具体包括权利距离（PD）、不确定性规避（UA）、个人主义与集体主义（IC）、男性化与女性化（MVF）、长期取向与短期取向（LS）以及自身放纵与约束（IR）等方面的差异。

第四节　研究的方法、主要内容及分析框架

一　研究涉及的主要研究方法

以全球最大的发展中国家——中国作为研究对象，从吸收能力视角研究 OFDI 逆向技术溢出效应，涉及区域发展管理、跨国公司经营、国际贸易理论、国际投资理论、发展经济学理论、国际金融学理论、博弈论及计量经济学等诸多研究领域，其研究的跨领域交叉性非常鲜明。开展此项跨领域交叉研究，不可避免地需要借助多种理论、采用多种研究方法来进行。在研读大量国内外文献的基础上，本研究尝试综合运用区域发展管理、跨国公司经营、国际贸易理论、国际投资理论、发展经济学理论、国际金融学理论、博弈论及计量经济学等领域理论，采用多种研究方法分析中国的吸收能力与 OFDI 逆向技术溢出之间的关系。本书在研究方法上的特色主要体现在以下几方面。

（一）规范研究与实证研究相结合

总体而言，经济学、管理学及心理学等社会科学领域的研究方法可以归纳为规范研究及实证研究两种基本方法。其中，实证研究与规范研究两种基本研究方法划分的主要标准是“是什么—应该是什么”的二分规则。规范研究方法

主要是凭借现有的相关理论对研究问题进行分析、归纳及总结，并以此作为各种活动或者行为优劣的判断依据，最终根据优劣判断结果回答各种活动或行为“应该是怎么样（what shoud be）”的问题，这种研究方法往往反映了不同的认识及价值观。实证研究方法则主要是凭借样本相关现实数据，在特定统计检验方法的辅助下研究变量之间的内在关系，这种研究方法不受价值观或伦理观的束缚，仅对各种行为或者活动做客观的描述和解释，主要回答“是什么（what it is）”的问题。本书首先利用前人理论分析的成果和自己建立的理论框架，在一系列假设条件下，采用严格的数学推导，建立三阶段古诺模型，分析发展中国家的“广义吸收能力”与 OFDI 逆向技术溢出效应之间的一般作用关系。

然而，由于规范的理论研究通常有赖于某些严格的特定假设前提，使得其研究结果有可能与企业现实经济行为有一定的偏差。因此，本书同样需要用包括实证研究方法在内的其他方法对其进行验证及补充。此外，本书采用源自中国各省、市实际经济运行过程中的客观数据进行实证研究，并在实证结果分析的基础上，运用规范研究方法探讨中国企业、行业及政府应该做什么、必须做什么，最终为中国企业、行业及政府制定未来对外直接投资政策提供具体建议。

（二）定量研究与定性研究相结合

本书在系统分析吸收能力视角的中国对外直接投资逆向技术溢出效应过程中综合采用了定量研究及定性研究两种研究方法。其中，定量研究方法主要运用于中国 OFDI 现状的分析、中国 OFDI 逆向技术溢出“吸收能力”的度量、中国与“一带一路”沿线 15 个国家之间的制度距离的度量、门槛模型的实证检验及参数估计、交叉项模型的参数估计等方面；定性研究方法则主要运用于中国 OFDI 发展特征的总结、中国 OFDI 逆向技术溢出“吸收能力”的刻画、中国对外直接投资逆向技术溢出作用机制的阐述、中国与“一带一路”沿线 15 个国家之间的制度距离的界定等方面。

（三）对比研究和归纳研究相结合

在社会科学研究过程中，只有通过对比分析研究对象之间的差异，并在对差异原因分析的基础上进行归纳总结，才能把握研究问题的关键，才能据此提出切实可行的解决方案。本书通过对比分析中国各地区 OFDI 逆向技术溢出效应区域异质性，并在归纳总结其区域异质性原因的基础上提出的政策建议才具有切实可行性。此外，有鉴于各国政治、经济及文化等方面因素影响，中国与不同国家之间的“制度距离”会出现不同程度的差异，通过对比这些差异对中国 OFDI 逆向技术溢出效应的影响，并在归纳总结的基础上提出的政策建议才同样具有切实可行性。

二 研究的主要内容

本书的主题为从吸收能力视角系统分析中国对外直接投资逆向技术溢出效应，就其主要研究内容而言主要包括以下五大板块。

第一板块：中国对外直接投资现状及发展趋势研究，即本书第三章内容。

首先，在研读相关文献的基础上，首先借助 Dunning 的投资发展周期理论对中国对外投资进行阶段划分，以此清晰地揭示中国对外直接投资近 40 年的发展历程；其次，分别选择中国对外直接投资的流量、存量、区域结构、行业结构、投资主体结构及地区分布结构进行现状分析，以期总结和归纳中国对外直接投资各方面的特点及存在的问题，为后续相关研究奠定基础。

第二板块：发展中国家广义吸收能力与 OFDI 逆向技术溢出的理论研究，即本书第四章研究内容。

在对相关理论进行回顾与综述的基础上，以不具备所有权优势的发展中国家跨国公司的对外直接投资活动作为研究对象，在借鉴徐磊和刘怡（2014）模型思想基础上，增加考虑企业自身研发创新对企业技术水平的促进作用，构建三阶段古诺模型，从理论角度分析了发展中国家对外投资过程中的学习能力、学习机会与对外直接投资逆向技术溢出效应之间的关系。希望通过该板块严密的理论推导来克服实证研究结论的局限性，客观分析发展中国家广义吸收能力对 OFDI 逆向技术溢出效应影响的一般作用机理，客观解释两者关系实证研究结果存在差异性的原因。

第三板块：以投资于发达国家的 OFDI 作为研究对象，实证分析中国吸收能力与 OFDI 逆向技术溢出效应之间的关系，即本书第五章至第七章研究内容。

首先，在对中国各省份通过进口贸易、吸引外商直接投资及对外直接投资三个途径获取的国外研发资本存量估算的基础上，尝试借鉴 Huang，Liu et al.（2012）的模型思想，实证检验中国投资于发达国家的 OFDI 逆向技术溢出效应的存在性及各省份的区域异质性。

其次，在对中国 OFDI 逆向技术溢出效应“吸收能力”重新刻画的基础上，从“技术资源获取能力”“技术资源直接利用能力”及“资源再配置及技术杠杆化环境”3个维度选择21个二级测度指标对中国各省、市2003—2014年OFDI逆向技术溢出“吸收能力”进行定量测度，并对“吸收能力”总体指标指数得分及3个维度指标指数得分进行变化趋势分析，以期客观度量中国OFDI的影响因素的情况，并为实证分析中国的吸收能力与OFDI逆向技术溢出效应关系奠定基础。

最后，在对中国各省、市OFDI技术溢出“吸收能力”进行客观度量的基础上，将“吸收能力”指标作为“门槛变量”引入“门槛模型”，实证分析中国各地区的“吸收能力”与OFDI逆向技术溢出效应的关系。希望通过对门槛效应的检验，对具体门槛值及参数的估计，深入剖析中国OFDI逆向技术溢出效应产生的条件及其区域异质性产生的原因。

第四板块：以投资于“一带一路”沿线国家的OFDI作为研究对象，实证分析制度距离对OFDI逆向技术溢出效应的影响，即本书第八章研究内容。

首先，在借鉴Kostova对于制度距离定义的基础上，从政治、经济及文化三方面制度因素选择22个二级指标，对中国与“一带一路”沿线15个国家之间的制度距离进行客观度量；然后，在此基础上，构建实证模型，分析制度距离对流向“一带一路”沿线国家OFDI逆向技术溢出效应的影响，期望通过该部分研究明晰在“一带一路”倡议背景下，对OFDI逆向技术溢出效应的影响。

第五板块：促进中国OFDI逆向技术溢出效应充分吸收和利用的政策建议，即本书的第九章内容。

在第一至第四板块的理论及实证分析基础上，分别针对中国对外直接投资的相关特征、相关问题，以及如何有效吸收投资于发达国家及“一带一路”沿线国家OFDI逆向技术溢出效应提出相关政策建议，为国家在准确把握“引进来”及“走出去”两者关系的基础上实施“走出去”战略提供一定的决策参考依据。

三 研究的分析框架

本书采用“问题提出→理论基础→现状分析→理论研究→实证研究→政策研究→研究展望”的整体研究及分析框架，具体情况如图1.1所示。从图1.1不难看出，本书包括十章内容，其各章的主要研究内容如下。

第一章，绪论。主要介绍本书的现实及理论研究背景，并由此引申出本书的关键问题；交代本书研究的目的及意义；提出本书的研究方法、主要研究内容及分析框架；最后阐述本项研究在理论研究及实践运用中的主要贡献与创新之处。

第二章，文献综述。从国际直接投资相关理论基础、国际贸易技术溢出效应、IFDI 技术溢出效应、OFDI 逆向技术溢出效应、吸收能力及门槛效应六个方面对相关研究领域的理论基础及研究文献进行了系统的回顾；最后对国内外相关文献进行评述。

第三章，中国对外直接投资现状及发展趋势研究。在研读相关文献及搜集相关数据的基础上，首先借助 Dunning 的投资发展周期理论对中国对外投资进行阶段划分，以此清晰地揭示中国对外直接投资近 40 年的发展历程；其次分别选择中国对外直接投资的流量、存量、区域结构、行业结构、投资主体结构及地区分布结构进行现状分析，以期总结和归纳中国对外直接投资在各方面的特点及存在的问题，为后续相关研究奠定基础。

第四章，发展中国家广义吸收能力与 OFDI 逆向技术溢出效应的理论研究。在对相关理论进行回顾与综述的基础上，以不具备所有权优势的发展中国家跨国公司的对外直接投资活动作为研究对象，在借鉴徐磊和刘怡（2014）模型思想基础上，增加考虑企业自身研发创新对企业技术水平的促进作用，构建三阶段古诺模型，分别从学习能力及学习机会两方面分析发展中国家广义吸收对 OFDI 逆向技术溢出效应的影响。

第五章，中国对外直接投资逆向技术溢出效应区域异质性研究。首先，使用类似于 Potterie & Lichtenberg（2001）的做法，利用 2003—2014 年相关数据估算中国各省份通过进口贸易、吸引外商直接投资及对外直接投资三个途径获取的国外研发资本存量；其次，进一步尝试借鉴 Huang，Liu et al.（2012）的模型思想，利用 2003—2014 年面板数据分析中国各省份对美国等 11 个发达国家或地区开展对外直接投资活动是否能够获取逆向技术溢出效应；最后，将地区虚拟变量加入实证模型，实证检验中国 OFDI 逆向技术溢出效应的区域异质性。

第六章，中国 OFDI 逆向技术溢出效应“吸收能力”概念刻画及其度量。首先，借鉴李梅（2014）的研究思想对中国对外直接投资逆向技术溢出作用机制进行重新界定；其次，在作用机制重新界定的基础上，结合以往研究对“吸收能力”概念的刻画，将基于中国 OFDI 逆向技术溢出机制的“吸收能力”概念界定为：中国各省、市、自治区及直辖市通过开展对外直接投资活动对于东道国或地区的技术资源获取、技术资源直接利用、资源再配置及技术杠杆化环境等诸多因素共同作用形成的一种动态能力，主要包括各地区技术资源获取能力（ACQ）、各地区技术资源直接利用能力（UTI）及各地区资源再配置及技术杠杆化环境（ENV）三个维度的因素；再次，在借鉴徐磊（2009）指标体系构建的基础上，从本书刻画的中国 OFDI 逆向技术溢出“吸收能力”概念的 3 个维度中选择了 10 个一级测度指标及 21 个二级测度指标来构建指标体系，进而度量中国 2003—2014 年各省市 OFDI 逆向技术溢出“吸收能力”并对其进行指数化；最后，对中国各地区 OFDI 逆向技术溢出“吸收能力”总体指数及 3 个维度指标指数的具体测度结果、得分位次及得分变化趋势进行深入分析。

第七章，“吸收能力”视角的 OFDI 逆向技术溢出门槛效应研究。为了从实证角度验证和探讨中国各地区 OFDI 逆向技术溢出区域异质性的原因，第七章尝试在第六章对中国 OFDI 逆向技术溢出“吸收能力”重新界定、刻画及测度的基础上，研究“吸收能力”与中国各地区 OFDI 逆向技术溢出效应的具体影响机制。具体而言，通过借鉴 Hansen（1999）的静态门槛回归技术，分析本书刻画的“吸收能力”与中国各地区 OFDI 逆向技术溢出效应之间的非线性关系。

第八章，“一带一路”倡议背景下制度距离对中国 OFDI 逆向技术溢出的影响研究。首先，在研究 OFDI 逆向技术溢出效应产生及传递机制的基础上提出相关研究假设；其次，从政治、经济及文化三个方面选择 22 个指标测度中国与“一带一路”沿线 15 个国家在制度因素方面的差异，即制度距离，并分别对制度距离、政治距离、经济距离及文化距离的国别差异及变化趋势进行分析；最后，将中国与“一带一路”沿线 15 个国家的制度距离纳入实证模型，分析其对 OFDI 逆向技术溢出效应的影响，并且对比分析政治距离、经济距离以及文化距离对中国 OFDI 逆向技术溢出的影响，为中国企业在“一带一路”背景下实施“走出去”战略提供一定的政策建议。

第九章，相关政策分析及建议。在之前现状分析、理论研究及实证研究的基础上，结合中国 OFDI 发展现状、OFDI 逆向技术溢出效应现状及吸收能力对 OFDI 逆向技术溢出效应的影响，分别针对中国对外直接投资特征及其存在的问题，以及如何有效吸收投资于发达国家及“一带一路”沿线国家的 OFDI 逆向技术溢出效应提出相关政策建议。

第十章，研究结论、局限性及展望。总结本书前九章研究结论，并对本书的局限性和进一步研究的方向提出自己的看法。

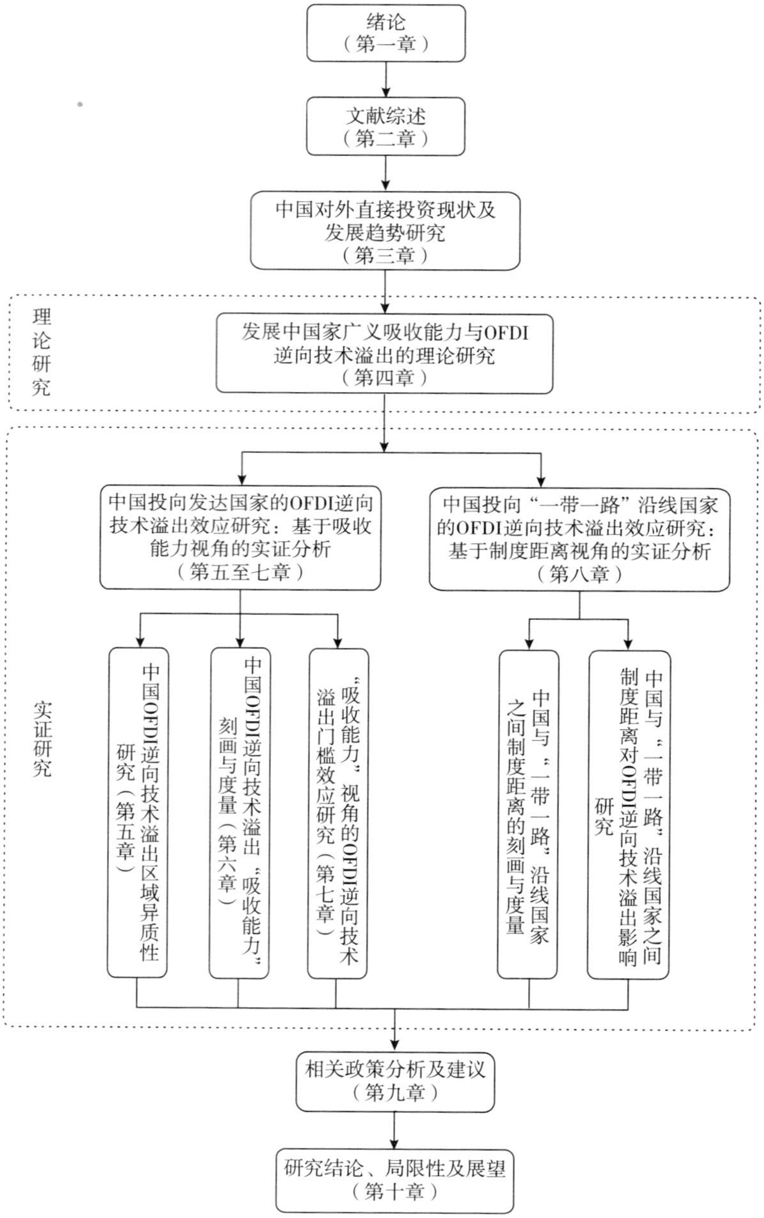
绪论
（第一章）
文献综述
（第二章）
中国对外直接投资现状及发展趋势研究
（第三章）
理论研究
发展中国家广义吸收能力与OFDI逆向技术溢出的理论研究
（第四章）
实证研究
中国投向发达国家的OFDI逆向技术溢出效应研究：基于吸收能力视角的实证分析
（第五至七章）
中国投向“一带一路”沿线国家的OFDI逆向技术溢出效应研究：基于制度距离视角的实证分析
（第八章）
中国OFDI逆向技术溢出区域异质性研究（第五章）
中国OFDI逆向技术溢出“吸收能力”刻画与度量（第六章）
“吸收能力”视角的OFDI逆向技术溢出门槛效应研究（第七章）
中国与“一带一路”沿线国家之间制度距离的刻画与度量
中国与“一带一路”沿线国家之间制度距离对OFDI逆向技术溢出影响研究
相关政策分析及建议
（第九章）
研究结论、局限性及展望
（第十章）

图 1.1　本书整体分析框架

第五节 研究的主要贡献及创新之处

本书选择中国 OFDI 逆向技术溢出效应作为研究主题，从吸收能力视角分别采用理论模型及实证模型分析中国投向发达国家及“一带一路”沿线国家的 OFDI 逆向技术溢出效应。其研究无论是在研究对象，还是在研究视角及研究方法等方面都具有一定的创新性，对现有相关研究作出了一定的积极贡献，具体主要体现在以下几个方面。

第一，以发展中国家跨国公司对外直接投资活动作为研究对象。

本书在借鉴徐磊和刘怡（2014）研究 IFDI 技术溢出效应的模型基础上，增加考虑企业自主研发创新对企业技术水平的促进作用，构建三阶段古诺模型，从理论视角分析发展中国家跨国公司学习能力及学习机会对 OFDI 逆向技术溢出效应的影响机制。

国内外学术界关于 OFDI 逆向技术溢出效应的研究虽然起步晚于 IFDI 技术溢出效应研究，但近些年参照 IFDI 技术溢出效应研究体系开展的研究逐渐丰富起来。与 IFDI 技术溢出效应研究类似，现有 OFDI 逆向技术溢出效应研究大多集中于其存在性的实证检验研究，缺乏对 OFDI 逆向技术溢出效应的规范理论研究，国内相关理论研究更是少之又少，仅有的少数理论研究文献大多选择发达国家作为研究对象，而国内的理论研究往往忽视某些现实条件。区别于以往研究，本书主要在以下两方面做了拓展：①选择以发展中国家跨国公司对外直接投资活动作为研究对象；②增加考虑企业自主研发投入决策对其技术水平的促进效应。基于以上两方面拓展，本书通过严密的数理推导刻画发展中国家跨国公司子公司及东道国企业为了获取或预防逆向技术溢出效应而进行的费用决策、研发投资决策及最终产量决策，以此来分析发展中国家学习能力、学习机会对其 OFDI 逆向技术溢出效应的一般影响机制。

规范的理论研究表明：发展中国家的母国企业通过开展“技术获取型”对外投资来获取逆向技术溢出效应并不是无条件的，需要母国企业的学习能力及学习机会处于合理范围，OFDI 逆向技术溢出效应存在基于学习能力及学习机会的双门槛效应。研究结论很好地从理论视角解释了 OFDI 逆向技术溢出效应实证研究结果的差异性，为后续实证研究提供了研究方向。

第二，以投资于发达国家的 OFDI 逆向技术溢出效应作为研究对象。

本书在验证中国 OFDI 逆向技术溢出效应存在性及其区域异质性的基础上，对中国 OFDI 逆向技术溢出效应的“吸收能力”进行重新刻画及客观度量，进而将“吸收能力”引入静态门槛回归模型，从实证视角分析“吸收能力”与投资于发达国家的 OFDI 逆向技术溢出效应之间的非线性关系。

国内关于中国 OFDI 逆向技术溢出效应的实证研究颇为丰富，也有一些关于人力资本、金融发展、技术差距等单方面因素对 OFDI 逆向技术溢出效应影响的研究，然而关于 OFDI 逆向技术溢出效应的“吸收能力”界定及度量依然缺乏成体系的研究。虽然同样是对中国 OFDI 逆向技术溢出效应的研究，但本书在以下几方面区别于以往研究：第一，从“技术资源获取能力”“技术资源直接利用能力”“资源再配置及技术杠杆化环境”3 个维度选择 21 个二级度量指标对中国 2003—2014 年间各省、市 OFDI 逆向技术溢出的“吸收能力”进行度量；第二，将综合度量各方面影响因素的“吸收能力”作为门槛变量纳入面板门槛模型，系统分析其与 OFDI 逆向技术溢出效应之间的关系，验证两者之间的非线性关系。

系统的实证研究表明：本书构建“吸收能力”总体指标体系及“技术资源获取能力”“技术资源直接利用能力”“资源再配置及技术杠杆化环境”3 个维度指标体系，都能够很好地从时间维度及截面维度刻画中国各地区“吸收能力”的变化趋势及区域差异，2003—2014 年各地区“吸收能力”呈现着平稳上升的趋势，并且总体呈现东部地区—中部地区—西部地区依次降低的趋势；此外将“吸收能力”指标纳入门槛模型开展的实证研究证实，中国的 OFDI 逆向技术溢出效应存在基于“吸收能力”的显著单门槛效应，“吸收能力”的区域差异是造成中国 OFDI 逆向技术溢出存在区域异质性的重要原因之一。

第三，以投资于“一带一路”沿线国家的 OFDI 逆向技术溢出效应作为研究对象。

本书从政治、经济、文化这三个方面选取了 22 个二级指标，对中国与“一带一路”沿线 15 个国家之间的制度距离进行客观度量，并在此基础上构建实证模型，研究制度距离对 OFDI 逆向技术溢出效应的影响，并分别对比政治距离、经济距离及文化距离等不同维度的制度距离对 OFDI 逆向技术溢出效应的影响。

国内关于中国 OFDI 逆向技术溢出效应的实证研究颇为丰富，然而，一方面，研究大多集中在对中国投资于发达国家 OFDI 逆向技术溢出效应的研究；另一方面，现有国内研究大多仅仅考虑 OFDI 母国或地区相关因素对 OFDI 逆向技术溢出效应的影响，缺少 OFDI 母国或地区及东道国或地区对比关系因素对 OFDI 逆向技术溢出效应的影响的研究，其中就包括“制度距离”因素。虽然同样是对中国 OFDI 逆向技术溢出效应展开的实证研究，本书对相关领域研究做出了以下几方面补充：第一，对中国投资于“一带一路”沿线国家 OFDI 逆向技术溢出效应研究的有益补充；第二，对研究中国 OFDI 逆向技术溢出效应影响因素的有益补充；第三，对测度中国与“一带一路”沿线国家制度距离研究的有益补充。

系统的实证研究表明：对于制度距离这一变量，经济距离对制度距离的影响最大，其次为政治距离，而文化距离对于制度距离的影响较小；制度距离指标体系能够较好地刻画中国与“一带一路”沿线 15 个国家之间制度距离的时间变化趋势及国别差异；制度距离过大会阻碍中国获取投向“一带一路”沿线国家的 OFDI 逆向技术溢出效应，而 3 个维度的制度距离中，经济距离及文化距离均阻碍了逆向技术溢出效应，但政治距离的阻碍作用并不显著。

第二章　文献综述

本书选择从“吸收能力”视角研究对外直接投资逆向技术溢出效应，那就有必要首先对相关理论基础及相关研究有一个清楚的认识。有鉴于此，以下选择从对外直接投资理论基础、国际技术溢出三个主要渠道的相关研究、吸收能力及门槛效应研究等方面来对文献进行回顾，并对其进行总结和评述。

第一节　国际直接投资相关理论基础

国际直接投资活动始于20世纪60年代，作为当时一种国际资本流动的新形式，与其相关的理论研究一直比较滞后，直到20世纪80年代，相关领域的研究主要还集中于对实际国际直接投资活动的经验分析及归纳；进入20世纪90年代后，国际直接投资在全球范围内迅猛增长，国际直接投资已经从国际资本流动的新形式转变成主要形式之一，它不仅促进了资本、人才及资源等生产要素在不同国家国之间的流动，而且促进了母国或地区及东道国或地区乃至全球技术及经济的发展，这些现象引起国内外诸多学者对其进行密切的关注，相关研究理论也变得逐渐丰富。以下对相关主要理论基础进行回顾。

一　垄断优势理论

“垄断优势理论”由美国学者斯蒂芬·海默最先提出，并由其导师金德尔伯格进行系统阐述分析，是国际直接投资领域的第一理论，开创了该领域研究的新时代（Hymer，1976）。该理论准确地解释了二战后跨国公司在国外进行投资行为以及涉及的资本、技术等资源转移问题。海默认为，跨国公司想要在陌生的东道国或地区环境中进行投资，必须付出更高的组织成本和生产成本，如若在这个时候还要能够有利可图，必须凭借跨国公司的垄断优势，这种优势一定与产品市场或者要素市场的不完全竞争性有密切的关系。因而，实际上海默的垄断优势理论便是：由于产品市场及要素市场等方面的不完全竞争性，导致跨国公司即使在东道国或地区需要付出更多成本也愿意前去开展境外投资，其根本是不完全竞争导致的垄断优势，而其垄断优势包括资本优势、技术优势、管理优势、规模经济优势。

实际上，在那个年代，美国相对于出口贸易，更加热衷于开展境外投资活动，垄断优势理论也做出了合理的解释，其主要是因为：第一，东道国或地区为保护国内市场会设置关税壁垒，因而限制了出口经营方式，而对外直接投资通过在东道国或地区直接生产，达到占有东道国或地区市场的目的；第二，由于技术的研发前期投入大量的人力和财力，出口并不能实现利益最大化，而跨国公司可以通过国际直接投资掌握其所有权，从而保证技术使用的控制权，保证技术使用的长期收益。在海默和金德尔伯格之后，许多西方学者从跨国公司的各种垄断优势以及选择国际直接投资的原因或者条件两个方面对该理论进行了补充完善。比如：阿利伯（Robert Z. Aliber）开创性地分析了货币变量对国际直接投资的影响，将跨国公司的独特优势归因于特定货币优势；尼克博克（Frederick T. Knickerbocker）提出的寡占反应论指出，具有垄断地位的几家寡头企业之间相互依赖项目制衡，其中任何一个企业利用先发优势开展境外投资活动，其他企业也需通过境外投资活动来维持其应有的市场份额。

二　内部化理论

“内部化理论”形成于英国学者卡森（Mark O. Casson）与巴克利（Peter J. Buckley）合作出版的专著——《跨国公司的未来》（Buckley & Casson, 1976）中。内部化理论同样选择市场的不完全竞争性作为理论研究的前提条件，并指出导致企业内部化的主要原因就是中间产品市场具有不完全竞争性，尤其是产品专利、生产技术、管理经验、营销技能等知识性产品市场的不完全竞争性。由于知识性产品市场的不完全竞争性，企业在与外部企业进行产品交易过程中极易产生知识泄密及定价困难等问题，要防止这些问题的产生或者降低由于这些问题带来的损失，企业必须额外支付昂贵的交易费用，但效率又是极其低下的。为了解决这一系列成本高、效率低的交易问题，企业就难免会考虑将外部市场机制变更为内部市场机制，将知识性产品的配置及使用统一纳入所有权之下，并通过开展境外投资活动加以运用，从而达到降低交易成本、提高交易效率的目标。当然，对于任何性质的企业而言，在做任何决策之前都需要不断地权衡成本及收益。跨国公司进行内部化之前也需要考虑各种成本及收益，其成本主要是人员管理成本、沟通交流成本、不确定性风险成本等，而其收益主要源自节省的外部交易费用、知识性产品的中间差价、不同产品生产环节之间的良好协调性带来的经济利益，以及减少东道国政府干预并获得相应的财税支持等。

相较于垄断优势理论，内部化理论通过对企业之间中间产品的交易方式及该过程中组织形式的变化进行更加详细的分析，来客观解释跨国公司形成的内在机理，并且强调通过跨国经营促使企业现有优势内部化的重要性，能够适用于解释不同类型国家企业的跨国经营活动。

三　产品生命周期理论

从前面垄断优势理论及内部化理论，可以总结出这两个理论的一个共性问题，即企业垄断优势的静态性。但是实际上对于任何企业而言，其相对垄断优势都是在动态变化的，这便大大降低了两个理论的适用性。美国经济学家雷蒙德·维农在 1966 年发表于《经济学季刊》的《产品周期中的国际投资和国际贸易》一文对垄断优势的静态性提出了质疑，其研究开拓性地提出了“产品的生命周期理论”（Vernon，1966）。该理论认为，静态的垄断优势理论很难客观解释，相比出口和许可证交易，为何企业会选择国际直接投资，应该综合考虑企业垄断优势及产品生命周期，从一切事物都是动态发展变化的角度解释企业不同发展阶段的经营决策行为。该理论认为，产品的生命周期主要包括产品创新阶段、产品成熟阶段及产品标准化阶段。

在产品创新阶段，技术领先国多选择国内生产并出口产品，主要原因在于：在此阶段，根据国内的市场需求来确定产品的研发类型并不断改进产品研发技术，这些活动在国内完成能够大大节省时间及交易等多种成本，同时能够及时调整营销策略。

在产品成熟阶段，技术领先国多会选择到其他发达国家投资，原因在于：在这个阶段，其他发达国家劳动力价格相对较低而且有广大的消费市场。

在产品标准化阶段，技术领先国多会选择到发展中国家投资，原因在于：在这个阶段技术已经完全标准化，低廉的劳动力成本才是技术领先国到发展中国家开展国际投资的最根本原因。

从以上对于生命周期理论的描述不难看出，尽管该理论从某些方面弥补了垄断优势及内部化理论的缺陷，能够很好地解释美国企业开展境外投资活动的动机选择、时间选择及区位选择，但是其自身也存在一定的缺陷，无法解释发展中国家的国际投资活动、非出口替代型国际投资、非标准化的海外产品生产等国际投资新现象。此外，产品生命周期理论主要是对最终产品市场的解释，对于要素获取型及技术研发型国际投资活动缺乏解释力度。

四 边际产业扩张理论

以上提到的三个国际直接投资基本理论都用以解释发达国家在不完全竞争条件下开展的国际直接投资活动，缺乏用以解释发展中国家开展国际直接投资活动的相关理论，而小岛清（Kojima）于1978年出版的专著《对外直接投资论》通过对20世纪日本企业热衷于国际直接投资活动动机的分析，对以上理论的缺陷做了有益的补充。在小岛清的《对外直接投资论》中，他认为之前的国际直接投资理论都是建立在企业拥有某种特定优势假设基础之上的，确实能够很好地解释美国等发达国家的国际直接投资活动，但缺乏理论上的普遍性；他将国家贸易领域的要素禀赋理论（H—O理论）扩展运用到对日本企业跨国投资的研究中，并提出了“边际产业扩张理论”，其中的边际产业是指本来已经失去或者即将失去比较优势的产业。该理论认为，国际直接投资活动应该选择从本国边际产业依次开展，贸易与投资实际上不是替代与被替代的关系，它们之间有着某种双向促进的关系，因此频繁的国际直接投资活动同样能够有效促进母国或地区及东道国或地区之间的贸易发展（Kojima，1978）。

从以上对边际产业扩张理论的描述可知，它通过国际贸易理论与国际直接投资理论的完美结合，成功地从宏观层面解释了20世纪六七十年代日本开展国际直接投资活动的动机及那个时候美国出口贸易条件恶化的原因，但是其实该理论产生于特定的历史时代，同样具有很强的局限性，比如同样是日本的国际直接投资活动，20世纪80年代后在电子及通信等行业开展的国际直接投资活动就已经无法解释。

五 国际生产折中理论

“国际生产折中理论”见诸英国里丁大学教授约翰·邓宁（John H. Dunning）1977年发表的重要论文《贸易、经济活动的区位与多国企业：折中理论的探索》中。在《贸易、经济活动的区位与多国企业：折中理论的探索》一文中，邓宁认为早期的国际直接投资理论都是建立于不同国家的不同时期，相关理论都有特定的时代背景及国别特色，也因此都能很好地解释特定时期特定国家的国际直接投资活动，但都不是“放之四海皆准”的一般规律（Dunning，1977）。与此同时，邓宁也强调对于同一企业而言，是选择开展国际直接投资活动还是对外贸易活动，抑或发放国外生产许可活动，都是同一个企业的不同决策，将三种不同决策分割开来是不合理的，需要一个能够对跨国公司开展国际直接投资活动的动机及条件进行综合解释及说明的一般理论，而这个理论就是其自己提出来的“国际生产折中理论”。“国际生产折中理论”认为，公司开展国际直接投资活动动机及条件主要是其拥有三方面的特定优势，即所有权优势、内部化优势及区位优势。其中所有权优势主要是指，相对于东道国企业而言，跨国公司由于具有有形及无形等各种资产及其所有权而形成的某种特定优势；内部化优势主要是指，相对于东道国企业而言，跨国公司由于具有有形及无形等各种资产及其所有权，并加以内部化使用而形成的某种特定优势；区位优势主要是指，跨国公司开展国际直接投资活动过程中在区位选择方面拥有的某种特定优势。

实际上，结合以上描述，可以将邓宁的“国际生产折中理论”的分析原理及主要研究结论总结为以下几方面。

第一，世界范围内产品及要素市场的不完全竞争性导致某些跨国公司具备特定的所有权优势，而这种特定的所有权优势能够保证除去由于海外经营额外增加的成本外还有相当的收益，这便最终导致了国际直接投资活动的产生。

第二，特定所有权优势还不能完全解释开展国际直接投资行为的必要性，必须在此基础上引入特定内部化优势才能充分说明国际直接投资优于许可证贸易的原因。

第三，跨国公司并没有在本国生产产品并进行出口，而选择在国外生产，还需要结合定位区位优势来加以解释。

第四，跨国公司具备所有权优势、内部化优势及区位优势三方面特定优势，决定了其在出口贸易、许可生产及国际直接投资中选择后者的动机与条件。

国际生产折中理论综合了早期各种国际直接投资理论优势，全面分析并阐述了国际直接投资活动产生的动机及条件，其后诸多学者对其进行不断发展与改进，并从微观层面指导跨国公司实施对外直接投资活动的决策。

第二节　国际贸易技术溢出效应相关研究

Riverabatiz 与 Romer（1991）的研究指出，国际技术溢出的主要渠道包括两条：一条是国际贸易；另一条是外商直接投资。实际上，其中的外商直接投资这条渠道又包括内向外商直接投资（Inward Foreign Direct Investment，IFDI）和对外直接投资（Outwar Foreign Direct Investment，OFDI）。本节首先从国外及国内两方面对国际贸易技术溢出效应相关研究进行文献回顾。

一　国外关于国际贸易技术溢出效应的相关研究

众所周知，各国之间的贸易活动包括出口贸易及进口贸易两种贸易形式，因而国外关于国际贸易技术溢出效应的研究大体上可以分成出口贸易技术溢出效应研究及进口贸易技术溢出效应研究，当然也有同时对出口贸易技术溢出效应及进口贸易技术溢出效应进行的研究，本书称之为“贸易技术溢出效应”研究。接下来首先就这三方面进行国外文献回顾。

（一）贸易技术溢出效应相关研究

关于贸易技术溢出效应的验证最早是 Coe 与 Helpman（1995）的研究，该研究选择本国的 TFP 作为被解释变量，采用永续盘存法计算出来的本国研发资本存量及通过双边贸易加权方式计算得到贸易伙伴国的研发资本存量作为解释变量，构建计量经济模型，分析解释变量与被解释变量之间的关系。研究结果显示：贸易伙伴国的研发资本存量对本国的技术水平有明显的促进作用，首次证明了贸易技术溢出效应的存在性，也同时说明了国际贸易是国际技术溢出发生的重要途径。此外，Coe 与 Helpman（1997）采用了同样的方法展开了对发达国家及发展中国家相关问题的验证，研究结果证明，即使发展中国家严重缺少研发支出，同样可以通过与发达国家之间的贸易促进其技术水平的进步，再次证实了贸易技术溢出效应的存在性。Funk（2001）采用面板协整方法分析国际贸易模式与 R&D 溢出效应之间的关系，研究结果没有支持进口模式与研发溢出效应的关系，但是证明了出口模式与研发溢出效应之间的关系。

（二）出口贸易技术溢出效应相关研究

关于出口贸易的技术溢出效应的研究相当丰富。Feder（1983）凭借双部门模型的构建来重点分析出口贸易的技术溢出效应，实际上研究结果显示：一个国家的非出口行业可以通过对出口行业领先技术的模仿来提高其自身的劳动生产率，因此出口贸易可以促进出口国技术水平的提升，即出口贸易是存在技术溢出效应的。而 Park（1995）选择全球最大的发展中国家——中国作为研究对象，重点分析中国的出口贸易与经济增长之间的关系，研究结果显示，发展出口贸易可以借由技术溢出效应推动中国 TFP 的提高，进一步促进经济的增长。此外，也有大量的研究证明实际上出口贸易并不一定有利于学习效应的产生，并不支持出口贸易技术溢出效应的存在性，例如：Aw et al.（2000）利用韩国及中国台湾地区制造业的相关数据来分析生产者全要素生产率与出口决策之间的关系研究；Hahn（2004）利用 1990—1998 年韩国制造业微观企业面板数据分析出口与各种形式效率（包括全要素生产率）之间的关系研究。此外，Clerides et al.（1998）、Aw et al.（2003）及 Bemard 和 Jensen（2004）等研究都证实：对于出口企业而言，往往其劳动生产率在出口之前就比非出口企业要更高，也就是说，实际上出口企业出口之前就存在“自我选择效应”，故出口贸易对技术进步的促进作用非常有限，即凭借国际贸易活动产生的技术溢出效应也非常有限（Keller，2004）。

（三）进口贸易技术溢出效应相关研究

就进口贸易的技术溢出效应研究而言，诸多学者的研究认为：国际贸易技术溢出效应的两条传递途径中，进口贸易渠道相对于出口贸易渠道更为直接，进口国能够通过进口贸易更加直接地获取贸易伙伴的研发投入带来的溢出效应。Coe 和 Helpman（1995）在商业研发资本是技术进步主要引擎之一的经济增长理论基础上，凭借进口份额作为权重来测算国外研发资本的存量，并进而分析国外研发资本存量对国内全要素生产率的影响，研究结果充分地证明了国外研发资本存量能够促进国内劳动生产率的提升，而且这种作用随着贸易规模的扩大而不断增强，从而证明了贸易伙伴 R&D 可以通过进口贸易技术溢出实现促进国内技术进步的事实。实际上，此后有诸多的相关学者借鉴 Coe 和 Helpman 的研究框架对进口贸易技术溢出效应开展实证研究工作。例如：Coe et al.（1997）利用收集到的 1971—1990 年 77 个发展中国家的面板数据进行相关研究，从实证角度证实发展中国家同样可以通过大量进口中间产品及资本设备来提升自己的劳动生产率；Sjöholm（1996）在研究国际贸易及地理距离对瑞典国际知识转移影响时，也证实了进口贸易技术溢出效应的存在性；此外，Keller（1998；2000）、Lumenga—Neso et al.（2005）及Franco和Montresor（2009）也开展了类似的研究。以上学者大多通过实证研究证实了进口贸易技术溢出效应是客观存在的，然而也有部分学者的实证结果对此进行了否认，例如：Eaton和Kortum（1996）在对比研发创新对国外及国内技术进步的影响时，在Coe和Helpman（1995）模型中增加了贸易距离等其他变量，研究显示，研发创新对国内技术进步的影响大大超过对国外技术进步的影响，从而间接证明双边进口贸易不一定是国际技术溢出的最好渠道。Keller（2002）利用1970—1995年几乎全球创新活动的数据来验证创新到底是全球知识溢出效应还是本土知识溢出效应，实证研究表明：贸易伙伴国的研发活动仅仅能够对其自身产生溢出效应，对全球其他国家的溢出效应并不是十分显著。

二 国内关于国际贸易技术溢出效应的相关研究

虽然国内关于国际贸易技术溢出效应的研究起步比国外相关研究要晚，但是发展到今天，其相关研究也颇为丰富。例如：张婧（2004）利用协整分析技术，借助分析中国加工贸易模式对中国TFP的影响验证贸易的技术溢出效应，研究结果发现，中国的加工贸易确实存在一定程度的技术溢出效应，但由于其产业链短、产业关联性较弱等原因，其技术溢出效应并没有充分发挥出来。此外，湖南大学的许和连和栾永玉（2005）将全国的经济产出部门分为三个部门，并利用中国“八五”及“九五”期间各地区的截面数据构建三部门模型分析出口贸易的技术溢出效应，研究结果表明：在中国的“八五”及“九五”期间，国内的出口贸易活动确实对非出口部门产生了技术溢出效应，但这种技术溢出效应主要集中于工业制成品的出口部门。李小平和朱钟棣（2006）分别采用六种方法实证检验外国研发资本的溢出效应，从对比六种研究方法的结果可知：要想促进中国工业行业的技术进步，通过国际贸易来获取国际研发溢出效应显得更加可靠，进而从实证角度证实了国际贸易是获取国际技术溢出效应的重要渠道之一。赵伟和汪全立（2006）、蔡虹（2008）的实证研究结论也同样证实了国际贸易对国际技术溢出效应的重要性。此外，徐圆（2009）、高大伟、周德群、王群伟（2010）、宋艳丽、王九云（2011）等学者的研究也得到类似的研究结论。

第三节　IFDI 技术溢出效应相关研究

自从 MacDougall（1960）提出技术溢出理论以来，随着对外投资和跨国公司的不断发展，IFDI 技术溢出效应引起了诸多经济学家的关注。从理论上讲，诸多学者都承认了 IFDI 对东道国企业、行业乃至整个国家产生技术溢出效应的可能性，并针对这种可能性开展丰富的实证研究，根据其实证研究结论的差异性可以分成两类：一类是支持 IFDI 技术溢出效应的实证研究；一类是不支持 IFDI 技术溢出效应的实证研究。以下就这两类研究的相关文献进行回顾。

一　支持 IFDI 技术溢出效应的实证研究

Caves（1974）和 Globerman（1979）两位学者作为 IFDI 技术溢出效应实证研究的先驱者，他们分别以澳大利亚 1966 年及加拿大 1972 年制造业的截面数据为样本验证两个国家 IFDI 的技术溢出效应。研究发现，两个国家的制造业企业收入水平或者生产效率都与该行业引入的外资水平正相关，从而间接地证实了 IFDI 技术溢出效应的存在性。Blomström 和 Wolff（1994）利用 1970—1975 年墨西哥行业层面的截面数据展开的研究发现，墨西哥当地的企业劳动生产率会随着行业内外资投资水平的提高而有所提高。Smarzynska（2002）通过研究东道国或地区和跨国公司之间供应商品行业的生产效率数据，发现东道国或地区的企业生产效率与外资水平之间存在正相关的关系，也客观证明了 IFDI 技术溢出在产业之间的关联性。此外，Kokko（1996）对于墨西哥的研究、Sjöholm（1999）对印度尼西亚的研究、Liu et al.（2000）对英国的研究都从实证角度证实了 IFDI 技术溢出效应的存在性。

国外关于 IFDI 技术溢出效应的实证研究开展比较早，而国内对 IFDI 技术溢出效应的实证研究起步比较晚，相关研究文献在改革开放后才逐渐丰富起来。当然，其中也不乏支持 IFDI 技术溢出效应的研究，例如：何洁和许罗丹（1999）研究表明 IFDI 技术因素对我国内资工业企业生产的正向促进作用比较明显。刘金钵和朱晓明（2004）通过 1993—2002 年工业产业数据研究我国工业产业的技术溢出效应，研究发现工业产业吸引的跨国直接投资与技术进步正相关。此外，秦晓钟（1998）利用中国 1995 年 39 个工业行业截面数据开展的研究、沈坤荣和耿强（2001）利用中国 1987—1998 年的省际面板数据开展的研究、张建华和欧阳轶雯（2003）利用1997—1999年的行业面板数据开展的研究、潘文卿（2003）利用1995—2000年的工业部门的面板数据开展的研究等，都从实证角度验证了中国IFDI技术溢出效应的存在性。

二 不支持IFDI技术溢出效应的实证研究

Haddad和Harrison（1993）利用摩洛哥1985—1989年间制造业的面板数据开展的研究并没有发现明显的IFDI技术溢出效应。Aitken和Harrison（1999）基于委内瑞拉1976—1989年制造业的面板数据开展的实证研究发现IFDI存在负的溢出效应。Kokko（1996）通过研究发现，生产率较低的工业部门对外资投入的敏感度更高，但是当跨国公司在东道国或地区占有较大市场份额并且技术水平有较大悬殊时，IFDI对东道国或地区的技术溢出效应并不明显。Driffield（2001）以1989—1992年英国制造业面板数据为研究样本，通过研究跨国公司R&D技术溢出效应发现，东道国或地区的生产力以快于跨国公司的速度增长，然而并没有发现IFDI的技术溢出效应。Javorcik（2004）以立陶宛企业数据为样本的研究发现，IFDI技术溢出效应对不同合作形式企业有着不同的影响，对合资企业的技术溢出效应更明显，而对外商独资企业并没有技术溢出效应。CIruelos和Wang（2005）通过对比IFDI技术溢出效应对发达国家和发展中国家不同影响效果的研究发现，当发展中国家人力资本达到一定程度时，IFDI技术溢出效应才能凸显出来。Bwalya（2006）以赞比亚企业面板数据为基础开展的研究发现，IFDI并没有对企业产生技术溢出效应。

国内相关实证研究也有一部分不支持IFDI技术溢出效应存在性，或者认为其存在性是有条件的。何洁（2000）通过分析本国内部因素对IFDI在我国工业部门技术溢出效应的影响，发现IFDI技术溢出效应受到当地经济发展水平的影响；IFDI技术溢出效应作用的发挥必须建立在较高的经济发展水平、较完善的基础设施建设以及自身较高的技术水平的基础上；并且认为市场规模的大小会对IFDI技术溢出效应产生重要的影响，当地技术水平增长速度与IFDI技术溢出效应负相关。王飞（2003）的实证研究结果认为，通过吸引跨国公司的直接投资，中国便能够有效地吸收发达国家的先进技术及管理经验，但由于外商直接投资垄断了公司技术创新，因此对我国技术进步产生了消极影响。冼国明和严兵（2005）的研究发现，在专利申请方面，外资对中国企业有正向溢出效应，但这种影响主要局限在小型创新项目上，通过对东部、中部、西部三个地区的影响效应进行对比发现，东部地区影响更明显，说明 IFDI 对中国技术溢出效应影响是有条件、有局限性的。张海洋（2006）通过实证检验中国工业部门 R&D 创新能力、吸收能力和外资技术扩散对行业技术进步的影响时发现，在不同性质的工业企业内部，其技术吸收能力是不一样的，并且 IFDI 技术扩散程度也不同。

第四节　OFDI 逆向技术溢出效应相关研究

FDI 技术溢出效应一直以来都是经济学界研究的热门话题之一，然而长期以来，这方面的研究多关注于东道国或地区，对于投资母国或地区的关注甚少。国内外学者已经从诸多研究视角对 IFDI 技术溢出效应展开了大量理论及实证研究，而且也得到了很多有理论及实践价值的研究结论，然而对于 OFDI 的逆向技术溢出效应的关注，直到 20 世纪 90 年代才开始逐渐增加。

一　“技术获取型”OFDI 的可能性及存在性研究

实际上，学者们最早是在对发达国家 OFDI 动机及决定因素进行分析的过程中发现了 OFDI 的逆向技术溢出效应。Kogut 和 Chang（1991）选择 1976—1987 年日本对美国 297 个产业开展的对外直接投资作为样本数据，构建负二项回归模型，实证检验日本的技术能力与日本对美国进行 OFDI 的影响。实证研究结果发现，日本对于美国的外商直接投资多投向于研发密度较高的行业。这个研究结论从侧面证实了获取东道国或地区研发技术可能是日本跨国公司开展 OFDI 的动机。这一研究第一次从实证角度客观证实了“技术获取型”OFDI 的存在，获取逆向技术溢出效应成为 OFDI 的又一个重要动机。Yamawaki（1993）在研究企业创新活动与跨国公司境外投资活动的关系时，特别关注日本对于美国及欧洲制造业开展的对外直接投资活动，其研究发现，日本企业开展对外直接投资活动在东道国或地区的行业分布、区域决策及进入模式选择都受东道国或地区创新活动的显著影响，得到了与 Kogut 和 Chang（1991）相似的研究结论。此外，Neven 和 Siotis（1993；1996）、Teece（1992）及 Braunerhjelm 和 Svensson（1996）等的研究都证实了获取逆向技术溢出效应已成为独立于所有权优势之外又一推动 FDI 的重要因素。

跨国公司根据价值链将其生产活动在全球范围内进行重新布局，能够使得其生产活动在全球范围更加分散化或者局部地区更加集群化。考虑到发达国家拥有更多先进技术及优良环境，跨国公司更加倾向于将技术密集型生产环节布局在发达国家，因此造成技术型知识在地理位置上不断集中。Cantwell 和 Hodson（1991）及 Fors（1995）的研究发现，跨国公司的技术获取会推动其在国外建立分支机构，而 Fosfuri 和 Motta（1999）以及 Siotis（1999）的理论模型显示，发展中国家亦会通过对外直接投资来获取东道国或地区的特定知识。Keller（2000）从贸易双边的空间距离角度考察了技术溢出对外国 R&D 获益大小的影响，结果证明技术扩散与知识溢出具有空间上的局限性，而 Anazzawi（2004）同样认为 OFDI 是获取技术及知识溢出效应的又一个重要渠道。

国内大多数学者认同跨国公司开展对外直接投资活动的主要目的是获取先进的技术及知识，也即认同"技术获取型"对外直接投资的存在性。鲁桐（1999）的研究认为，扩大海外市场以及获得先进技术及先进知识是中国企业进行对外直接投资的主要目的。江小涓（2000）同样认为，中国企业通过对发达国家进行对外直接投资能够有效利用国外的科技资源。景劲松、陈劲及吴沧澜（2003）在进行问卷调查以及访谈之后发现，中国企业通过对外直接投资以加强国际合作，并获取国外的先进技术和科学知识。徐卫武和王河流（2005）认为，在中国高新技术产业的对外直接投资中，驱使对外直接投资的主要目的是实现成本最小化及收益最大化。

针对跨国并购，赵伟等（2005）认为，获取互补性技术是中国企业跨国并购的主要动机；李烁等（2005）的研究发现，为了利用海外灵便的信息进行技术跟踪，监视国外先进技术的发展，中国企业会在海外设立研发机构；吴先明（2007）认为，获得创造性资产是中国企业对发达国家进行逆向投资的主要目的，中国企业在海外设立研发机构等是为了提高其核心竞争力，而这一过程正是通过海外直接投资以获得逆向技术溢出，从而推动其本身的进步。

二 OFDI 逆向技术溢出效应的理论分析研究

与跨国公司基于获取逆向技术溢出的 OFDI 动机的实证研究相比，关于逆向技术溢出的理论研究较为有限，Fosfuri 和 Motta（1999）首次对无优势 OFDI 进行了理论研究，他们尝试构建了一个完全信息对称条件下的两阶段古诺模型来探究无优势 OFDI 的存在性。他们研究的主要对象是单向技术溢出效应，即技术只能从具有优势的企业转移到无优势的企业。研究结果显示，技术溢出效应会随地理距离的增加而减少，因此技术落后者可以通过在技术领先者附近设立工厂而获取技术溢出；另外，有优势的企业会选择出口贸易替代 OFDI，而无优势的企业会选择 OFDI 来代替出口。此外，Siotis（1999）在产品完全同质的假设条件下，构架了两个国家的古诺模型分析双向溢出对相对无优势企业对外直接投资的影响。此处的相对无优势企业与之前的绝对无优势企业有着本质的区别，相对无优势企业是指虽然该企业的母国或地区整体技术水平落后于国外企业，但由于该企业是国内效率领先企业，所以尽管大多数技术都不具有优势，但在某一方面领先于外国企业，在这个技术领先领域，技术同样会通过它转移到外国企业，因此，技术溢出就变成了双向的。Siotis 通过提出耗散效应、加强效应及寻求效应三种技术溢出的效应来对双向技术溢出如何影响对外直接投资进行分析，其研究首次从理论上证明了逆向技术溢出效应在跨国公司开展 OFDI 决策过程中的重要性。

Wesson（1999）在产品异质性假设下构建两个国家的古诺模型来分析中国企业的对外直接投资，研究发现，中国企业通过对外直接投资能够获得更多益处。Fosfuri et al.（2001）的研究发现，不具备特定技术优势的企业同样可以通过选择开展对外直接投资活动来获取东道国或地区的先进技术。Bjorvan 和 Eckel（2006）则研究了本身技术水平就较高的企业进行对外直接投资的行为。这类企业加剧了市场竞争，减少了投资东道国企业的技术优势占比，迫使东道国企业进行战略性对外直接投资。通过博弈均衡研究发现，当技术溢出水平超过一定界限，企业进行对外投资的可能性与溢出程度成正方向变化。

在国内相关研究方面，马亚明和张岩贵（2003）通过构建技术双向扩展模型与技术单向扩展模型，研究发现发展中国家企业可以通过对外直接投资产生技术扩展效应，从而提高自身技术水平，并解释了发展中国家存在跨国企业的原因。由于意识到当地化溢出效应在 Fosfuri 和 Motta（1999）研究模型中的重要性，曾剑云、刘海云和符安平（2008）在保留当地化溢出效应假设的条件下，在古诺模型中增加考虑企业的大量研发行为，以此从理论上讨论发达国家及发展中国家的企业在无特定技术优势情况下开展的对外直接投资活动。该理论研究发现，当两种类型企业研发差异较小时，技术先进企业会选择国内经营，而技术落后企业会选择对母国或地区开展对外直接投资活动；当两种类型企业研发差异较大时，两种类型企业都会开展对外直接投资活动。

三 OFDI逆向技术溢出效应的实证研究

国外的诸多学者在国际技术溢出整体理论框架下对OFDI逆向技术溢出效应展开了大量的实证研究，但由于各种客观原因的存在，并没有得到一致的实证研究结论，这一点与IFDI技术溢出效应的实证研究非常类似。一部分学者的实证分析表明，OFDI能实现对母国或地区显著的逆向技术溢出效应。Coe和Helpman（1995）利用他们提出的C—H模型检验了国际技术溢出效应的不同渠道，研究证明了OFDI是获取国际技术溢出效应的重要渠道。在Potterie和Lichtenberg（2001）的研究中，OFDI作为国际技术溢出渠道第一次被引入实证模型，以此实证检验"技术获取型"OFDI的逆向技术溢出效应，结果表明除了IFDI这一渠道对技术进步没有促进作用，进口贸易及OFDI两个渠道都对生产率有显著的促进作用。此外，其他支持OFDI逆向技术溢出效应存在性的实证研究还包括：Driffield和Love（2003），Griffith、Harrison和Reene（2004），Tomoko Iwasa和Hiroyuki Odagiri（2004），Navaretti和Castellani（2004），等等。当然，与此同时，也有不少学者的研究结论发现跨国公司对外直接投资活动并没有促进其技术水平的进步，并不支持OFDI逆向技术溢出效应的存在性。Bitzer和Kerekes（2008）选择OECD 17个国家的OFDI逆向技术溢出效应作为研究对象，利用17个国家面板数据构建的实证模型得出了与Potterie和Lichtenberg（2001）完全相反的研究结论，即IFDI对国内有显著的溢出效应，而OFDI的逆向技术溢出效应却不明显。Braconier、Ekholm和Knarvik（2001）利用瑞典公司和产业层面的数据检验了IFDI和OFDI是否是国际技术溢出的重要渠道，结果发现IFDI与TFP之间，OFDI与TFP之间，都没有显著的计量关系，IFDI和OFDI都没有促进瑞典制造业提高生产率。

在国内方面，OFDI相关实证研究与IFDI一样晚于国外相关研究，相关研究是近些年才丰富起来的，主要包括两类研究：一类是关于OFDI决定因素方面的研究；一类是关于OFDI逆向技术溢出效应的研究。第一类研究可以见诸周晔（2005）、项本武（2006）、姚利民和孙春媛（2007）、张为付（2008）、徐雪和谢玉鹏（2008）等相关研究。而第二类研究成为近十几年国内学者们的研究热点，例如：在赵伟、古广东和何国庆（2006）的研究中，三位学者通过对OFDI对母国或地区技术水平影响机制的分析及鉴别，构建实证模型分析OFDI对中国技术进步的具体影响。实证研究发现，虽然中国OFDI尚处于初始阶段，但其逆向技术溢出效应已经开始显现，中国对外投资尤其是对 R&D 要素丰裕国家和地区的投资具有较为明显的逆向技术溢出效应。另外，在王英和刘思峰（2008）的研究中，两位学者又通过借鉴国际研发溢出效应的实证分析思路，实证检验在 1985—2005 年这一阶段中国的 OFDI 逆向技术溢出效应。实证研究结果表明，虽然中国的研发活动对其 TFP 的增长有更大的促进作用，但中国的 OFDI 也确确实实地促进了其 TFP 的增长，OFDI 存在显著的逆向技术溢出效应。然而万丽娟、彭小兵和李敬（2007）及邹玉娟、陈漓高（2008）等实证研究却都表明，中国对外直接投资活动对国内技术进步并没有显著的促进作用。

第五节　吸收能力相关研究

如若要追溯“吸收能力”（Absorptive Capacity，ABCA）概念的起源，早在新熊彼特主义研究技术创新对经济增长的影响中便有涉及，但并未给出明确定义。之后 Abramowitz（1986）在研究技术落后国家赶超技术领先国家的先决条件时提到了类似于吸收能力的“社会能力”（Social Capability）概念，并认为技术落后国家要与技术领先国家的技术趋同，必须具有足够的社会能力对先进技术进行吸收，其中的社会能力主要包括教育、工业、商业及金融机构特性等方面，然而同样没有对“吸收能力”概念进行明确的刻画。一直到 Cohen 和 Levinthal（1989）在研究微观企业研发投资动机中研发的二元作用时，“吸收能力”的概念才被第一次明确刻画。他们的研究认为：研发投资不仅能够直接创造新知识，还能够增强企业模仿及开发现有知识的能力，并在此基础上明确地将微观企业吸收能力刻画为企业从周围环境中识别、模仿及开发知识的能力。

Cohen 和 Levinthal 关于“吸收能力”的概念一经提出便引起学界广泛关注，截至 2016 年 12 月 3 日 Cohen 和 Levinthal 题为 Innovation and Learning：The Two Faces of R&D 的文章共计被引用 5737 次。“吸收能力”的概念使用范围从最开始的企业管理研究扩展到经济及管理研究的方方面面，极大地丰富了“吸收能力”的内涵。纵观涉及“吸收能力”的研究，按照研究视角的差异可以将其划分为两种类型：一类是以微观企业作为研究对象，对创新管理、认知管理及知识管理等进行的相关研究；另一类是以宏观产业或者区域及国家作为研究对象，对国际技术溢出与经济增长等进行的相关研究。以下围绕这两种类型的研究对“吸收能力”研究进行系统回顾。

一 微观层面的“吸收能力”研究

关于微观层面的“吸收能力”研究，其实主要包括在研究微观企业创新管理、认知管理及知识管理过程中对“吸收能力”展开的分析。关于企业创新管理研究中对“吸收能力”的研究，学术界公认起源于Cohen和Levinthal（1989；1990）的研究。他们的研究认为，微观企业的研发投资在整个创新过程中扮演着二元作用的角色，一方面研发投资直接促进了微观企业的创新水平；另一方面研发投资能够提升微观企业识别、模仿及发展企业外部新知识的能力，而其中第二方面的作用便是微观企业的“吸收能力”。沿用Cohen和Levinthal（1989；1990）的研究思路，Feinberg和Gupta（2004）在研究跨国公司研发投资区位选择过程中知识转移的作用时发现，跨国公司子公司的研发投资责任不仅是创造新知识，还包括吸收来自竞争者的外部知识溢出效应。

企业认知管理理论认为，企业管理者会通过发展主导管理逻辑来降低其面对问题的复杂程度（Bettis和Prahalad，1995），这种主导管理逻辑的不断发展，不仅会直接影响到企业的组织形式（Dijksterhuis et al.，1999），而且会间接影响到企业的吸收能力水平（Bosch et al.，1999）。Minbaeva et al.（2003）强调对于吸收外部知识而言，个体能力（教育与技术）与动机同样重要；当管理者不断发展其主导管理逻辑时，企业认知过程管理水平会严重影响企业的吸收能力。

从Kogut和Zander（1992）开始，基于知识的企业理论就认为企业的知识不仅是企业最重要的资源也是决定企业比较优势的主要影响因素，这种观点严重影响吸收能力的构建。特别是对于知识密集型企业，组织层面及个体层面的学习显得尤为重要（Starbuck，1992），个体层面“吸收能力”涉及知识的共享及知识的识别（Grant，1996）。知识存量及知识流量都成为影响识别、消化及发展新知识的重要因素（Foss，2006）。Nicholls - Nixon（1993）等研究更重视知识存量的重要性，使用专利申请书、产品生产数量及公司声望来测量“吸收能力”。Lane和Lubatkin（1998）及Rosenkopf和Almeida（2003）更加重视知识流量的重要性，Lane和Lubatkin（1998）利用医药及生物科技公司研发联盟的样本数据研究发现，学生企业的“吸收能力”与教师企业的“吸收能力”对于企业知识转移同样重要，知识更容易在有相同教育背景的人之间进行转移。

二 宏观层面的“吸收能力”研究

要清晰地了解宏观层面的“吸收能力”研究。值得注意的是，起初宏观层面的“吸收能力”概念大都与国际技术溢出当中的国家“技术能力”概念及内生经济增长理论当中的“人力资本”概念相关（Lucas，1988；Romer，1990）。Fransman（1984）在他的研究中将“技术能力”概念刻画为：技术能力不仅包括在现存技术中寻找及选择最合适技术来进行吸收的能力（吸收能力），还包括通过研发投资创造新知识的能力。尽管这两方面能力的重要性会沿着收敛路径发生变化，但是这两方面能力都取决于研发效率，也都能够促进一个国家技术的更新。此外，诸多宏观层面的研究都认为，决定技术积累及吸收能力的关键因素在于“人力资本”。实际上，“人力资本”的概念与“吸收能力”的概念有一定的共性，它们都涉及学习行为，而且都是一个积累的过程，因此，不少研究在实证过程中开始使用“人力资本”来刻画“吸收能力”（Verspagen，1991；Borenzstein et al.，1998；Xu，2000；Kneller，2005）。良好的人力资本对于观测外部知识的演变、评估内外部知识的相关程度，以及将这些技术集成到生产性活动中都显得十分必要。

使用“技术能力”及“人力资本”来对“吸收能力”进行刻画起初最为常见，然而随着“吸收能力”在国际技术溢出效应研究领域的不断发展，又有学者使用“金融发展程度”“基础设施状况”“市场竞争程度”等因素来刻画“吸收能力”。例如：黄凌云、徐磊和冉茂盛（2009）利用“金融发展程度”刻画“吸收能力”以分析其与中国 FDI 技术溢出效应之间的关系，研究发现中国各省、市“金融发展程度”显著影响 FDI 技术溢出效应，并且有特殊的三级梯度关系。此外，Azman - Saini et al.（2010）及 Durham（2004）在研究时同样采用“金融发展程度”刻画“吸收能力”，并分析其与 FDI 技术溢出效应之间的关系。使用“基础设施状况”刻画“吸收能力”的研究主要包括 Furman et al.（2002），Liu 和 Buck（2007）对于中国高科技行业国际技术溢出效应的研究；Bronzini 和 Piselli（2009）对于长期区域地理溢出效应决定因素的研究。

第六节 国际技术溢出门槛效应研究

国内外学者在研究国际技术溢出效应的过程中，实际上已经或多或少开始涉及并研究“吸收能力”与国际技术溢出效应之间的关系，在这个过程中诸多学者发现了两者之间的某种非线性关系，被学界称为“门槛效应”。就现阶段而言，关于“门槛效应”的研究大多见诸对国际贸易技术溢出效应及 IFDI 技术溢出效应的实证研究中。由于 OFDI 逆向技术溢出效应的研究起步晚于前两者的研究，故关于它的“门槛效应”并不多见。此处将对其的文献回顾融入 IFDI 技术溢出“门槛效应”文献回顾中。此外，近些年关于吸收能力的概念已经不仅仅限于技术水平、人力资本、金融发展程度等常规代理指标，扩展吸收能力视角下的国际技术溢出门槛效应的研究也颇为丰富，有鉴于此，以下分别就国际贸易技术溢出门槛效应、IFDI 技术溢出门槛效应及扩展吸收能力视角下的国际技术溢出门槛效应三个方面进行文献的回顾。

一 国际贸易技术溢出门槛效应研究

在 Grossman 和 Helpman（1991）的研究中，两位学者在对国际贸易技术溢出的研究中首次发现了“门槛效应”的存在性。该研究认为，国际贸易对一个国家或者地区经济发展的带动作用并不是无条件的，只有当这个国家或者地区的经济发展水平跨越某一临界值之后，国际贸易对其经济增长的促进作用才会相对较大，实际上这便是名副其实的“门槛效应”。在此之后，国内外诸多学者在研究国际贸易技术溢出效应时相继发现了“门槛效应”的存在，加之 1996 年 Hansen“静态面板门槛回归模型”的提出，国际贸易技术溢出研究领域掀起了一股“门槛效应”研究热潮。李小平和朱钟棣（2004）使用面板数据分析方法，收集了中国 1990—2000 年间 29 个省、市的面板数据，检验了中国的国际贸易和技术进步的关系，并检验了国际贸易对中国的技术溢出是否也存在一个“门槛效应”。其检验结果显示在中国国际贸易对技术进步的促进作用中，同时存在着两种“门槛效应”：一方面是出口的“正门槛效应”，即只有在经济发展水平达到一定门槛值时，贸易出口对技术进步的促进作用才会正向显著。由于我国的东部地区经济比较发达，已越过这道经济发展水平的门槛值，因此国际贸易出口对技术进步的促进作用已较为显著；而中西部地区经济欠发达，尚未跨过这道经济门槛，其贸易出口不能显著地促进技术的提升。另一方面是进口的“负门槛效应”，即地区经济发展到一定水平，其进口贸易促进技术进步的作用反而减弱。Falvey et al.（2007）以 1975—1999 年间 25 个会计年度的 57 个发展中国家为研究对象，针对其通过国际贸易途径从 5 个主要的 OECD 国家获得的技术溢出效应展开分析。研究发现，当发展中国家教育水平超过某一门槛值，那么从进口产品中获得的技术溢出效应是显著的；相反，如果发展中国家的国民教育水平低于这一门槛值时，则技术溢出效应并不会显著，即东道国或地区要充分利用进口产品的技术为自己服务，国民教育水平需要跨越最低门槛。Criscuolo 和 Narula（2008）指出，东道国或地区对于国际技术溢出效应的最低吸收能力对利用外部资源具有重要意义，即东道国或地区要充分利用知识资源的外部性，吸收能力需要超过一定的临界水平。

国内方面，宋艳丽等（2011）收集中国地区 1996—2009 年间相关技术产业的面板数据，采用非线性动态面板计量方法，从实证角度验证中国中间品进口的技术溢出门槛效应，计量分析结果表明：产业内进口中间品对我国技术产业的技术溢出存在研发强度的单门槛效应，但产业外进口中间品却不存在门槛效应，只有当研发强度超过一定数值时，才有利于促进进口中间品的技术溢出。刘和东（2012）运用中国对外贸易以及企业技术创新的相关数据，建立知识—生产函数的动态面板数据计量模型，实证研究结果显示：由于中国企业缺乏对技术的学习与吸收能力，尚未跨过国际技术溢出的门槛值，导致中国并未通过对外贸易途径获取显著的技术溢出效应。此外，在顾国达和郭爱美（2013）的研究中，两位学者选择以中国对外贸易对各地区技术水平的促进作用为研究对象，而且重点分析这种影响作用的地区之间的差异，利用 1979—2010 年中国各地区面板数据构建的交叉项模型，实证结果表明：中国对外贸易技术溢出“门槛效应”具有存在性，同时由于中国各地区在经济技术上的区域差异，各地区的对外贸易技术溢出“门槛效应”的门槛值也有差异，全国范围的门槛值为 -2.58，东部地区内部的门槛值为 -2.76，中部地区内部的门槛值为 -2.18，现阶段东部及中部地区已经跨越相应门槛值，对外贸易技术溢出效应显著，而西部地区由于尚未跨越相应门槛值，对外贸易技术溢出效应并不显著。

二　IFDI 技术溢出门槛效应研究

随着学术界对国际技术溢出效应研究数量的不断增加，大量的学者发现，其实通过 IFDI 这个渠道实现的国际技术溢出效应也存在“门槛效应”。在 Borensztein 和 De GregorioLee（1998）的研究中，两位学者选择人力资本存量作为吸收能力的代理指标，展开了对通过 IFDI 实现国际技术溢出效应途径的实证研究，实证研究结果发现只有凭借东道国或地区足够的人力资本存量才能促进内向型对外直接投资对经济增长发挥显著的推动作用，单纯的资本累积所起的作用要远远低于这一推动作用，意味着可能存在内向型对外直接投资途径的国际技术溢出的“门槛效应”，即只有当东道国或地区人力资本存量积累达到一定“临界水平”时，东道国或地区才能有效吸收内向型对外直接投资技术的溢出效应。在 Altomonte 和 Pennings（2005）的研究中，两位学者同样选择 IFDI 技术溢出效应作为研究对象，结合罗马尼亚 1995—2001 年共计 10650 家外资企业及内资企业的微观数据以及半参数估计的方法开展实证研究，实证研究结果表明 IFDI 技术溢出效应的大小及显著性与进入罗马尼亚的外资企业数量有密切关系，数量越多技术溢出效应越小或者越不明显，这实际上从侧面验证了罗马尼亚的 IFDI 技术溢出存在基于外资企业数量的“门槛效应”。在 Huang et al.（2012）的研究中，三位学者选择区域创新能力作为吸收能力的代理指标研究吸收能力对 IFDI 技术溢出效应的影响，利用 1985—2008 年这 24 年间中国各地区的面板数据结合非线性门槛回归技术开展实证研究，实证研究结果表明：中国 IFDI 技术溢出效应确实存在显著的“门槛效应”，中国各地区创新能力的区域差异也最终导致了 IFDI 技术溢出效应的区域异质性。

国内方面，我国学者也在分析内向型对外直接投资技术溢出效应时，对其门槛问题展开了一系列的实证探索。在王志鹏和李子奈（2004）的研究中，两位学者以其他学者的技术溢出效应理论为基础，并借鉴 Barro 和 Sala – I – Martin（1995）的干中学和知识溢出的模型思想，重新建立了内向型对外直接投资途径国际技术溢出效应的内生经济增长模型，运用我国 1982—2001 年 29 个省份的面板数据进行实证分析，其实证结果客观证实了 IFDI 技术溢出效应在我国存在基于人力资本的“门槛效应”，只有当一个地区人力资本跨越某个门槛值时，该地区才能从内向型对外直接投资渠道中获得技术溢出效应。

另外在张宇（2008）的研究中，选择以中国 IFDI 技术溢出效应各地区的异质性及产生的原因作为研究重点，首先利用中国各地区面板数据开展的实证研究结果显示，各地区 IFDI 技术溢出效应确实存在明显的异质性；然后在改为使用静态非线性面板门槛回归技术开展实证研究后，发现中国各地区 IFDI 技术溢出效应的异质性主要源自人力资本存量等六方面吸收能力的地区异质性，IFDI 技术溢出效应存在“门槛效应”，研究同时对人力资本存量等六方面因素的门槛值进行了测算。在李梅和谭力文（2009）的研究中，同样选择以中国 IFDI 技术溢出效应各地区的异质性及产生的原因作为研究重点，在收集 1998—2006 年这 9 年中国各地面板数据的基础上，用 IFDI 对各地区区域创新水平的影响来刻画IFDI技术溢出效应，通过实证研究证实了IFDI对中国各地区区域创新能力的提升有显著的区域异质性，而这种区域异质性与金融发展程度等四方面因素都有关系，进而证实了中国IFDI技术溢出效应“门槛效应”的存在性。

在李燕、韩伯棠及张庆普（2011）的研究中，三位学者在搜集中国各地区1991—2008年这18年的面板数据基础上构建门槛模型，实证探索内向型外商直接投资技术溢出效应与区域技术差距之间的关系，实证结果证明了内向型外商直接投资的技术溢出效应存在显著的“双门槛效应”，一个地区要想充分获取内向型外商直接投资技术溢出效应，前提是该地区不能与技术发达地区有过大的技术差距，技术差距过大的地区无法比较理想地获得技术溢出效应；同时当与技术发达地区技术差距缩小到一定程度后，内向型外商直接投资技术溢出效应的边际效用随着地区技术水平的提高而出现递减的现象。

在王向阳、卢艳秋及赵英鑫（2011）的研究中，三位学者同样选择将FDI技术溢出效应与技术差距之间的关系作为研究对象，在对长春及烟台两个城市高新技术企业开展问卷调查获取相关数据的基础上，构建联立结构方程来开展相关实证检验，其实证检验的分析结果显示：通过内向型对外直接投资途径获得的国际技术溢出效应与企业之间存在的技术差距并不是简单的线性关系，而是二次非线性关系，这种二次非线性关系从侧面证实了内向型对外直接投资国际技术溢出“门槛效应”的存在性。

在黄凌云和吴维琼（2013）的研究中，两位学者在搜集国家统计局公布的2004—2007年这4年间以四位数分类的6718家工业企业面板数据的基础上，借鉴Levinsohn和Petrin（2003）提出的半参数生产函数方法，并构建门槛模型实证研究了内向型对外直接投资的技术溢出效应与技术差距之间的关系，实证研究结果表明：内向型对外直接投资技术溢出与技术差距之间不是简单的线性关系，而是存在显著的技术水平“三门槛效应”，处于不同取值范围的技术差距对内向型对外直接投资技术溢出效应的影响有显著差异。

三　扩展的吸收能力视角下的国际技术溢出门槛效应研究

借鉴Cohen和Levinthal两位学者在1991年研究微观企业研发投入作用的思想，诸多学者开始尝试从吸收能力视角探讨国际技术溢出的门槛效应，其中的吸收能力除了涉及技术水平、金融发展及人力资本等传统概念外，越来越多的学者开始尝试将吸收能力视角扩展到东道国或地区市场体制、经济社会环境、地理距离、经济发展水平、产业关联程度、企业文化、知识产权保护制度、基础设施建设等诸多方面，使得基于吸收能力视角的国际技术溢出门槛效应的研究变得越来越丰富。

孟执芳、陈梦媛和刘楠（2011）在深入地分析技术获取型跨国并购后技术获取的影响因素时发现了类似的门槛现象，即知识密集型企业一般会集聚在一定的地理空间内。他们的研究认为，决定并购方是否能够获得并购目标的技术，其关键的影响因素包括四方面：隐性知识的内生性、并购方的主观能动性、东道国或地区与母国或地区之间的地理距离及文化差异、并购方国内的政策支持性。余长林和王瑞芳（2009）的研究结果表明，产权保护对技术创新的影响存在门槛效应，即产权保护与技术创新之间呈倒 U 形关系。在杨飞和程瑶（2014）的研究中，两位学者选择以南北贸易对技能偏向性技术进步的促进作用为研究对象，以知识产权保护为吸收能力代理指标，并通过 1995—2007 年这 13 年间的相关数据构建内生技术创新模型，来分析吸收能力对南北贸易技术溢出效应产生的影响。该实证研究充分地证明了技术溢出效应的吸收能力门槛效应，当知识产权保护程度越过门槛值之前，南北贸易能够对高技能偏向性技术进步有促进作用；而当知识产权保护程度越过门槛值之后，南北贸易能够对低技能偏向性技术进步有促进作用。

而在沈飞、吴解生和王会龙（2014）的研究中，三位学者选取 2000—2012 年间的相应数据，以东道国各区域的经济发展水平等变量来测度东道国区域 FDI 技术创新溢出“门槛效应”的关键影响因素；以外资 R&D 投入强度及人力资本投入作为代理指标构建内生门槛模型开展实证研究，实证研究结果找出了我国外商直接投资技术创新溢出效应的主要影响因素，而且这个创新溢出效应存在显著门槛效应，这决定了各地区如果要提升对溢出效应的吸收效果，便需要各地区跨过不同的门槛值。

第七节　本章小结

本章主要从国际直接投资相关理论基础、国际贸易技术溢出效应、IFDI 技术溢出效应、OFDI 逆向技术溢出效应、吸收能力及门槛效应六个方面对相关研究领域的理论基础及研究文献进行了系统的回顾。在国际经济学领域当中，“国际技术溢出”一直以来都是学者们热衷研究的对象之一。国际技术溢出三条渠道中，国际贸易技术溢出及 IFDI 技术溢出相关研究起步较早，研究文献也较为丰富；然而 OFDI 逆向技术溢出研研究相关起步较晚，研究文献没有那么丰富，特别是国内的相关研究是随着近些年中国推进“走出去”战略，鼓励企业开展对外直接投资活动后才逐渐增多，研究还不成体系，在以下几方面还存一定的改进空间，同时也存在一些亟待解决的问题，这些问题也是本书即将研究的重点。

首先，作为国际技术溢出的新渠道，近些年关于对外直接投资逆向技术溢出效应及其影响因素的研究逐渐丰富，但是这些研究大都见诸利用微观企业数据或者宏观区域数据开展的实证研究，通过构建规范的理论模型探究对外直接投资逆向技术溢出效应与影响因素之间作用机制的理论研究还较为缺乏，尤其是选择发展中国家作为研究对象的理论研究。

其次，到目前为止，国内外关于 OFDI 逆向技术溢出效应的实证研究结论类似于 IFDI 技术溢出效应实证研究结论，其存在性并没有在学术界形成共识，有支持者也有怀疑者，也逐渐有学者转而实证探讨 OFDI 逆向技术溢出效应的影响因素，即“吸收能力”，然而目前基于 OFDI 逆向技术溢出效应的“吸收能力”刻画研究非常零散，对 OFDI 逆向技术溢出效应“吸收能力”的度量更不成体系。

再次，关于对外直接投资逆向技术溢出效应的“吸收能力”视角，诸多学者已经开始关注，但是这些“吸收能力”影响因素不是源自跨国公司母国或地区便是源自对外直接投资的东道国或地区，缺乏考虑母国或地区与东道国或地区之间影响因素对比关系的研究。

最后，国内关于对外直接投资逆向技术溢出效应的研究多关注投资于发达国家的对外直接投资，然而随着我国“一带一路”倡议的不断推进，近几年中国对“一带一路”相关国家的对外直接投资量进入了快速增长的阶段，但是专门针对投资于“一带一路”相关国家 OFDI 逆向技术溢出效应的研究非常缺乏。

第三章　中国对外直接投资现状及发展趋势研究

第一节　前言

改革开放近四十年，“以市场换技术”“引进来”及“走出去”等诸多与改革开放相关的战略一直以来都与中国技术水平的提升有着密切的关联。20 世纪 80 年代中期中国开始推行“以市场换技术”战略以来，吸收外商直接投资方面取得的成果不容小觑，中国实际利用外资额由 1985 年的 63. 33 亿美元增加到 2015 年的 1356 亿美元，若不考虑价格因素，31 年时间里中国利用外资额年均增长率高达 68. 04 个百分点。然而近年来我国对外开放环境和条件发生了深刻变化，以往吸收外资为主的开放政策已经使得我国技术溢出效果不尽如人意，此时通过对外直接投资来获取技术领先国的先进技术，进而实现逆向技术溢出效应就显得异常重要。在此新形势下，1998 年党中央、国务院提出实施“走出去”战略，在“十二五”规划的建议中更将“加快实施‘走出去’战略”作为“实施互利共赢的开放战略，进一步提高对外开放水平”的重要内容。① 在国家由“吸收外资为主”向“吸收外资和对外投资并重”的开放政策下，我国近年来对外投资增长迅速，对外投资流量及存量屡创新高。商务部资料显示，1985 年中国的对外直接投资流量仅为 6. 29 亿美元，2015 年中国的对外直接投资流量为 1456. 7 亿美元。2012—2014 年中国对外投资流量连续 3 年位列世界第三，2014 年中国对外直接投资存量也位列全球第八，2015 年再创新高，投资流量首次位列全球第二，仅次于美国。②

---

① 转引自《中共中央关于制定国民经济和社会发展第十二个五年规划的建议》。

② 转引自中国商务部网站及《2015 年度中国对外直接投资统计公报》。

尽管中国对外直接投资发展十分迅速，然而实际上在过去全球对外投资的历史舞台上，发达国家的跨国公司长期扮演着主要角色。同发达国家对外直接投资相比，类似中国这样的转型经济体开展“技术获取型”对外直接投资尚处于起步阶段，依然扮演着配角。在这样的起步阶段，要系统地从吸收能力视角分析中国对外直接投资逆向技术溢出效应，首先就需要对中国对外投资发展现状及其发展特征有一个全面的认识。基于以上原因，本书第三章首先借助 Dunning 的投资发展周期理论，对中国对外投资进行阶段划分，以此清晰地揭示中国对外直接投资近四十年的发展历程；其次分别选择中国对外直接投资的流量、存量、区域结构、行业结构、投资主体结构及地区分布结构进行现状分析，以期总结和归纳中国对外直接投资在各方面的特点及存在的问题。本章的研究无论是对该报告的理论研究部分还是实证研究部分都有着积极的铺垫意义。

第二节 中国对外直接投资发展历程的回顾

一 Dunning 的投资发展周期理论

从第二章对国际直接投资基础理论的回顾可知，1977 年 Dunning 在综合早期各种国际直接投资理论基础上提出了国际生成折中理论，该理论是一个能够对跨国公司开展国际直接投资活动的动机及条件进行综合解释及说明的一般理论。1981 年，Dunning 又在对国际生成折中理论进行动态发展的基础上提出了投资发展周期理论，该理论是 Dunning 在收集 1967—1978 年这 12 年间 67 个欧美国家相关数据的基础上开展的实证研究中提出的，研究发现了欧美国家对外直接投资与其经济发展水平之间的密切关系，用国民生产总值刻画的经济发展水平可以通过影响一个国家的所有权、内部化及区位三方面的特定优势，进而实现对该国开展对外直接投资活动的影响。

Dunning 的投资发展周期理论将一个国家的经济发展水平划分为四个阶段，而这四个阶段也分别对应于相对的对外直接投资界定：第一阶段，人均 GNP 在 400 美元以下，处于这一阶段的国家只有少量的外来直接投资，完全没有对外直接投资；第二阶段，人均 GNP 在 400 美元至 2000 美元之间，对外直接投资的流量数额较小，这一阶段的对外直接投资小于引进外国投资的数量，对外直接投资净额（Net Outward Investment，等于对外直接投资额减去吸收外商直接投资额）为负，对外直接投资净额的绝对值呈现出不断扩大的趋势；第三阶段，人均GNP位于2000美元到4750美元之间，从数量上看，对外直接投资是不断增加的，外国对本国的直接投资量仍然大于其对外直接投资量，对外直接投资净额仍为负，且净额绝对值变大的趋势开始减弱；第四阶段，人均GNP超过4750美元，对外直接投资逐渐增多，对外直接投资净额转为正，并且呈扩大趋势。①

二　中国对外直接投资的发展阶段

实际上，中国的对外直接投资与中国的外商直接投资一样都始于新中国成立以后，但在改革开放以后我国的对外直接投资基本是以中国政府的对外援助为主，具有极强的政府主导性，加之数量极少而且统计也极其不完整，所以本书仅对中国1978年改革开放以来的对外直接投资阶段进行划分，这里的阶段划分主要还是参考和借鉴上一节介绍的投资发展周期理论。

第一阶段：1978—1991年的起步阶段。

1978年召开的中共十一届三中全会将“改革开放”确定为中国需要长期坚持的一项基本国策，特定的历史原因导致中国改革开放初期在诸多方面都面临巨大的困难，其中以缺乏发展资金为甚，因此这个阶段中国主推“引进来”战略，吸引外资来发展中国经济，而中国企业还鲜有前往国外开展对外直接投资活动。从图3.1中的数据可以看出，1983年至1991年这9年间，我国的对外直接投资流量始终低于同期的实际利用外资额，尽管对外直接投资额一直呈现增长趋势，但相对于实际利用外资额的增长来看，对外直接投资额与实际利用外资额之间的差距逐渐扩大，这一时期中国的人均GDP处于220—330美元之间。在此阶段，随着中国对外开放程度的提高，为学习国外相关经济发展经验，政府允许我国部分公司到国外开设公司。1978—1991年这14年间，中国对外直接投资的目标国主要涉及美国、英国及日本等五十多个国家，其中大部分投资集中于发达国家；而开展对外直接投资的主体主要包括二百多家企业，主要涉及国际贸易、金融服务业等诸多行业。

---

① Dunning J H, “Weltwirtschaftliches Archiv”, *Explaining the international direct investment position of countries: Towards a dynamic or developmental approach*, Vol. 117, No. 1, 1981.

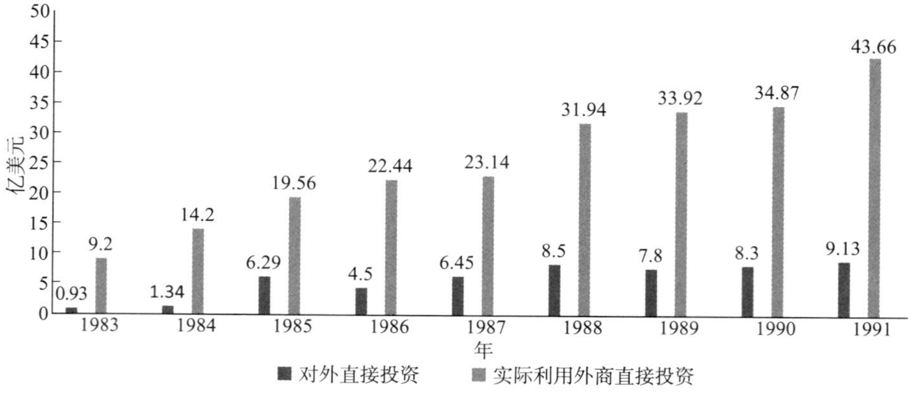

图 3.1　1983—1991 年中国对外直接投资和实际利用外商直接投资对比

数据来源：《新中国六十五年统计资料汇编》。

第二阶段：1992—2004 年的曲折发展阶段。

以 1992 年中国提出建设“社会主义市场经济体制”为转折点，此后中国经济增长进入了快车道，1992 年至 2004 年这 13 年间中国对外直接投资的数额、增长的速度、投资的行业与国家（地区）等都取得较大发展。1992 年至 2004 年，中国的人均 GDP 从 364.76 美元增长到 1498.17 美元；且中国于 1998 年提出“走出去”战略，鼓励有条件的公司开展对外经济合作。市场经济体制的发展、经济的发展、政府的支持都有效地促进了中国对外直接投资的发展。

从图 3.2 的数据中可以看出，这一阶段中国实际利用外资额从 1992 年的 110.08 亿美元增长到 2004 年的 606.3 亿美元，虽然中国的对外直接投资相对于上一阶段取得了较大进步，但在此阶段中国对外直接投资总体并没有较大增长，仅从 1992 年的 40 亿美元增加到 2004 年的 54.98 亿美元，中国对外直接投资和实际利用外商投资差距进一步扩大。

第三阶段：2005—2013 年的快速发展阶段。

在此阶段中国的经济飞速增长，中国人均 GDP 在 2013 年已经达到 6992 美元。从图 3.3 可以看出，中国对外直接投资在此阶段也取得了较大进步，对外投资流量从 2005 年的 122.61 亿美元增长到 2013 年的 1078.4 亿美元，且于 2012 年首次位列世界第三大投资国；而实际利用外商直接投资从 2005 年的 603.25 亿美元增长到 1175.86 亿美元；中国对外直接投资额的增幅大于实际利用外商直接投资额；且这一阶段中国的对外直接投资和实际利用外商直接投资之间的差距逐渐缩小。

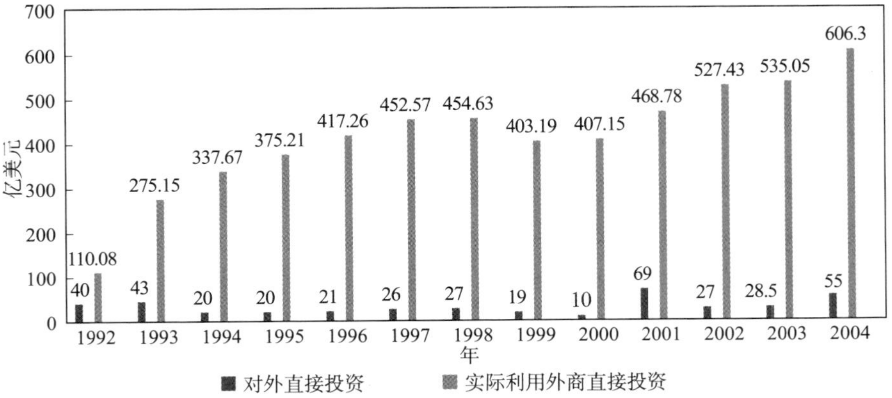

图 3.2　1992—2004 中国对外直接投资和实际利用外商直接投资对比

数据来源：《新中国六十五年统计资料汇编》，2003—2013 年《中国对外直接投资统计公报》。

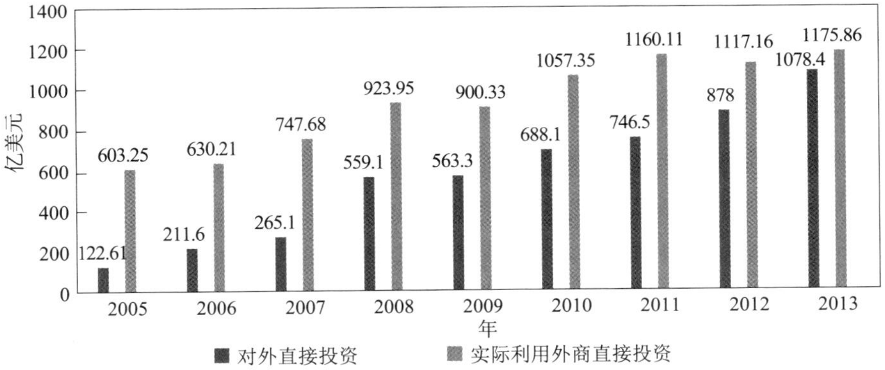

图 3.3　2005—2013 中国对外直接投资和实际利用外商直接投资对比

数据来源：《新中国六十五年统计资料汇编》，2005—2013 年《中国对外直接投资统计公报》。

第四阶段：2014 年以后的稳步发展阶段

进入 2014 年后，世界经济格局发生了剧烈变化，发展中国家经济增长速度放缓，全球对外直接投资量急速下降。面对复杂多变的国际形势，中国政府调整自己的发展战略，加快深化经济体制改革，鼓励企业将“边际”产业对外转移，并且充分利用“一带一路”发展战略所创造出来的机遇，不断加快对外投资便利化进程，中国企业“走出去”的内生动力日益增强。在这个阶段中国的对外直接投资却逆势上扬，实现了中国对外直接投资的稳步发展，2015 年中国对外直接投资创下 1456.7 亿美元的历史最高值，并超过同期吸引外资水平，首次实现双向直接投资项下的资本净输出，我国对外直接投资进入稳步发展的新阶段。① 从图 3.4 可以明显看出，中国人均 GDP 与中国对外直接投资存量变化趋势基本保持同步，因此参照 Dunning 的投资发展周期理论对中国对外直接投资进行阶段划分具有一定的合理性。

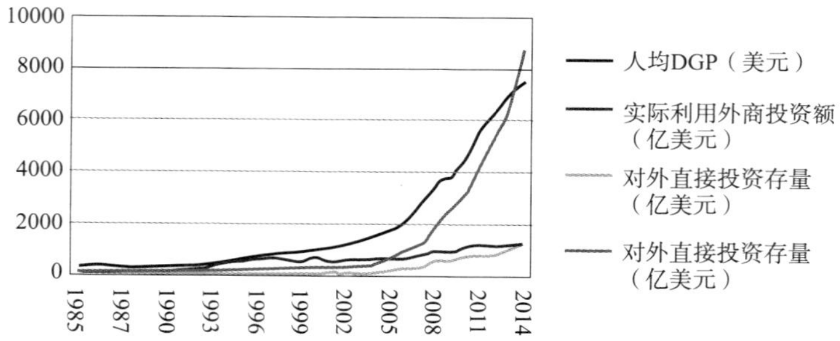

图 3.4　中国人均 GDP、对外直接投资存、流量及实际利用外资情况

数据来源：《新中国六十五年统计资料汇编》，2003—2014 年《中国对外直接投资统计公报》。

第三节　中国对外直接投资流量现状分析

根据《2015 年度中国对外直接投资统计公报》发布的数据，截至 2015 年年末，中国 2.02 万家境内投资者在国（境）外共设立对外直接投资企业 3.08 万家，共分布在全球 188 个国家（地区），对外直接投资创下 1456.7 亿美元的历史最高值，同比增长 18.3%。此外，中国对外直接投资流量于 2012 年开始已经连续三年位居世界第三，仅次于美国及日本，2015 年中国对外直接投资创下的历史最高值又促使其跃居世界第二大投资国，仅次于美国。为了能够更加直观地观测中国对外直接投资流量的发展现状及变化趋势，本书将 2002 年至 2015 年各年中国对外直接投资流量情况绘制成图 3.5。从图 3.5 可以看出，2002—2015 年中国对外直接投资流量总体呈现快速增长的态势。

① 参见《2015 年度中国对外直接投资统计公报》。

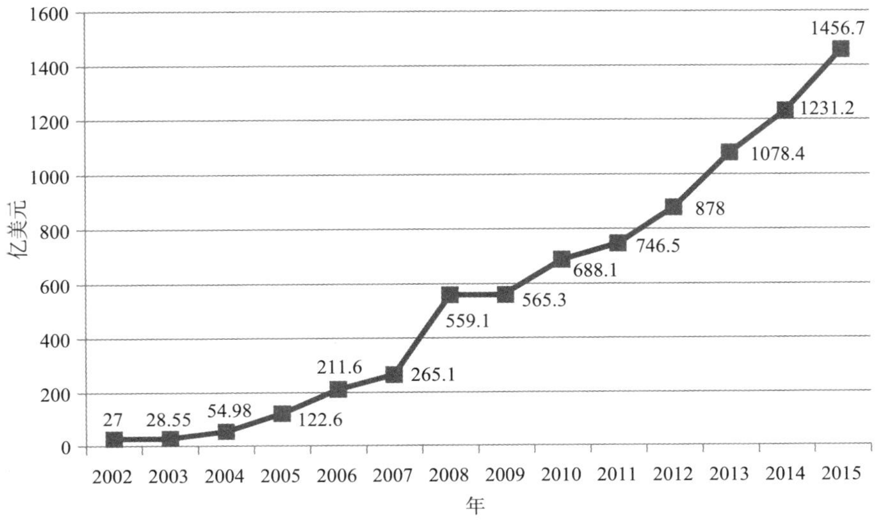

图 3.5 2002—2015 年中国对外直接投资流量

数据来源：中国商务部统计数据《2015 年度中国对外直接投资统计公报》。

此外，根据联合国贸发会议（UNCTAD）发布的数据可知，2014 年全球外国直接投资流出流量（全球对外直接投资流量）约 1.35 万亿美元，其中中国对外直接投资流量约占 9.1%，相对于 2013 年增长 1.5 个百分点。[①] 自 2003 年以来，中国对外直接投资流量已经实现连续 13 年高速增长，2003 年至 2015 年这 13 年间中国对外直接投资的年平均增长速度高达 35.9%。为了能够更加清楚直观地了解中国对外直接投资流量在全球所占的位置，本书通过整理计算联合国贸发会议 2003—2015 年度《世界投资报告》数据及 2002—2014 年度《中国对外直接投资统计公报》的数据，绘制出中国对外直接投资流量与全球对外直接投资流量对比图 3.6。从图 3.6 可以看出，中国对外直接投资流量一直处于高速上升状态，而全球外国直接投资则处于波动状态；但总的来说，中国对外直接投资流量占全球外国直接投资流量的比重依然极其低下。

① 参见联合国贸发会议：《2015 世界投资报告》。

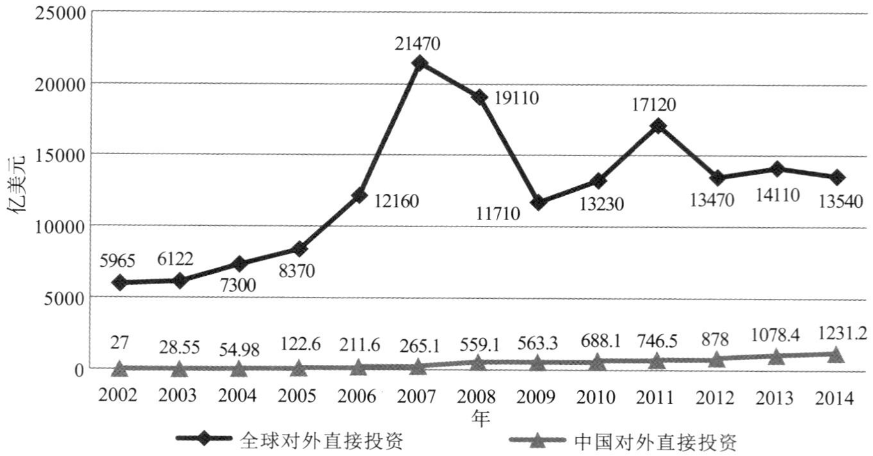

图 3.6　2003—2014 年中国对外直接投资流量和全球对外直接投资流量对比

数据来源：2002—2014 年度《中国对外直接投资统计公报》，2003—2015 年度《世界投资报告》。

第四节　中国对外直接投资存量现状分析

根据《2015 年度中国对外直接投资统计公报》发布的数据，截至 2015 年年末，中国对外直接投资累计净额（存量）达 10978.6 亿美元，占全球外国直接投资流出总存量的 4.4%，位居全球第八。① 图 3.7 展示了中国对外直接投资存量在 2002—2015 年这 14 年间的变化趋势，据此图可以直观地观察到中国对外直接投资存量在此期间同样呈现稳步上升的趋势。从中国对外直接投资存量具体数值而言，中国对外直接投资存量从 2002 年年末的 299 亿美元增加到 2015 年的 10978.6 亿美元，2015 年年末的存量是 2002 年年末存量的 36.7 倍，占全球外国直接投资流出存量的份额也由 2002 年的 0.4% 提升至 4.4%，排名由第 25 位上升至第 8 位。但是由于中国对外直接投资较之发达国家而言起步较晚，尽管于 2010 年以后已经进入快速发展期，但其存量规模依然远不及发达国家。表 3.1 报告了 2015 年年末位列全球前十国家的对外直

① 参见《2015 年度中国对外直接投资统计公报》。

接投资存量情况，根据表3.1中的数据，本书计算出2015年年末中国对外直接投资存量仅相当于同期美国、德国及英国的18.3%、60.6%及74%。由此可以看出，中国对外直接投资的增长速度快但总体水平低。总的来说，中国对外直接投资在流量上已经位居世界前列，但与发达国家相比存量上仍处于较低发展阶段，还存在不小的差距。

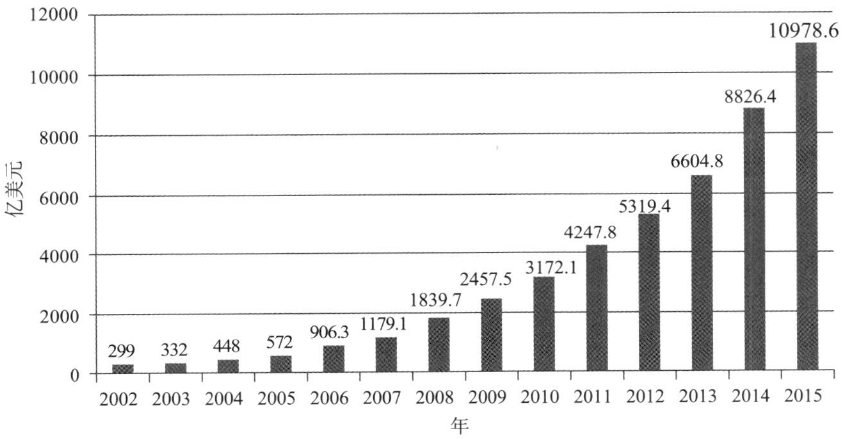

图3.7　2002—2014年中国对外直接投资存量

数据来源：中国商务部统计数据《2014年度中国对外直接投资统计公报》。

表3.1　2015年年末位列全球前十国家（地区）的对外直接投资存量情况

单位：亿美元

次位	国家(地区)	2015年年末存量	占全球比重(%)
1	美国	59827.9	23.9
2	德国	18124.7	7.2
3	英国	15381.3	6.2
4	中国香港	14856.6	5.9
5	法国	13141.6	5.3
6	日本	12265.5	4.9
7	瑞士	11381.8	4.5

续 表

次位	国家(地区)	2015 年年末存量	占全球比重(%)
8	中国大陆	10978.6	4.4
9	加拿大	10783.3	4.3
10	荷兰	10742.9	4.3
	合计	177484.2	70.9

数据来源：中国数据来源于中国商务部数据，其他国家（地区）统计数据来源于联合国贸发会议《2016 世界投资报告》。

第五节　中国对外直接投资的区位结构分析

对于中国对外直接投资活动进行现状分析，仅仅停留在对其绝对量及相对量的分析远远不够，实际上关于其各种结构分析才更为重要，因此从本小节开始，本书主要对其展开各种结构分析。首先，本小节主要分析中国对外直接投资的区位结构，这有助于我们了解中国对外直接投资区位选择的特征及其存在的问题。

一　中国对外直接投资的洲际覆盖率

要客观清楚地了解中国对外直接投资区域分布结构，首先必须了解“覆盖率”这一概念，覆盖率为“中国境外企业覆盖国家数量与国家地区总数的比率”①，故中国对外直接投资区位分布的覆盖率能够在一定程度上客观反映中国对外直接投资活动区域分布多元化程度的高低。本书在对 2003—2015 年度《中国对外直接投资统计公报》中相关数据进行整理的基础上，将这 13 年每年年末中国境外企业在世界各大洲的覆盖率报告于表 3.2。观察表 3.2 不难看出，就全球范围而言，中国在 2003—2015 年这 13 年间对外直接投资覆盖率比较高，除 2003 年外其他年份的覆盖率都介乎 71%—80.7% 之间，这就充分说明在全球范围内中国对外直接投资区域分布的多元化程度较高。

① 《2015 年度中国对外直接投资统计公报》，第 37 页。

表 3.2　　2003—2015 年中国境外企业在世界各大洲的覆盖率　　单位：%

	2003	2004	2005	2006	2007	2008	2009	2010	2011	2012	2013	2014	2015
全球	60	71	71.2	71	71.2	71.9	72.8	72.7	72	76.8	79	80	80.7
亚洲	81	91	93	91	90	90	89	90	90	95.7	97.9	97.7	97.9
非洲	73	79	83	81	81	81	83	85	85	85	86.7	86.7	85.0
欧洲	61	80	75	73	73	74	77	71	71	85.7	85.7	85.7	87.8
北美洲	50	75	85	75	75	75	75	75	75	75	75	75	75
拉丁美洲	49	43	45	53	53	55	57	57	57	56.3	60.4	64.6	67.3
大洋洲	35	45	36	36	42	42	40	44	40	45.8	50	50	50

数据来源：根据 2003—2015 年度《中国对外直接投资统计公报》的相关数据整理得到。

从中国对外直接投资在不同洲的覆盖率来看：第一，在所有的年份中，中国境外企业覆盖率最高的是亚洲，在亚洲的覆盖率除了 2003 年为 81% 之外，其他年份都高于 90%，近 3 年更超过 97%；第二，在所有的年份中，中国境外企业覆盖率第二高的是非洲，在非洲的覆盖率除了 2003 年及 2004 年低于 80%，其他年份都高于 80%，从 2010 年开始已经连续 6 年超过 85%；第三，在所有的年份中，中国境外企业覆盖率位列第三和第四的分别是欧洲和北美洲，在欧洲的覆盖率除了近 4 年超过 85% 之外，其他年份都低于 80%，而北美洲的覆盖率从 2006 年开始已经连续 10 年稳定在 75%；第四，在所有的年份中，中国境外企业覆盖率最低的两个洲分别是拉丁美洲和大洋洲，其中拉丁美洲的覆盖率除了近 3 年超过 60% 外，其他年份均低于 60%，大洋洲的覆盖率长期低于 50%。

二　中国对外直接投资的洲际构成

虽然中国境外企业在世界各大洲的覆盖率能够大体上反映中国 OFDI 在全球各大洲分布的特点，但对于在各大洲 OFDI 的流量及存量的具体洲际差异并不能准确反映，因此对于中国 OFDI 在各大洲分布的具体比重情况进行分析就显得十分必要。[①] 本书将 2003—2015 年这 13 年间中国对外直接投资流量及存量

① 参见郑展鹏《中国对外直接投资的地区差异、影响因素及溢出效应研究》，博士学位论文，华中科技大学，2013 年。

的洲际构成情况分别报告于表 3. 3 和表 3. 4。①

表 3. 3　　2003—2015 年中国对外直接投资流量的洲际构成情况　　单位:%

	2003	2004	2005	2006	2007	2008	2009	2010	2011	2012	2013	2014	2015
亚洲	52. 5	54. 6	36. 0	43. 4	62. 6	77. 9	71. 4	65. 3	60. 9	73. 8	70. 1	69. 0	74. 4
拉丁美洲	36. 5	32. 0	52. 0	48. 1	18. 5	6. 6	13. 0	15. 3	16. 0	7. 0	13. 3	8. 6	8. 6
欧洲	5. 3	3. 1	4. 0	3. 4	5. 8	1. 6	5. 9	9. 8	11. 1	8. 0	5. 5	8. 8	4. 9
非洲	2. 6	5. 8	3. 0	2. 9	5. 9	9. 8	2. 6	3. 1	4. 3	2. 9	3. 2	2. 6	2. 0
北美洲	2. 0	2. 3	3. 0	1. 5	4. 3	0. 6	2. 7	3. 8	3. 3	5. 6	4. 5	7. 5	7. 4
大洋洲	1. 1	2. 2	2. 0	0. 8	2. 9	3. 5	4. 4	2. 7	4. 4	2. 7	3. 4	3. 5	2. 7

数据来源：根据 2003—2015 年度《中国对外直接投资统计公报》的相关数据整理得到。

表 3. 4　　2003—2015 年中国对外直接投资存量的洲际构成情况　　单位:%

	2003	2004	2005	2006	2007	2008	2009	2010	2011	2012	2013	2014	2015
亚洲	80. 0	74. 6	71. 0	63. 9	67. 2	71. 4	75. 5	71. 9	71. 4	68. 5	67. 7	68. 1	79. 0
拉丁美洲	14. 0	18. 5	20. 0	26. 3	20. 9	17. 5	12. 5	13. 8	13. 0	12. 8	13. 0	12. 0	11. 5
欧洲	1. 6	1. 7	3. 0	3. 0	3. 8	2. 8	3. 5	5. 0	5. 8	7. 0	8. 1	7. 9	7. 6
非洲	1. 5	2. 0	3. 0	3. 4	3. 8	4. 2	3. 8	4. 4	3. 8	4. 1	4. 0	3. 7	3. 2
北美洲	1. 7	2. 4	2. 0	2. 1	2. 7	2. 0	2. 1	2. 5	3. 2	4. 8	4. 3	5. 4	4. 8
大洋洲	1. 1	1. 1	1. 0	1. 3	1. 6	2. 1	2. 6	2. 7	2. 8	2. 8	2. 9	2. 9	2. 9

数据来源：根据 2003—2015 年度《中国对外直接投资统计公报》的相关数据整理得到。

观察表 3. 3 不难看出：第一，在 2003—2015 年这 13 年间，中国对外直接投资流量占比最高的洲是亚洲，所有年份中除了 2003 年和 2004 年占比低于 50%，

① 此处的洲际构成不同于洲际覆盖率，洲际构成指：我国在各洲的对外直接投资占我国对外投资总额的份额。

其他年份占比都高于50%，其中2008年的占比更是高达77.9%，这就充分表明虽然在全球范围内中国对外直接投资区域分布的多元化程度较高，但是其集中度也是相当高的，高度集中投向亚洲的国家或者地区；第二，在2003—2015年这13年间，中国对外直接投资流量占比第二高的洲是拉丁美洲，2003—2006年这4年间，其占比都高于30%，甚至在2005年超过了亚洲的占比，从2007年开始其占比下降幅度很大，近两年都只维持在8.6%的水平；第三，在2003—2015年这13年间，中国对外直接投资流量占比较低的洲主要包括欧洲、非洲、北美洲及大洋洲，占比在这几个洲虽说也有差异，但基本上都处于5%左右的水平。

此外，观察表3.4也不难发现：中国投向各大洲的对外直接投资存量占比基本延续了对外直接投资流量占比的特征，2003—2015年这13年间中国对外直接投资存量在亚洲国家或地区的占比长期维持在70%左右，在洲际分布上占有绝对的优势；中国对外直接投资存量在其他洲的国家或者地区占比除了拉丁美洲长期维持在10%左右，其他洲的占比都低于10%。

综合以上分析可知：虽然在全球范围内中国对外直接投资区域分布的多元化程度较高，但是其集中度也是相当高的，高度集中投向亚洲的国家或者地区。

三 中国对外直接投资的国别构成

上节分析的是中国对外直接投资流量及存量洲际构成情况，要更加具体地了解其区位分布还需要分析中国对外直接投资的国别构成情况。本书将2003—2015年这13年间中国对外直接投资流量前七位国家（地区）所占份额的情况报告于表3.5。

表3.5 2003—2015年我国对外直接投资流量前七位国家（地区）所占份额①

单位%

2003	国家(地区)	HKG	CAY	BVI	KOR	DEN	USA	THA	总计
	比重	40.35	28.32	7.37	5.4	2.59	2.28	2	88.31

① 由于表格尺寸的限制，表3.5中所有国家或地区都用英文缩写代替：中国香港（HKG）、英属维尔京群岛（BVI）、开曼群岛（CAY）、韩国（KOR）、丹麦（DEN）、美国（USA）、泰国（THA）、澳大利亚（AUS）、俄罗斯（RUS）、新加坡（SIN）、沙特阿拉伯（KSA）、巴基斯坦（PAK）、英国（GBR）、中国澳门（OMA）、卢森堡（LUX）、瑞典（SWE）、法国（FRA）、哈萨克斯坦（KAZ）、委内瑞拉（VEN）、印度尼西亚（INA）、荷兰（NED）。

续 表

2004	国家(地区)	HKG	CAY	BVI	SUD	AUS	USA	RUS	总计
	比重	47.8	23.38	7.02	2.67	2.27	2.18	1.4	86.72
2005	国家(地区)	CAY	HKG	BVI	KOR	USA	RUS	AUS	总计
	比重	42.09	27.9	10.03	4.8	1.89	1.63	1.57	89.91
2006	国家(地区)	CAY	HKG	BVI	RUS	USA	SIN	KSA	总计
	比重	37	32.75	2.54	2.14	0.94	0.62	0.55	76.54
2007	国家(地区)	HKG	CAY	BVI	CAN	PAK	GBR	AUS	总计
	比重	51.8	9.81	7.08	3.9	3.44	2.14	2.01	80.18
2008	国家(地区)	HKG	RSA	BVI	AUS	SIN	CAY	OMA	总计
	比重	69.11	8.6	3.76	3.38	2.77	2.73	1.15	91.5
2009	国家(地区)	HKG	CAY	AUS	LUX	BVI	SIN	USA	总计
	比重	62.98	9.48	4.31	4.02	2.85	2.5	1.61	87.75
2010	国家(地区)	HKG	BVI	CAY	LUX	AUS	SWE	USA	总计
	比重	55.96	8.89	5.08	4.66	2.47	1.99	1.9	80.95
2011	国家(地区)	HKG	BVI	CAY	FRA	SIN	AUS	USA	总计
	比重	47.76	8.32	6.61	4.66	4.38	4.24	2.43	78.4
2012	国家(地区)	HKG	USA	KAZ	GBR	BVI	AUS	VEN	总计
	比重	58.36	4.61	3.41	3.16	2.55	2.47	1.76	76.32
2013	国家(地区)	HKG	CAY	USA	AUS	BVI	SIN	INA	总计
	比重	58.26	8.58	3.59	3.21	2.99	1.89	1.45	79.97
2014	国家(地区)	HKG	USA	LUX	BVI	CAY	AUS	SIN	总计
	比重	57.56	6.17	3.72	3.71	3.4	3.29	2.29	80.14
2015	国家(地区)	HKG	NED	CAY	USA	AUS	SIN	RUS	总计
	比重	61.6	9.24	7	5.5	2.3	2.19	2.1	89.93

数据来源：根据 2003—2015 年度《中国对外直接投资统计公报》的相关数据整理得到。

观察表 3.5 不难发现：第一，2003—2015 年这 13 年间绝大多数年份，吸收中国对外直接投资流量最多的前三个国家（地区）分别是，中国香港特别行政区、开曼群岛及英属维尔京群岛；第二，2003—2015 年这 13 年间，吸收中国对外直接投资流量位列第一的国家（地区）除了 2005 年及 2006 年为开曼群岛外，其他年份均为中国香港特别行政区，而且 2007 年之后位列第一个国家（地区）且占比均超过 50%，占比非常高；第三，2003—2015 年这 13 年间，吸收中国对外直接投资流量位列第四至第七的国家（地区）相对而言没有那么稳定，没有固定于某几个国家（地区），而且这些国家的占比较小，大部分年份均没有超过 5%，甚至 2006 年位列第七的沙特阿拉伯占比仅为 0.55%；第四，2003—2015 年这 13 年间，吸收中国对外直接投资流量位列前七的国家的合计占比均非常高，除去 2011—2013 年这 3 年合计占比低于 80%，其他年份均高于 80%，其中 2008 年的合计占比高达 91.50%。

从以上分析可知：就中国对外直接投资的具体国别分布而言，虽然伴随中国“走出去”战略的不断推进，总体上中国企业基本上在全球大多数国家都开展了对外直接投资活动，已经呈现出投资目标国的多元性特征，但中国对外直接投资活动同时也具有集中度高的特征，大多数投资活动都集中发生在中国香港特别行政区、开曼群岛及英属维尔京群岛这三个地区，而中国企业在全球其他国家（地区）开展对外直接投资活动较少。

四　中国对外直接投资区位选择的特点及存在的问题

从以上对于 2003—2015 年这 13 年间中国对外直接投资的洲际覆盖率、洲际构成及国别构成的分析不难看出，中国对外直接投资区位选择具有如下特点。

首先，中国对外直接投资区位分布多元化程度高。2003—2015 年这 13 年间，中国企业在境外开展的对外直接投资活动覆盖全球所有洲的绝大多数国家，究其原因可能在于：第一，由于中国与各大洲绝大多数国家的外交关系良好，良好的外交关系为企业开展境外投资活动提供了必要条件；第二，由于中国政府正处于大力推进“走出去”战略阶段，对于投资的流向没有过多的限制，企业有充分的自主权；第三，由于中国企业类型、性质、规模等多方面的多元化，导致其企业发展诉求的多元化，也决定企业区位选择的多元化。

其次，中国对外直接投资区位选择集中化程度高。2003—2015 年这 13 年间，中国企业在境外开展的对外直接投资活动高度集中发生于亚洲、拉丁美洲及非洲国家，究其原因在于：第一，由于中国同属于亚洲地区，从地理上讲，中国与亚洲各国都具有较强的空间毗邻性，中国企业选择亚洲作为境外投资目的地，能够有效降低多方面成本；第二，由于投资目标国与中国经济发展阶段及经济环境的相似性能够有效降低国际投资的不确定性风险，而亚洲、拉丁美洲及非洲的相应国家大多与中国在经济发展阶段及经济环境等方面存在较强的相似性；第三，虽然绝大多数非洲国家经济技术水平不高，但与中国良好的外交关系及丰富的自然资源也成为吸引中国企业前往非洲开展投资活动的另一重要因素；第四，由于中国企业在相应国家已经占有既定市场份额，产业集聚效应产生的外部规模效应对于中国企业也是一个诱惑因素。

最后，中国过度缺乏流向欧美发达国家（地区）的对外直接投资。中国对外直接投资过度集中流向发展中国家（地区），导致针对欧美发达国家（地区）的对外直接投资过度缺乏，究其原因可能在于：第一，由于中国与欧美国家之间的空间毗邻性较差，会推高企业开展境外投资活动的各种成本；第二，由于欧美国家与中国在经济发展阶段及经济环境等方便的相似性程度低，大大增加了企业开展海外投资的风险；第三，由于中国与欧美国家在文化、宗教及信仰方面都存在较大的差异性，这些差异都会直接或者间接地给企业带来额外成本；第四，欧美发达国家对于中国的对外直接投资有严格的准入门槛，东道国或地区具有较强的保护主义意识。

中国对外直接投资呈现的以上特点可能会给中国 OFDI 带来以下几方面影响。

一是中国对外直接投资活动的区域分布过于集中，容易形成“马太效应”，中国 OFDI 集中度高的国家或者地区一旦发生某些类似于自然灾害及政局动荡等小概率事件，对于中国企业而言发生损失便是大概率事件。

二是中国企业过度集中于某些地区开展境外直接投资活动，势必会加剧东道国或地区市场竞争压力，母国企业及东道国企业之间的无序竞争，不仅会给东道国企业造成不良影响，更不利于中国对外直接投资的健康有序发展。

三是中国对欧美发达国家境外投资活动较少，势必会减少中国企业接触新技术新知识的机会，不利于中国企业凭借海外发展战略提升自身技术水平。

四是中国企业在开展境外投资活动时盲目扎堆，未按照企业类型及投资目标合理地选择投资东道国或地区，不利于企业不同目标的实现，也不利于我国对外直接投资活动的全面开展。

第六节　中国对外直接投资的行业结构分析

从第二章国际投资基础理论的回顾中不难看出，企业开展境外投资活动有着投资动机的差异，而这种投资动机的差异会直接影响企业境外投资活动的行业选择。采用倒推法不难理解，如果能够了解中国对外直接投资的行业结构，便可以捕捉中国企业海外投资的动机。有鉴于此，本节将通过中国对外直接投资行业分布结构，分析其投资动机。

一　中国对外直接投资流量行业结构

本书首先将2003—2015年这13年间中国对外直接投资流量的行业结构情况报告于表3.6，其中数据主要通过对2003—2015年《中国对外直接投资统计公报》相关数据整理得到。为了便于从宏观方面进行比较，本书根据中国不同行业对外直接投资占比大小将中国行业分成三类：所投资行业占中国对外直接投资总流量比重高于10%的行业称为高占比行业；所投资行业占中国对外直接投资总流量比重大于2%且小于10%的行业称为中等占比行业；所投资行业占中国对外直接投资总流量比重低于2%的行业称为低占比行业。

表3.6　2003—2015年中国对外直接投资流量的行业结构①　单位:%

	2003	2004	2005	2006	2007	2008	2009	2010	2011	2012	2013	2014	2015
A	9.8	13.6	40.3	21.4	21.2	38.8	36.2	44.0	34.3	30.4	25.1	29.9	24.9
B	—	—	—	16.7	6.3	25.1	15.5	12.5	8.1	11.5	14.0	12.9	16.6
C	48.4	32.7	13.7	40.4	15.3	10.4	23.6	8.3	19.4	15.4	23.0	13.4	7.7
D	12.6	14.5	18.4	5.2	24.9	11.7	10.8	9.8	13.8	14.8	13.6	14.9	13.2

① 限于表格尺寸的问题，表3.6中以字母代替具体不同行业：A代表租赁和商务服务业；B代表金融业；C代表采矿业；D代表批发和零售业；E代表制造业；F代表交通运输、仓储和邮政业；G代表房地产业；H代表建筑业；I代表电力、热力、燃气及水的生产和供应业；J代表信息传输、软件和信息技术服务业；K代表科学研究、技术服务和地质勘查业；L代表农、林、牧、渔业；M代表居民服务、修理和其他服务业；N代表文化、体育和娱乐业；O代表水利、环境和公共设施管理业；P代表住宿和餐饮业。其中数值低于0.1%的数据未进行统计。

续 表

	2003	2004	2005	2006	2007	2008	2009	2010	2011	2012	2013	2014	2015
E	21.8	13.8	18.6	4.3	8.0	3.2	4.0	6.8	9.4	9.9	6.7	7.8	13.7
F	3.0	15.1	4.7	6.5	15.4	4.8	3.7	8.2	3.4	3.4	3.1	3.4	1.9
G	—	0.2	0.9	1.8	3.4	0.6	1.6	2.3	2.6	2.3	3.7	5.4	5.3
H	1.0	0.9	0.7	0.2	1.2	1.3	0.6	2.4	2.2	3.7	4.0	2.7	2.6
I	1.0	1.4	0.1	0.6	0.6	2.3	0.8	1.5	2.5	2.2	0.6	1.4	1.5
J	—	0.6	0.1	0.2	1.1	0.5	0.5	0.7	1.1	1.4	1.3	2.6	4.7
K	—	0.3	1.0	1.3	1.1	0.3	1.4	1.5	1.0	1.7	1.6	1.3	2.3
L	3.0	5.3	0.9	0.9	1.0	0.3	0.6	0.8	1.1	1.7	1.7	1.6	1.8
M	—	1.6	0.5	0.5	0.3	0.3	0.5	0.5	0.4	1.0	1.0	1.3	1.1
N	—	—	—	—	—	—	—	—	—	0.2	0.3	0.4	1.2
O	—	—	—	—	—	0.3	0.4	0.1	0.4	—	—	0.4	0.9
P	—	—	—	—	—	—	0.1	0.3	0.2	0.2	0.1	0.2	0.5

数据来源：根据 2003—2015 年度《中国对外直接投资统计公报》的相关数据整理得到。

结合行业分类情况并观察表 3.6 不难发现：

第一，中国对外直接投资行业选择的覆盖面广泛。

伴随近年来中国对外直接投资流量的爆发式增长，中国企业境外投资覆盖的行业数量也大幅提升。具体而言，2003 年商务部开展中国对外直接投资统计工作时仅仅将其按照行业划分为七大类，其中提供的数据仅覆盖四大类；而到了 2007 年商务部统计的对外直接投资行业数量则覆盖了十一大类；再到 2015 年商务部的统计便覆盖了国民经济的十九大类。相对于 2003 年，2007 年新增了“房地产业”“信息传输、软件和信息技术服务业”“科学研究和技术服务业”；而相对于 2007 年，2015 年新增了“居民服务、修理和其他服务业”“水利、环境和公共设施管理业”“文化、体育和娱乐业”“住宿及餐饮业”，且这些新增行业，发展也较为快速。

第二，中国对外直接投资流量行业分布较为集中。

根据之前本书的行业划分标准可知，2003—2015 年这 13 年间中国对外直接投资的高占比行业主要包括 5 个行业："租赁和商务服务业""金融业""采矿业""批发和零售业"及"制造业"。而中等占比行业主要包括 3 个行业："交通运输、仓储和邮政业""房地产业"及"建筑业"。低占比行业主要包括 8 个行业："电力、热力、燃气及水的生产和供应业""信息传输、软件和信息技术服务业""科学研究、技术服务和地质勘查业""农、林、牧、渔业""居民服务、修理和其他服务业""文化、体育和娱乐业""水利、环境和公共设施管理业"及"住宿和餐饮业"。就具体数值而言，在这 13 年间虽然各行业投资占比都发生了一些变化，有些行业占比有明显增长趋势，例如"租赁和商务服务业"占比一直保持高速的增长速度，从 2003 年的 9.8% 增加到 2010 年 44.0%，虽然 2010 年之后的占比有些回落，但依然保持在 30% 左右；而有一些行业占比有明显降低趋势，例如"采矿业"从 2003 年的 48.4% 下降到 2010 年的 8.3%，之后有所回升，但到了 2013 年"采矿业"的占比依然降低到 7.7%；有一些行业占比比较稳定，例如"金融业"从 2006 年才开始出现在中国对外直接投资活动行列中，但之后其投资占比基本都维持在 15% 左右。

二　中国对外直接投资存量行业结构

除了中国对外直接投资流量行业分布情况，本书还将中国对外直接投资存量的行业分布情况报告于表 3.7。观察表 3.7 不难看出：中国对外直接投资存量的行业分布情况与流量的行业分布情况有着极高的相似度，投资领域分布广泛但集中度又过高。

表 3.7　　2003—2015 年中国对外直接投资存量的行业结构　　单位：%

	2003	2004	2005	2006	2007	2008	2009	2010	2011	2012	2013	2014	2015
A	6.0	36.7	28.9	21.5	25.9	29.7	29.7	30.7	33.5	33.0	29.6	36.5	37.3
B	—	—	—	17.2	14.2	19.9	18.7	17.4	15.9	18.1	17.7	15.6	14.5
C	18.0	13.3	15.1	19.8	12.7	12.4	16.5	14.1	15.8	14.1	16.1	14.0	13.0

续 表

	2003	2004	2005	2006	2007	2008	2009	2010	2011	2012	2013	2014	2015
D	19.7	17.5	20.0	14.3	17.2	16.2	14.5	13.2	11.6	12.8	13.3	11.7	11.1
E	6.2	10.0	10.1	8.3	8.1	5.3	5.5	5.6	6.3	6.4	6.4	5.9	7.2
F	6.0	10.2	12.4	8.4	10.2	7.9	6.8	7.3	5.9	5.5	4.9	3.9	3.6
G	—	0.5	2.6	2.2	3.8	2.2	2.2	2.3	2.1	1.8	2.3	2.8	3.1
H	2.0	1.8	2.1	1.7	1.4	1.5	1.4	1.9	1.9	2.4	2.9	2.6	2.5
I	2.0	0.5	0.5	0.5	0.5	1.0	0.9	1.1	1.7	1.7	1.7	1.7	1.4
J	33.0	2.6	2.3	1.6	1.6	0.9	0.8	2.7	2.2	0.9	1.1	1.4	1.9
K	—	0.3	1.0	1.2	1.3	1.1	1.2	1.3	1.0	1.3	1.3	1.2	1.3
L	1.0	1.9	0.9	0.9	1.0	0.8	0.8	0.8	0.8	1.0	1.1	1.1	1.0
M	—	2.4	2.3	1.3	1.1	0.4	0.4	1.0	0.4	0.7	1.2	1.0	1.3
N	—	—	—	—	—	—	—	—	0.1	0.1	0.2	0.2	0.3
O	3.0	2.0	1.6	1.0	0.8	0.6	0.4	0.4	0.6	—	—	0.1	0.2
P	—	—	—	—	—	—	0.1	0.1	0.1	0.1	0.1	0.1	0.2

数据来源：根据2003—2015年度《中国对外直接投资统计公报》的相关数据整理得到。

三 中国对外直接投资行业分布特点及存在的问题

从前面对于2003—2015年这13年间中国对外直接投资流量及存量的行业分布分析不难看出，中国对外直接投资行业选择具有以下特点。

第一，中国对外直接投资的行业覆盖面广泛，企业境外投资动机多元化程度高。2003—2015年这13年间，中国企业在境外开展的直接投资活动覆盖的行业数量在不断增加。到了2015年，除去占比低于0.1%的行业，已经覆盖租赁和商务服务业等共计16个行业。投向不同行业代表着企业境外投资的动机不同，因此中国对外直接投资行业覆盖面广泛，意味着中国企业投资动机多元化程度颇高，中国企业开展境外投资活动既有市场获取动机，也有资源获取动机，还有技术获取动机等。

第二，中国对外直接投资的行业集中程度较高，企业境外投资以市场获取及资源获取动机为主，以技术获取动机为辅。具体而言，首先，中国对外直接投资高占比行业中位次第一、第二及第四的行业为“租赁和商务服务业”“金融业”及“批发和零售业”，投资于这些行业的企业大多是希望通过借助境外直接投资活动获取东道国或地区的市场份额以实现其自身经济利益，因此可以认为中国对外直接投资动机以市场获取为主；其次，中国对外直接投资高占比行业中位列第三的行业为“采矿业”，企业在“采矿业”等资源行业开展境外投资活动可能是中国国内各种资源日趋紧张的原因，这说明资源获取是中国企业境外投资的另一主要动机；最后，中国对外直接投资高占比行业中位次第五的行业为“制造业”，2015 年该行业流量占比仅为 3.6%，相对而言“制造业”的投资占比较小，然而谈及“制造业”往往会联系到制造业的生产技术，因此这就说明中国企业海外投资技术获取型动机不够强烈。

第三，中国对外直接投资高技术含量行业占比较低。观察表 3.6 和表 3.7 不难发现一个特征，中国企业在科学研究、技术服务等技术含量高的行业开展的境外投资活动占比非常低，无论是流量还是存量其占比基本维持在 1% 左右，而由于这些行业往往属于技术密集型行业，因此同样证明中国企业海外投资技术获取型动机不够强烈。

总体而言，中国对外直接投资的行业覆盖面广泛，企业境外投资动机多元化程度高；中国对外直接投资的行业集中程度较高，企业境外投资以市场获取及资源获取动机为主，以技术获取动机为辅。

第七节　中国对外直接投资的投资主体结构分析

一　中国对外直接投资流量主体构成情况

一般而言，投资主体类型的差异往往也会导致中国对外直接投资在投资规模、经营灵活度、风险控制力等方面的差异，本节着重对中国对外直接投资主体类型的构成进行详细分析。2003—2015 年中国对外直接投资企业数量迅猛增加，据统计 2015 年年末中国对外直接投资企业多达 2.02 万家。① 商务部每年公布的《中国对外直接投资统计公报》对于每年中国对外直接投资不同主体的投资占比做了详细的统计，为了便于比较分析，本书首先将 2003—2015 年这 13 年间中国对外直接投资流量不同类型投资者占比情况报告于表 3.8。观察表 3.8 不难发现：2003—2015 年这 13 年间中国对外直接投资流量占比变化最大的投资者类型为"国有企业""有限责任公司"，其中"国有企业"投资流量占比呈现快速下降的趋势，从 2003 年的 43% 下降到 2015 年的 5.8%；"有限责任公司"投资流量占比呈现急速上升的趋势，从 2003 年的 22% 上升到 2015 年的 67.4%。

表 3.8　　中国对外直接投资流量主体构成②　　单位：%

	2003	2004	2005	2006	2007	2008	2009	2010	2011	2012	2013	2014	2015
A	43.0	35.0	29.0	26.0	19.7	16.1	13.4	10.2	11.1	9.1	8.0	6.7	5.8
B	22.0	30.0	32.0	33.0	43.3	50.2	57.7	57.1	60.4	62.5	66.1	67.2	67.4
C	11.0	10.0	12.0	11.0	10.2	8.8	7.2	7.0	7.7	7.4	7.1	6.7	7.7
D	4.0	3.0	4.0	9.0	1.8	6.5	4.9	4.6	4.0	3.4	3.1	2.5	2.3
E	—	—	—	—	—	—	—	—	0.8	1.6	0.7	0.9	0.9
F	10.0	12.0	13.0	12.0	11.0	9.4	7.5	8.2	8.3	8.3	8.4	8.2	9.3
G	2.0	2.0	2.0	2.0	1.8	1.5	1.2	1.1	1.0	0.8	0.6	0.5	0.4
H	6.0	5.0	5.0	4.0	3.7	3.5	3.1	3.2	3.6	3.4	3.0	2.6	2.8
I	2.0	2.0	2.0	2.0	1.8	1.8	1.8	2.0	2.4	2.2	2.0	1.8	1.9
J③	1.0	1.0	1.0	1.0	0.7	2.2	3.2	6.6	0.7	1.3	1.0	2.9	1.5

数据来源：根据 2003—2015 年度《中国对外直接投资统计公报》的相关数据整理得到。

① 参见《中国对外直接投资统计公报》，2015 年。

② 根据工商行政管理部门登记注册情况进行统计，此外由于表格尺寸的限制，表 3.8 中所有类型企业用不同字母代替：A 代表国有企业，B 代表有限责任公司，C 代表股份有限公司，D 代表股份合作企业，E 代表个体经营企业，F 代表私营企业，G 代表集体企业，H 代表外商投资企业，I 代表港澳台投资企业，J 代表其他企业。表 3.9 中 A 国有企业，B 有限责任公司，C 股份有限公司，D 股份合作企业，E 私营企业，F 集体企业，G 外商投资企业，H 港澳台投资企业，J 其他。

③ 2003—2006 年"其他"表示联营企业，表 3.9 亦同。

二　中国对外直接投资存量的主体结构

本书通过对 2003—2015 年《中国对外直接投资统计公报》相关数据的整理，将 2003—2015 年这 13 年间中国对外直接投资存量不同类型投资者占比情况报告于表 3.9。

观察表 3.9 不难发现：第一，2003—2015 年这 13 年间中国对外直接投资存量占比位列第一的投资主体类型为“国有企业”，虽然其投资存量占比有较大幅度的波动，但其占比极高，基本都维持在 50% 以上，除了 2003—2006 年这 4 年；第二，2003—2015 年这 13 年间中国对外直接投资存量占比位列第二的投资主体类型为“有限责任公司”，其投资存量占比较为稳定，波动幅度不是很大，基本维持在 22%—33% 之间；第三，2003—2015 年这 13 年间中国对外直接投资存量占比位列第三的投资主体类型为“股份有限公司”，总体而言其投资存量占比波动幅度较小，2003—2006 年其投资存量较高，一直都维持在 10%—12% 之间，2007 年其存量占比降低后，一直到 2015 年其存量占比都基本维持在 5.0%—9.0% 之间；第四，2003—2015 年这 13 年间中国对外直接投资存量占比位列第四的投资主体类型为“股份合作企业”，其投资存量占比波动幅度也比较小，除去 2006 年其投资存量占比为 9% 外，其他年份均维持在 2.0% 左右；第五，2003—2015 年这 13 年间中国对外直接投资存量占比位列第五的投资主体类型为“个体经营企业”，其投资存量占比呈现快速下降趋势，2004 年其投资存量占比高达 13%，而现在基本维持在 2% 左右；第六，2003—2015 年这 13 年间，“其他集体企业”“外商投资企业”及“港澳台投资企业”投资存量所占比重非常小，而且波动大。

表 3.9　2003—2015 年中国对外直接投资存量的主体结构①　单位：%

	2003	2004	2005	2006	2007	2008	2009	2010	2011	2012	2013	2014	2015
A	43.0	35.0	29.0	26.0	71.0	69.6	69.2	66.2	62.7	59.8	55.2	53.6	50.4
B	22.0	30.0	32.0	33.0	20.3	20.1	22.0	23.6	24.9	26.2	30.8	33.2	32.2

① 郑展鹏（2013）的博士论文《中国对外直接投资的地区差异、影响因素及溢出效应研究》有过相同统计数据，本研究仅更新 2012—2015 年的相关数据。

续 表

	2003	2004	2005	2006	2007	2008	2009	2010	2011	2012	2013	2014	2015
C	11.0	10.0	12.0	11.0	5.1	6.6	5.6	6.1	7.6	6.6	7.5	7.7	8.7
D	4.0	3.0	4.0	9.0	0.7	1.2	1.0	1.1	1.6	2.9	2.0	1.5	1.7
E	10.0	12.0	13.0	12.0	0.5	1.0	1.0	1.5	1.7	2.2	2.2	1.6	2.1
F	2.0	2.0	2.0	2.0	0.4	0.4	0.3	0.2	0.2	0.2	0.1	0.1	0.3
G	5.0	5.0	5.0	4.0	0.7	0.8	0.5	0.7	0.9	1.1	1.2	1.2	1.5
H	2.0	2.0	2.0	2.0	0.1	0.1	0.1	0.1	0.2	0.3	0.4	0.3	0.4
I	2.0	1.0	1.0	1.0	0.2	0.2	0.3	0.5	0.2	0.7	0.6	0.8	2.7

数据来源：根据 2003—2015 年度《中国对外直接投资统计公报》的相关数据整理得到。

三 中国对外直接投资主体的特点及存在的问题

通过前面对各类型企业在中国对外投资流量及存量的占比情况及其变化趋势的分析，不难发现 2003—2015 年这 13 年间中国对外直接投资主体构成有以下特点。

第一，开展境外投资活动的中国企业主体类型多样化程度高，这说明随着中国政府“走出去”战略的不断推进，各类型企业都积极响应国家号召，纷纷走出国门开展境外直接投资活动。

第二，中国对外直接投资活动具有极强的政府推动性，无论是流量数据还是存量数据都显示，中国对外直接投资主体主要还是中国的“国有企业”，这说明中国对外直接投资活动目前还是具有极强的政府推动效应，并非完全是由市场动力导致的对外投资动机。

以上特点易导致一些问题的出现：中国一直以来推行的都是“走有中国特色的社会主义市场经济道路”，但正是因为此处的“特色”二字，中国在同其他国家特别是发达国家进行贸易及投资往来的时候，常常受到不公平待遇，在中国企业进入东道国或地区市场时各方阻力频频，甚至有国家直接以不正当竞争为由拒绝中国企业涉足某些领域的跨国并购及投资行为。如果中国长期以国有企业作为开展境外投资活动的主要主体，中国诸多企业遭受的不公平待遇不会减少只会增加；此外，如果国有企业在中国对外直接投资大舞台永当主角也会大大打击其他各种类型投资主体的投资积极性，不利于中国对外直接投资的长期稳定增长。

第八节　中国对外直接投资的地区分布分析

一　中国三大地区对外直接投资差异的比较

从第一章研究内容安排中可以知道，分析中国对外直接投资逆向技术溢出效应的区域异质性是本书的研究重点之一。实际上，对外直接投资逆向技术溢出效应区域异质性或多或少与中国对外直接投资地区分布有关，因此在对本书的研究主题展开理论及实证分析前，有必要对中国对外直接投资的地区分布进行详细的分析。

为了能够初步分析中国对外直接投资的地区分布特征，按照国家统计局对中国三大地区的划分标准①，本书将2011—2015年这5年间三大地区非金融类对外直接投资流量的数额及同比增长率同时报告于表3.10。

表3.10　2011—2015年中国对外直接投资流量三大区域投资流量及同比增长率

单位：亿美元/%

	2011	2012	2013	2014	2015
西部	30.55/28.6	55.26/88.4	36.55/-33.9	65.19/78.4	74.5/14.2
中部	30.70/110.0	32.26/5.1	35.36/9.6	34.27/-3.1	63.3/84.7
东部	174.35/25.4	254.54/45	292.24/14.8	447.80/54.2	798.2/78.2

数据来源：根据2011—2015年度《中国对外直接投资统计公报》的相关数据整理得到。

---

① 根据国家统计局2011年6月13日的划分办法，我国的经济区域划分为东部、中部、东北和西部四大地区。其中，东部地区包括北京市、天津市、河北省、山东省、江苏省、上海市、浙江省、福建省、广东省及海南省；中部地区包括山西省、河南省、湖北省、湖南省、江西省及安徽省；东北地区包括黑龙江省、吉林省及辽宁省；西部地区包括重庆市、四川省、广西壮族自治区、贵州省、云南省、陕西省、甘肃省、内蒙古自治区、宁夏回族自治区、新疆维吾尔自治区、青海省、西藏自治区。本研究将东北地区并入东部地区，统称为东部地区。

观察表 3. 10 不难看出：

第一，从 2011—2015 年这 5 年间三大区域对外直接投资流量的绝对数值而言，相对于中部地区及西部地区，东部地区在对外直接投资流量上具有绝对的优势，东部地区在中国境外投资舞台上扮演着主要角色。常常出现东部地区对外直接投资流量远远大于中部地区与西部地区之和的情况，其中以 2015 为甚，东部地区对外直接投资流量是中、西部地区总和的近 5 倍。

第二，对比中部地区及西部地区对外直接投资流量的绝对数值，不难发现，西部地区较之中部地区对外直接投资流量要更大，虽然差异不大，但一直保持超出中部地区的水平。

第三，中部地区及西部地区对外投资流量增长率波动较大，甚至西部地区和中部地区分别在 2013 年及 2014 年出现了负的增长率，而东部地区一直保持着正的增长率。

由以上分析可知：中国对外直接投资在地区分布上呈现明显的“东—西—中部地区依次递减”格局，中国开展境外投资活动的企业多为东部地区企业，而中部及西部地区企业较为缺乏。

二 中国主要省市对外直接投资差异的比较

为了能够更加清楚地分析中国对外直接投资的地区分布特征，本书将 2003—2015 年这 13 年间位列中国对外直接投资流量前十位省份的 OFDI 流量数据及前十位省份的 OFDI 总流量数据占地方非金融类对外直接投资流量的份额情况报告于表 3. 11。

表 3. 11 2003—2015 年中国 OFDI 位列前十省份流量数据及其总流量占比情况①

单位：亿美元

位次	1	2	3	4	5	6	7	8	9	10	占比（%）
2003	北京	广东	山东	福建	上海	山西	浙江	江苏	辽宁	黑龙江	95. 51
	3. 01	0. 96	0. 89	0. 62	0. 52	0. 46	0. 37	0. 25	0. 08	0. 07	

① 郑展鹏（2013）的博士论文《中国对外直接投资的地区差异、影响因素及溢出效应研究》有过相同统计数据，本研究仅更新 2012—2015 年的相关数据。

续　表

位次	1	2	3	4	5	6	7	8	9	10	占比（%）
2004	上海	北京	广东	山东	浙江	江苏	黑龙江	辽宁	新疆	吉林	88.9
	2.06	1.57	1.39	0.75	0.72	0.57	0.56	0.41	0.33	0.29	
2005	上海	广东	黑龙江	山东	浙江	北京	江苏	河北	河南	福建	87.07
	6.67	2.07	1.66	1.59	1.58	1.13	1.08	0.85	0.85	0.43	
2006	广东	上海	黑龙江	浙江	山东	江苏	辽宁	福建	北京	湖南	86.4
	6.3	4.49	2.18	2.15	1.27	1.24	0.97	0.96	0.56	0.59	
2007	广东	上海	江苏	浙江	福建	四川	新疆	山东	黑龙江	甘肃	75.73
	11.41	5.23	5.19	4.03	3.68	2.91	2.11	1.89	1.79	1.54	
2008	广东	江苏	山东	北京	浙江	甘肃	上海	云南	湖南	黑龙江	77.18
	12.43	4.94	4.75	4.73	3.88	3.58	3.37	2.85	2.54	2.28	
2009	上海	湖南	广东	江苏	辽宁	山东	浙江	北京	福建	山西	76.06
	12.09	10.06	9.23	8.51	7.58	7.04	7.02	4.52	3.66	3.33	
2010	浙江	辽宁	山东	广东	上海	江苏	安徽	北京	四川	福建	78.15
	26.79	19.36	18.9	16	15.85	13.71	8.14	4.52	6.91	5.35	
2011	广东	山东	江苏	浙江	上海	海南	湖南	北京	辽宁	湖北	74.17
	36.33	24.73	22.54	18.53	18.38	12.2	11.76	11.75	11.44	7.09	
2012	广东	山东	上海	江苏	辽宁	浙江	北京	甘肃	云南	湖南	74.31
	52.88	34.56	33.16	31.3	27.63	23.6	16.89	13.82	10.4	9.95	
2013	广东	山东	北京	江苏	上海	浙江	辽宁	天津	福建	河北	73.82
	59.43	42.65	41.3	30.2	26.75	25.53	12.95	11.2	9.52	9.28	

续 表

位次	1	2	3	4	5	6	7	8	9	10	占比（%）
2014	广东	北京	上海	天津	江苏	山东	浙江	辽宁	四川	云南	79.08
	108.97	72.74	49.92	41.46	40.7	39.16	38.62	14.79	13.82	12.62	
2015	上海	北京	广东	江苏	山东	浙江	福建	天津	辽宁	安徽	83.83
	231.83	122.8	122.63	72.5	71.1	71.08	27.57	25.27	21.22	20.67	

数据来源：根据 2003—2015 年度《中国对外直接投资统计公报》的相关数据整理得到。

观察表 3.11 不难发现：

第一，2003—2015 年这 13 年间中国对外直接投资流量位次变化频繁。以福建省为例，其进入位次前十的年份为 2003 年、2005 年、2006 年、2007 年、2009 年、2010 年、2013 年及 2015 年，这 8 年的位次又分别为四、十、八、五、九、十、九及七；此外位次第一的地区 2003 年为北京，2004 年、2005 年、2009 年、2015 年为上海，2006—2008 年及 2011—2014 年为广东，2010 年为浙江。进入位次前十的具体省份情况相对稳定，大多数年份主要包括北京、上海、广东、山东、福建及江苏等地区。

第二，2003—2015 年这 13 年间中国对外直接投资流量位次进入第一到第三的省份相对稳定。绝大多数年份中国对外直接投资流量位次前三的地区都是北京、上海及广东，充分说明“北、上、广”三大地区内企业开展境外投资活动的频次在全国范围内占有绝对优势。

第三，2003—2015 年这 13 年间中国不同地区的对外直接投资流量差异较大。以 2003 年为例，位列第一的北京对外直接投资流量为 3.01 亿美元，而位列第十的黑龙江对外直接投资流量为 0.07 亿美元，前者为后者的 43 倍。虽然这种区域差异有不断缩小之势，到 2015 年位列第一的北京对外直接投资流量为 231.83 亿美元，位列第十的安徽对外直接投资流量为 20.67 亿美元，前者是后者的 11.22 倍。

第四，2003—2015 年这 13 年间中国对外直接投资流量地区分布集中化程度极高，但是位列前十的地区对外直接投资流量占比合计大体上具有逐年下降的趋势。2003—2015 年这 13 年间位列前十的地区对外直接投资流量合计占比几乎都在75%—95%之间，其中最高年份为2003年，合计占比95.51%，即使开始逐年下降，最低年份2013年合计占比也有73.82%。

综上所述，中国各地区对外直接投资区域差异明显且集中化程度高，主要集中于北京、上海、广东、山东、福建及江苏等地区，全国其他地区对外直接投资占比极低。

三　中国对外直接投资地区分布的特点及存在的问题

通过前面对中国对外直接投资地区分布情况的分析，不难发现2003—2015年这13年间中国对外直接投资地区分布有以下特点。

中国对外直接投资存在显著的地区分布差异，宏观上而言，中国对外直接投资在地区分布上呈现明显的“东—西—中部地区依次递减”格局，中国开展境外投资活动的企业多为东部地区企业，而中部及西部地区企业较为缺乏；就具体省份情况而言，中国对外直接投资主要集中于北京、上海、广东、山东、福建及江苏等地区，全国其他地区对外直接投资占比极低。

第九节　本章小结

自2003年开始，随着中国“走出去”战略的不断推进，中国企业境外投资活动变得异常活跃，对外直接投资无论是流量还是存量都进入快速发展的阶段。但与此同时，中国对外直接投资过程中也存在不少问题，需要多方努力才能让其向更加健康的方向发展。本章在对中国对外直接投资历程进行回顾的基础上，尝试从中国对外直接投资流量、存量、区域结构、行业结构、投资主体结构及地区分布等方面展开详细的现状分析，得出以下结论。

第一，中国OFDI经历了1978—1991年的起步、1992—2004年的曲折发展、2005—2013年的快速发展及2014年以后的稳步发展四个阶段。

第二，中国OFDI流量高速增长且位居世界前列，但占全球比重极低，且其存量仍处于较低发展阶段。

第三，中国OFDI区位分布虽然比较多元化，但其集中度过高，盲目扎堆，多投向亚洲、拉丁美洲及非洲的发展中国家或地区，对欧美的国家和地区投资明显很少。

第四，中国OFDI的行业覆盖面广，但又相对集中，说明境外投资动机多元化程度高，但其主要动机属于市场获取型及资源获取型，中国企业海外投资技术获取型动机不够强烈。

第五，中国 OFDI 的投资主体类型较多，但其主体是国有企业，而非国有经济份额极小，中国 OFDI 具有很强的政策推动性。

第六，中国 OFDI 存在显著的地区分布差异，宏观上而言，中国对外直接投资在地区分布上呈现明显的“东—西—中部地区依次递减”格局；就具体省份情况而言，主要集中于北京、上海、广东、山东、福建及江苏等地区，全国其他地区对外直接投资占比极低。

第四章　发展中国家广义吸收能力与 OFDI 逆向技术溢出效应的理论研究

本章将在借鉴徐磊和刘怡（2014）模型思想基础上，增加考虑企业自身研发创新对企业技术水平的促进作用，选择以发展中国家作为研究对象，构建三阶段古诺模型，从理论视角分析广义吸收能力（包括学习机会及学习能力）对 OFDI 逆向技术溢出效应的影响机制。

第一节　前言

传统跨国公司理论中的垄断优势理论（又称为“海默—金德尔伯格传统”）认为：市场的不完全竞争性，使得具有一系列垄断优势的跨国公司具有主动进行对外直接投资的动机。这些垄断优势主要包括：大型跨国公司大量的研发投入及雄厚的研发实力带来了世界领先的技术水平；大型跨国公司在长期生产经营中积累了先进管理经验；大型跨国公司的国际专业化生产能够避免本国和东道国或地区市场对规模经济的限制；大型跨国公司具有在全球范围内进行要素及资源最优配置的能力；大型跨国公司拥有自己独立的销售系统，并能够与其他上下游企业保持良好稳定的业务关系，具有较低的销售成本。一方面，这些垄断优势是发达国家大型跨国公司进行对外直接投资的根本原因；另一方面，发展中国家也十分希望借助于“知识的外部性”学习到一部分跨国公司的垄断优势，希望能够有更多的发达国家外资企业进入发展中国家进行投资，这也正是中国改革开放初期一直实施“以市场换技术”战略的原因。

中国一系列积极的引资政策确实使得中国吸引外资的能力得到了突飞猛进的发展，正如第三章所介绍，“截至 2015 年，近三十年来中国利用外资额年均增长率高达 68.04 个点”。然而随着近些年国内及国际形势的不断发展变化，诸多发展中国家希望通过吸引外资来获取技术进步的效果不尽如人意，加之越来越多发展中国家的跨国公司也逐渐开展对外直接投资活动，国际投资活动的一系列新现象使得传统垄断优势跨国公司理论受到了学界不同视角的质疑。开始有学者认为：各种特定优势并非一定是跨国公司进行对外直接投资的必要条件，发展中国家跨国公司开展境外投资活动被称为“技术获取型”对外直接投资。目前，关于“技术获取型”对外直接投资的逆向技术溢出效应研究主要体现在两方面。

第一，“技术获取型”对外直接投资获取逆向技术溢出效应的可能性及存在性研究。这方面的研究始于对发达国家对外直接投资动机及其决定因素的研究。Kogut 和 Chang（1991）关于日本制造企业对美国的直接投资的研究发现：当日本的 R&D 密度小于美国时，日本进行 OFDI 的可能性更大，这说明获取技术可能是日本投资者的动机。这一研究第一次以实证结果证实了“技术获取型”FDI 的存在，获取逆向技术溢出成为 OFDI 的重要动机。Yamawaki（1993）对日本在美国和欧洲的直接投资的研究也得到了与 Kogut 和 Chang（1991）相似的结论。此外，Neven 和 Siotis（1993，1996）、Teece（1992）及 Braunerhjelm 和 Svensson（1996）等的研究都证实了获取逆向技术溢出效应已成为独立于所有权优势之外又一推动 FDI 的重要因素。与跨国公司基于获取逆向技术溢出效应的 OFDI 动机的实证研究相比，逆向技术溢出效应的理论研究较为有限，Fosfuri 和 Motta（1999）首次对无优势 OFDI 进行了理论研究，研究显示，技术溢出效应会随着地理距离的增加而减少，因此技术落后者可以通过在技术领先者附近设立工厂而获取技术溢出效应；此外，Siotis（1999）构建了博弈模型论述双向溢出对无优势企业对外直接投资的影响，首次从理论上证明了逆向技术溢出效应在 FDI 决策中的重要性。

第二，“技术获取型”对外直接投资逆向技术溢出效应的实证研究。国内外学者从国际技术溢出视角，对“技术获取型”OFDI 是否能够促进母国或地区劳动生产率提高开展实证检验，但并未得到一致的实证检验结果。大多数学者研究表明，OFDI 能实现显著正的逆向技术溢出效应。Coe 和 Helpman（1995）提出了 C—H 模型，用以检验不同溢出渠道的国际技术溢出效应。Potterie 和 Lichtenberg（2001）首次把 OFDI 作为溢出渠道引入模型来检验“技术获取型”FDI 的逆向溢出效应，结果表明，IFDI 对国内生产率并无促进作用，进口和 OFDI 则对生产率有显著正的溢出效应。此外，支持 OFDI 存在显著正的逆向技术溢出效应的研究还包括：Driffield 和 Love（2003），Griffith、Harrison 和 Reene（2004），Tomoko Iwasa 和 Hiroyuki Odagiri（2001），Navaretti 和 Castellani（2004），赵伟、古广东和何国庆（2006）。不过，也有少数学者的研究发现 OFDI 并不能获取逆向技术溢出效应。例如：Bitzer 和 Kerekes（2008）运用 OECD 17 个国家的面板数据对 OFDI 逆向技术溢出效应进行了检验，却得到了与 Potterie 和 Lichtenberg（2001）完全相反的结论：IFDI 对国内有显著的溢出效应，而 OFDI 的逆向技术溢出效应却不明显；Braconier、Ekholm 和 Knarvik（2001）利用瑞典公司和产业层面的数据检验了 IFDI 和 OFDI 是否是国际技术溢出的渠道，结果没有发现 IFDI 和 OFDI 对瑞典制造业生产率的提高有促进作用，且 IFDI 和 OFDI 与 TFT 之间不存在关系。

正因为相关实证研究未得到一致结论，有一部分研究开始试图探讨“技术获取型”对外直接投资对母国或地区劳动生产率影响的区域差异或者国别差异。Bitzer 和 Gorg（2009）利用 17 个 OECD 国家对外直接投资相关数据进行实证研究发现，各国对外直接投资对母国或地区劳动生产率的影响有国别差异，法国、日本、英国及美国等国家的 OFDI 促进了母国或地区劳动生产率的提升，而加拿大、德国、丹麦及西班牙等国家的 OFDI 并未促进母国或地区劳动生产率的提升。Herzer（2010）的研究同样也证实了“技术获取型”对外直接投资对母国或地区劳动生产率影响的国别差异，并认为这种差异与母国或地区的经济水平、经济结构、资源禀赋、金融市场发展程度、贸易开放度及政府政策等方面的差异有一定的关系。相关因素的差异可以被称作广义吸收能力（Abamovitz，1986）的差异，这种广义吸收能力将那些可能影响到国际技术溢出吸收效果的因素都囊括在内，诸多学者已经尝试从吸收能力视角探讨其对 IFDI 技术溢出效应的影响，但从吸收能力视角分析“技术获取型”对外直接投资对母国或地区劳动生产率影响的文献较少。国内刘明霞和王学军（2009）、刘明霞（2010）及周春应（2009）等学者分别从人力资本、技术差距及基础设施等角度对该问题进行了研究，为研究“技术获取型”对外直接投资对母国或地区劳动生产率的影响提供了一个新视角，但遗憾在于相关研究大多见诸实证研究，相关理论研究十分缺乏，亟须相关的理论模型研究分析两者之间的一般作用机制，来克服实证研究结论仅限于研究样本成立的缺陷。鉴于以上原因，本章尝试借鉴徐磊和刘怡（2014）研究吸收能力与 IFDI 之间关系的模型思想，同样以发展中国家作为研究对象，增加考虑企业自身研发创新对企业技术水平的促进作用，选择以发展中国家作为研究对象，构建三阶段古诺模型，从理论视角分析广义吸收能力（包括学习机会及学习能力）对 OFDI 逆向技术溢出效应的影响机制。

第二节　基础模型

借鉴徐磊和刘怡（2014）研究吸收能力与 IFDI 之间关系的模型思想，假设某一个发展中国家的跨国公司前往某一个发达东道国或地区开展“技术获取型”对外直接投资。那么在该外资流入的发达国家便存在两个企业：其一是发达国家本国企业（即东道国企业）；其二是来自发展中国家的跨国公司（即母国企业）。同时假设：两国企业生产的产品同质，不存在差异。发起投资的母国企业与被投资的东道国企业生产同类异质商品，在同一产品市场上，只有两个企业的情况下，市场出清时的均衡价格是由双方企业共同的产量所影响的，此时双方的产量被称作均衡产量，各自的利润被称作均衡利润。所以，假设发达国家市场的反需求函数为：

$$P(Y) = a - bY = a - b(Y^D + Y^F) \tag{4.1}$$

其中，$a>0$；$b>0$；P 为产品价格；Y 为两个企业生产产品的总产量；Y^D 和 Y^F 分别为母国企业和东道国企业生产产品的产量。

发展中国家的母国企业进入技术先进的东道国或地区时，首先通过对东道国或地区的领先技术进行模仿及学习，以获取来自东道国或地区的逆向技术溢出效应，提高母国企业的技术水平；然后根据企业实际情况进行研发投入，获得研发溢出效应，进一步提高母国企业的技术水平。在此，本书主要研究发展中国家跨国公司在发达东道国或地区开展“技术获取型”对外直接投资产生的逆向技术溢出效应，因此假设，东道国企业技术水平高于母国企业技术水平，东道国或地区是不可能也不需要从母国或地区获得技术溢出的。然而，母国企业从东道国企业获得逆向技术溢出效应并不是无偿的，母国跨国公司开展“技术获取型”对外直接投资，为了获取逆向技术溢出效应，需要额外支付费用。若东道国企业任由母国企业获取技术溢出效应，不采取任何措施，母国企业的技术水平进步加快，竞争力急剧提升，会使得东道国企业丧失竞争优势及技术领先地位。因此，东道国企业会愿意支付一部分费用去阻止或者预防逆向技术溢出效应在其与母国企业之间发生，假设这部分费用为 p。此外，其实一个企业的技术水平除了受到技术外部性影响外，也受到其自身研发投入的影响，而徐磊和刘怡（2014）的研究恰恰忽略了这一点。因此，本章模型假设两国企业同样通过自身的研发投资 r^D 和 r^F，很好地保障了技术水平的稳步提升。

在上述假设下，两个企业的成本函数则可以定义为：

母国企业：

$$C^D = c^D Y^D + g + r^D + z^D \tag{4.2}$$

$$c^D = c_0^D - s(g,p)(c_0^D - c_0^F) - T(r^D)c_0^D \tag{4.3}$$

东道国企业：

$$C^F = c^F Y^F + p + r^F + z^F \tag{4.4}$$

$$c^F = c_0^F - T(r^F)c_0^F \tag{4.5}$$

其中，c_0^D 为母国企业的初始边际成本，即母国企业在吸收逆向技术溢出效应及自身研发溢出效应之前的边际成本；c_0^F 为东道国企业生产的初始边际成本，即东道国企业在吸收自身研发溢出效应之前的边际成本；在本模型中，假设东道国企业的技术水平高于母国企业，因此 $c_0^D > c_0^F > 0$。c^D 为母国企业吸收逆向技术溢出效应和研发溢出效应之后的边际成本，c^F 为东道国企业吸收研发溢出效应之后的边际成本，注意东道国企业为技术外溢企业，不存在吸收技术溢出效应的现象。z^D 和 z^F 分别为母国企业和东道国企业在不做任何对外支出情况下的固定成本。

s 为技术溢出率，其大小由 g 和 p 内生决定，且对于任何 $\forall g \geq 0$ 和 $\forall p \geq 0$ 有 $s(g, p) \in [0, 1]$。s 具有一系列重要性质，母国企业增加 g 的支出，可以提高技术溢出率 s；同时当东道国企业增加 p 的支出，可以降低技术溢出率 s。无论母国企业为吸收逆向技术溢出效应所支付的 g 多大，都不能使技术溢出率 s 增加到 1 以上；同理，无论东道国企业为阻止或者预防逆向技术溢出效应所支付的 p 多大，都不能使技术溢出率降低到 0 以下；由此说明，只要两国之间有投资往来，便会产生技术溢出效应。给定母国企业的支出 g，技术溢出率 s 随东道国企业支出 p 的增加以递减的速度减少；给定东道国企业的支出 p，技术溢出率 s 随母国企业支出 g 的增加以递减的速度增加。g 和 p 是战略替代的。另外，技术溢出率 s 的二阶交叉偏导均为负。部分条件可表示如下：

$\forall p$，$\exists \bar{g}$ s.t. 若 $g < \bar{g}(p)$，则 $s(g, p) > 0$；

若 $g \geq \bar{g}(p)$，则 $s(g, p) = 1$；

$\forall g$，$\exists \bar{p}$ s.t. 若 $p < \bar{p}(g)$，则 $s(g, p) < 1$；

若 $p \geq \bar{p}$（g），则 s（g，p）=0；

其中，$\bar{g}$为技术溢出率 s=1 时，母国企业的支出；$\bar{p}$ 为技术溢出率 s=0 时，东道国企业的支出。

当 s（g，p）∈［0，1）时，$s_g>0$ 且 $s_p<0$ 且 $s_{gg}<0$ 且 $s_{pp}>0$，$s_{pg}=s_{gp}\leq 0$。

当 s（g，p）=1 时，若 g 在 $g=\bar{g}$（p）递增，则 $s_g>0$ 且 $s_{gg}<0$；若 $g>\bar{g}$（p），则 $s_g=0$ 且 $s_{gg}=0$。

当 s（g，p）=0 时，若 p 在 $p=\bar{p}$（g）递增，则 $s_p<0$ 且 $s_{pp}>0$；若 $p>\bar{p}$（g），则 $s_p=0$ 且 $s_{pp}=0$。

技术溢出率的初始条件为：s（g，p）=0，g=0，p=0，即若母国和东道国企业都支付费用，不产生逆向技术溢出效应；若母国企业未支付费用 g，东道国企业支付了费用 p，也不会发生逆向技术溢出效应；若东道国企业未支付费用 p，母国企业支付的费用 g 大于 0，便会产生逆向技术溢出效应。

r^D和 r^F 分别为母国企业和东道国企业的研发投入资本，T（r^D）和 T（r^F）分别为母国企业和东道国企业的研发溢出率。研发溢出率 T 也与技术溢出率 s 相似，具有一系列重要性质。两国企业关于研发资本投入与研发溢出率的关系是相同的，呈正相关，随着研发资本投入的增加，研发溢出率呈递减的速度上升。无论母国企业和东道国企业的研发投入资本 r^D 和 r^F 多大，都不能使其研发溢出率 T（r^D）和 T（r^F）超过 1；但如果没有任何研发投入，则研发溢出率为 0。此外，两国企业由于技术水平、研发环境等因素不同，两国的研发溢出效应也不完全相同。东道国企业技术水平高，则研发溢出效应更好；母国或地区技术水平较低，研发溢出效应也相对较低。二者都满足以下约束条件：

第一，对于 $\forall r^D \geq 0$，s. t. 若 $r^D \geq \bar{r}$，则 T（r^D）=1；对于 $\forall r^F \geq 0$，s. t. 若 $r^F \geq \bar{r}$，则 T（r^D）=1；其中 $\bar{r}$ 为研发溢出率 T=1 时母国企业和东道国企业的研发投入资本。

第二，为保证边际成本始终大于零，对于 $\forall$ $r^D \geq 0$ 和 $\forall$ $r^F \geq 0$，T（r^D）∈［0，1］和 T（$r^)$ ∈［0，1］成立。

第三，当 T∈［0，1）时，$T_r>0$ 且 $T_{rr}<0$，即研发溢出率会随着母国企业或者东道国企业研发投入资本的增加以递减的速度递增；此外，当 T=1 时，$T_r=0$ 且 $T_{rr}=0$。

实际上，在徐磊和刘怡（2014）的模型基础上增加考虑企业自主研发溢出效应后，传统的古诺模型变成了“三阶段”决策的古诺模型。具体“三阶段”

决策为：第一阶段，母国企业和东道国企业为了获得和预防逆向技术溢出效应而分别进行的费用 g 以及费用 p 的费用支出决策，OFDI 逆向技术溢出率的结果取决于母国跨国公司及东道国企业的利润最大化目标；第二阶段，在第一阶段逆向技术溢出发生的基础上，母国企业和东道国企业为了获取各自的研发溢出效应而进行研发投入资本决策 r^D 和 r^F，两个国家研发投入资本决策同样取决于企业的利润最大化目标；第三阶段，在逆向技术溢出和研发溢出结果的基础上，母国企业和东道国企业进行产量决策，以实现母国企业及东道国企业利润的最大化目标。

第三节　模型分阶段均衡解分析

由于第一阶段的均衡解 s＊是由 g 和 p 内生决定的；第二阶段 $T^*(r^D)$ 及 $T*(r^F)$ 的均衡解取决于母国企业及东道国企业的研发投入资本 r^D 和 r^F；第三阶段是两个企业在利润最大化目标条件下决定产量水平，因此可以采用逆推法求解此三阶段古诺模型。

一　第三阶段的均衡解

根据产品市场价格的反需求函数式（4.1）、两国企业的成本函数式（4.2）至式（4.5），可知母国企业以及东道国企业的利润函数如下：

母国企业利润：

$$\Pi^D = [a - b(Y^D + Y^F)]Y^D - c_0^D - s(g,p)(c_0^D - c_0^F) - T(r^D)c_0^D]Y^D - g - r^D - z^D) \tag{4.6}$$

东道国企业利润：

$$\Pi^F = [a - b(Y^D + Y^F)]Y^F - [c_0^F - T(r^F)c_0^F]Y^F - p - r^F - z^F \tag{4.7}$$

对母国及东道国企业的利润函数求一阶导数并令其等于零，则有：

$$\Pi_{Y^D}^D = - bY^D + [a - b(Y^D + Y^F] - c_0^D + s(g,p)(c_0^D - c_0^F) + T(r^D)c_0^D = 0 \tag{4.8}$$

$$\Pi_{Y^F}^F = - bY^F + [a - b(Y^D + Y^F)] - c_0^F + + T(r^F)c_0^F = 0 \tag{4.9}$$

通过求解式（4.8）和式（4.9），可得母国企业及东道国企业的均衡产量分别为：

母国企业：

$$Y^{D*}(g,p,r^D,r^F) = \frac{1}{3b}[a + c_0^F - T(r^F)c_0^F - 2s(g,p)(c_0^D - c_0^F) + 2T(r^D)c_0^D] \tag{4.10}$$

东道国企业：

$$Y^{F*}(g,p,r^D,r^F) = \frac{1}{3b}[a + c_0^D - s(g,p)(c_0^D - c_0^F) - T(r^D)c_0^D + 2T(r^F)c_0^F - 2c_0^F] \tag{4.11}$$

此时，均衡价格为：

$$P^*(g,p,r^D,r^F) = \frac{1}{3}[a + c_0^F + c_0^D - s(g,p)(c_0^D - c_0^F) - T(r^F)c_0^F - T_{(r^D)}c_0^D] \tag{4.12}$$

根据两企业的均衡产量和均衡价格可求得两企业的均衡利润分别为：

母国企业：

$$\Pi^{D*}(g,p,r^D,r^F) = \frac{1}{9b}[a - 2c_0^D + c_0^F + 2s(g,p)(c_0^D - c_0^F) + 2T(r^D)c_0^D - T(r^F)c_0^F]^2 - g - r^D - z^D \tag{4.13}$$

东道国企业：

$$\Pi^{F*}(g,p,r^D,r^F) = \frac{1}{9b}[a + c_0^D - 2c_0^F - s(g,p)(c_0^D - c_0^F) - T_{(r^D)}c_0^D + 2T(r^F)c_0^F]^2 - g - r^D - z^D \tag{4.14}$$

二　第二阶段的均衡解

在第二阶段中，两国的企业根据企业自身的情况，在获得逆向技术溢出效应的前提下，为保证企业利润最大化，进行研发投入 r^D 和 r^F 的支出决策。进行第二阶段的均衡解求解时，假设已知两国企业支出的费用 g、p 以及逆向技术溢出率 s。由于两企业的研发投入和研发溢出效应的大小具有各自的相关性，所以求得研发费用 r^D 以及 r^F 的同时可得出研发溢出率 T（r^D）及 T（r^F），反之亦然。通过对 r^D 和 r^F 的决策来影响各企业的固定成本、边际成本，从而影响最终利润。

为使两个企业的利润最大化，对式（4.13）和式（4.14）分别求关于 r^D 和

r^F 的一阶导数，并令其等于零，则有：

$$\Pi_{r^D}^{D*}(g,p,r^D,r^F)=\frac{4}{9b}T'(r^D)c_0^D[a-2c_0^D+c_0^F+2s(g,p)(c_0^D-c_0^F)+2T(r^D)\cdot c_0^D-T(r^F)c_0^F]-1=0 \tag{4.15}$$

$$\Pi^{F*}(g,p,r^D,r^F)=\frac{4}{9b}2T'(r^F)c_0^F[a+c_0^D-2c_0^F-s(g,p)(c_0^D-c_0^F)-T(r^D)\cdot c_0^D+2T(r^F)c_0^F]-1=0 \tag{4.16}$$

根据以上两式可求出各自研发溢出率 $T_{(r^D)}$、$T_{(r^F)}$ 的均衡解：

$$T_{r^D}^*=\left[\frac{9b}{4T'(r^D)c_0^D}-a+2c_0^D-c_0^F-2s(g,p)(c_0^D-c_0^F)+T(r^F)c_0^F\right]\frac{1}{2c_0^D}$$
$$=\frac{9b}{8\,c_0^{D2}T'(r^D)}-\frac{a+c_0^F+2s(g,p)(c_0^D-c_0^F)-T(r^F)c_0^F}{2c_0^D}+1 \tag{4.17}$$

$$T_{r^F}^*=\left[\frac{9b}{4T'(r^F)c_0^F}-a-c_0^D+2c_0^F+s(g,p)(c_0^D-c_0^F)+T(r^F)c_0^F\right]\frac{1}{2c_0^F}$$
$$=\frac{9b}{8\,c_0^{F2}T'(r^F)}-\frac{a+c_0^D-s(g,p)(c_0^D-c_0^F)-T(r^F)c_0^F}{2c_0^F}+1 \tag{4.18}$$

如前面分析所述，T（r^D）和 T（r^F）分别与 r^D 和 r^F 有着具体的关系，因此求出 T（r^D）和 T（r^F）的均衡解，即可得到 r^D 和 r^F 的均衡解。

只有当每个企业的利润函数式（4.13）和式（4.14）为严格凹函数时，利润函数具有最大值，同时一阶条件式（4.17）和式（4.18）才存在均衡解，因此下面两式必须成立：

$$\Pi_{r^Dr^D}^{D*}=\frac{4}{9b}c_0^D T'(r^D)[a-2c_0^D+c_0^F+2s(g,p)(c_0^D-c_0^F)+2T(r^D)c_0^D-T(r^F)c_0^F]+\frac{4}{9b}c_0^D T'(r^D)2c_0^D T'(r^D)<0 \tag{4.19}$$

$$\Pi_{r^Fr^F}^{F*}=\frac{4}{9b}C_0^F T'(r^F)[a+c_0^D-2c_0^F-s(g,p)(c_0^D-c_0^F)-T_{(r^D)}c_0^D+2T(r^F)c_0^F]+\frac{4}{9b}c_0^F T'(r^F)2c_0^F T'(r^F)<0 \tag{4.20}$$

由于 r^D 和 r^F 是相对独立的，由企业根据各自的实际情况进行决策，不存在战略替代的关系，所以，以上约束条件足以证明第二阶段模型的均衡解存在且唯一。

三 第一阶段的均衡解

在第一阶段中，每个企业通过支出 g 和 p 来获得或者阻止逆向技术溢出效应，母国企业通过对 g 和 p 的决策来缩短两个企业之间的技术差距，母国企业提升自己的技术水平，从而获得自主研发能力，为第二阶段进行研发投入奠定了基础。而母国企业和东道国企业在技术溢出上支付的费用 g 和 p 影响了企业的固定成本，技术溢出率和研发溢出率的变化影响了企业的边际成本，从而影响两个企业的最终利润。

为使两个企业的利润最大化，在第二阶段已经求得研发溢出率的均衡解，然后对企业的利润函数式（4.13）和式（4.14）求一阶导数，并令其等于零，则有：

$$\Pi_g^{D*}(g,p,r^D,r^F) = \frac{4}{9b}s_g(c_0^D - c_0^F)[a - 2c_0^D + c_0^F + 2s(g,p)(c_0^D - c_0^F) + 2T^*(r^D)c_0^D - T^*(r^F)c_0^F] - 1 = 0 \tag{4.21}$$

$$\Pi_P^{D*}(g,p,r^D,r^F) = -\frac{2}{9b}s_P(c_0^D - c_0^F)[a + c_0^D - 2c_0^F - s(g,p)(c_0^D - c_0^F) - T^*(r^D)c_0^D + 2T^*(r^F)c_0^F] - 1 = 0 \tag{4.22}$$

根据上述式（4.21）和式（4.22）表示的一阶条件，可求出技术溢出率的均衡解：

$$s_{(g^*,p^*)}^* = \frac{9b}{8s_g^*(c_0^D - c_0^F)^2} - \frac{a - 2c_0^D + c_0^F + T^*(r^D)c_0^D - T^*(r^F)c_0^F}{2(c_0^D - c_0^F)} \tag{4.23}$$

$$s_g^* = \frac{9b}{4(c_0^D - c_0^F)[a - 2c_0^D + c_0^F + 2s^*(c_0^D - c_0^F) - T^*(r^D) + 2T^*(r^D)c_0^D - \mathrm{T}^*(r^F)c_0^F} > 0 \tag{4.24}$$

$$s_{(g^*,p^*)}^* = \frac{9b}{2s_p^*(c_0^D - c_0^F)^2} + \frac{a + c_0^D - 2c_0^F - T^*(r^D)c_0^D + 2T^*(r^F)c_0^F}{c_0^D - c_0^F} \tag{4.25}$$

$$s_p^* = -\frac{9b}{2(c_0^D - c_0^F)[a + c_0^D - 2c_0^F - s^*(c_0^D - c_0^F) - T^*(r^D)c_0^D + 2T^*(r^F)c_0^F]} < 0 \tag{4.26}$$

只有当每个企业的利润函数式（4.13）和式（4.14）为严格凹函数时，即二阶导数小于 0 时，一阶条件式（4.21）和式（4.22）才存在均衡解，因此下面两式必须成立：

$$\Pi_{gg}^{D}=\frac{4}{9b}(c_{0}^{D}-c_{0}^{F})\{s_{gg}(a-2c_{0}^{D}+c_{0}^{F}+2T*_{(r^{D})}c_{0}^{D}-T_{(r^{F})}^{*}c_{0}^{F})+(2s_{g}s_{g}+2s_{gg}s^{*})(c_{0}^{D}-c_{0}^{F})\}<0 \tag{4.27}$$

$$\Pi_{pp}^{F}=-\frac{2}{9b}(c_{0}^{D}-c_{0}^{F})\{s_{PP}(a+c_{0}^{D}-2c_{0}^{F}-T_{(r^{D})}^{*}c_{0}^{D}+2T_{(r^{F})}^{*}c_{0}^{F})-(s_{p}s_{p}+s_{pp})(c_{0}^{D}-c_{0}^{F})\}<0 \tag{4.28}$$

要使一阶条件式的均衡解具有稳定性，以下稳定性条件需要满足：

$$|\Pi_{gg}^{D}|>|\Pi_{gp}^{D}|;|\Pi_{pp}^{F}|>|\Pi_{pg}^{F}| \tag{4.29}$$

其中，

$$\Pi_{gp}^{D}=\frac{4}{9b}(c_{0}^{D}-c_{0}^{F})\{s_{gp}(a-2c_{0}^{D}+c_{0}^{F}+2T*_{(r^{D})}c_{0}^{D}-T_{(r^{F})}^{*}c_{0}^{F})+2(s_{g}s_{p}+s_{gp}s^{*})(c_{0}^{D}-c_{0}^{F})\}<0 \tag{4.30}$$

$$\Pi_{gp}^{F}=-\frac{2}{9b}(c_{0}^{D}-c_{0}^{F})\{s_{gp}(a+c_{0}^{D}-2c_{0}^{F}-T_{(r^{D})}^{*}c_{0}^{D}+2T_{(r^{F})}^{*}c_{0}^{F})-(s_{g}s_{p}+s_{gp}s^{*})(c_{0}^{D}-c_{0}^{F})\}<0 \tag{4.31}$$

由于费用 g 和 p 是战略替代的，因此以上两式必须小于零。

在式（4.27）至式（4.31）的条件皆满足时，即表明均衡解的存在性和稳定性条件满足，第一阶段模型存在唯一的均衡解。

第四节　理论模型中广义吸收能力与 OFDI 逆向技术溢出效应关系分析

正如本章引言部分所言，在 OFDI 逆向技术溢出发生过程中，诸多因素都可能影响到母国或地区对 OFDI 逆向技术溢出效应的吸收程度，而这些影响因素被称作广义吸收能力（Abamovitz，1986）。参照 Abamovitz（1998）广义吸收能力的思想，广义吸收能力主要包括学习机会、学习能力及应用环境三大方面的影响因素，本节结合模型三方面影响因素的可度量及可实现性，主要讨论母国或地区学习能力及学习机会两方面因素对母国或地区 OFDI 逆向技术溢出效应的影响。

一　母国企业学习能力与逆向技术溢出率

由于母国企业的学习能力与企业的技术水平直接相关，企业技术水平越高，说明母国企业对东道国企业学习及模仿的能力就越强。而企业生产的边际成本可以衡量企业的技术水平，边际成本越小，反映出技术水平越高，边际成本越大，反映出技术水平越低。因此本书用母国企业的初始边际成本 c_0^D 反映的技术水平来表示母国企业的学习能力。

定义学习能力：$\rho = 1/c_0^D$，初始边际成本 c_0^D 越小，说明母国企业在未吸收逆向技术溢出效应和研发溢出效应的情况下，母国企业的初始技术水平越高，进而也反映了母国企业具有较强的学习能力。为了方便分析，在分析学习能力 ρ 和均衡逆向技术溢出率 s^* 的关系之前，先分析母国企业生产的初始边际成本 c_0^D 与均衡逆向技术溢出率之间的关系。

对一阶条件式（4.21）和式（4.22）进行一阶全微分，则有：

$$\Pi_{gg}^D d g^* + \Pi_{gp}^D dp^* + \Pi_{gc_0^D}^D dc_0^D = 0 \tag{4.32}$$

$$\Pi_{pg}^F dg^* + \Pi_{pp}^F dp^* + \Pi_{gc_0^F}^F dc_0^D = 0 \tag{4.33}$$

其中，下标 c_0^D、g、p 分别表示对 c_0^D、g、p 求偏导。

$$\Pi_{gc_0^D}^D = \frac{4}{9b} s_g [a - 4c_0^D + 3c_0^F + 4s^*(c_0^D - c_0^F) + 4T_{(r^D)} c_0^D - 2T_{(r^D)} c_0^F - T_{(r^F)} c_0^F]$$

$$\Pi_{pc_0^D}^F = -\frac{2}{9b} s_p [a + 2c_0^D - 3c_0^F - 2s^*(c_0^D - c_0^F) - 2T_{(r^D)} c_0^D + 2T_{(r^D)} c_0^F + 2T_{(r^F)} c_0^F]$$

$$\Pi_{gg}^D = \frac{4}{9b}(c_0^D - c_0^F)\{s_{gg}(a - 2c_0^D + c_0^F + 2T*_{(r^D)} c_0^D - T_{(r^F)}^* c_0^F) + (2s_g s_g + 2s_{gg} s^*)(c_0^D - c_0^F)\} < 0$$

$$\Pi_{pp}^F = -\frac{2}{9b}(c_0^D - c_0^F)\{s_{PP}(a + c_0^D - 2c_0^F - T_{(r^D)}^* c_0^D + 2T_{(r^F)}^* c_0^F) - (s_p s_p + s_{pp})(c_0^D - c_0^F)\} < 0)$$

$$\Pi_{gp}^D = \frac{4}{9b}(c_0^D - c_0^F)\{s_{gp}(a - 2c_0^D + c_0^F + 2T*_{(r^D)} c_0^D - T_{(r^F)}^* c_0^F) + 2(s_g s_p + s_{gp} s^*)(c_0^D - c_0^F)\} < 0$$

$$\Pi_{gp}^F = -\frac{2}{9b}(c_0^D - c_0^F)\{s_{gp}(a + c_0^D - 2c_0^F - T_{(r^D)}^* c_0^D + 2T_{(r^F)}^* c_0^F) - (s_g s_p + s_{gp} s^*)(c_0^D - c_0^F)\} < 0$$

利用克莱姆法则对方程组求解：

$$\frac{dg^*}{dc_0^D} = \Pi_{gp}^D \Pi_{pC_0^D}^F - \Pi_{gC_0^D}^D \Pi_{pp}^F \tag{4.34}$$

$$\frac{dp^*}{dc_0^D} = \Pi_{gC_0^D}^D \Pi_{pg}^F - \Pi_{gg}^D \Pi_{pC_0^D}^F \tag{4.35}$$

其中 $D = \Pi_{gg}^D \Pi_{pp}^F - \Pi_{gp}^D \Pi_{pg}^F$。

由均衡解的存在性和稳定性条件可知：

$$D > 0, \Pi_{gg}^D < 0, \Pi_{pp}^F < 0, \Pi_{gp}^D < 0, \Pi_{pg}^F < 0。$$

令$\Pi_{gC_0^D}^D = 0$ 和$\Pi_{pC_0^D}^F = 0$ 可求得两个门槛值。

$$c_0^D = \frac{a + 3c_0^F - s^* c_0^F - 2T_{(r^D)} c_0^F - T_{(r^F)} c_0^F}{2(1 - s^* - T_{(r^D)})}$$

$$c_0^D = \frac{a + 3c_0^F - 2s * c_0^F - T_{(r^D)} c_0^F - 2T_{(r^F)} c_0^F}{4(1 - s^* - T_{(r^D)})}$$

由式（4.24）可知：

$$0 < c_0^D - c_0^F < \frac{a - c_0^F - T_{(r^D)} c_0^D + 2T_{(r^F)} c_0^F}{2(1 - s^*)},$$

并且

$$\frac{a - c_0^F - T_{(r^D)} c_0^D + 2T_{(r^F)} c_0^F}{2(1 - s^*)} > 0$$

加之由于 $s_p < 0$，可知$\Pi_{pC_0^D}^F > 0$。

下面讨论$\frac{dg^*}{dc_0^D}$和$\frac{dp^*}{dc_0^D}$的符号：

当$\frac{a + 3c_0^F - 2s^* c_0^F - T_{(r^D)} c_0^F - 2T_{(r^F)} c_0^F}{4\ (1 - s^* - T_{(r^D)})} < c_0^D < \frac{a + 3c_0^F - s^* c_0^F - 2T_{(r^D)} c_0^F - T_{(r^F)} c_0^F}{2\ (1 - s^* - T_{(r^D)})}$时，有 $\Pi_{gC_0^D}^D < 0$；

根据$\Pi_{pp}^F < 0$，$\Pi_{pC_0^D}^F > 0$，$\Pi_{gp}^D < 0$，有$\frac{dg^*}{dc_0^D} < 0$；

根据$\Pi_{gg}^D < 0$，$\Pi_{pC_0^D}^F > 0$ ，$\Pi_{pg}^F < 0$，有$\frac{dp^*}{dc_0^D} > 0$。

当 $c_0^D = \frac{a + 3c_0^F - 2s * c_0^F - T_{(r^D)} c_0^F - 2T_{(r^F)} c_0^F}{4\ (1 - s^* - T_{(r^D)})}$ 时，有 $\Pi_{gC_0^D}^D = 0$；

根据$\Pi_{pC_0^D}^F > 0$，$\Pi_{gp}^D < 0$，有$\frac{dg^*}{dc_0^D} < 0$；

根据$\Pi^F_{pC_0^D}>0$，$\Pi^F_{pg}<0$，有$\frac{dp^*}{dc_0^D}>0$。

当 $c_0^D<\frac{a+3c_0^F-2s*c_0^F-T_{(r^D)}c_0^F-2T_{(r^F)}c_0^F}{4(1-s^*-T_{(r^D)})}$时，有 $\Pi^D_{gC_0^D}>0$；

此时$\frac{dg^*}{dc_0^D}$和$\frac{dp^*}{dc_0^D}$的符号都无法确定。

对均衡逆向技术溢出率 $s^*=s(g^*,p^*)$ 求全微分且等式两边同时除以 dc_0^D，则有：

$$\frac{ds^*}{dc_0^D}=s_g\frac{dg^*}{dc_0^D}+s_p\frac{dp^*}{dc_0^D}$$

根据$\frac{dg^*}{dc_0^D}$和$\frac{dp^*}{dc_0^D}$的符号，结合上式，讨论$\frac{ds^*}{dc_0^D}$的符号。

当$\frac{a+3c_0^F-2s*c_0^F-T_{(r^D)}c_0^F-2T_{(r^F)}c_0^F}{4(1-s^*-T_{(r^D)})}n\leqslant c_0^D<\frac{a+3c_0^F-s^*c_0^F-2T_{(r^D)}c_0^F-T_{(r^F)}c_0^F}{2(1-s^*-T_{(r^D)})}$时，有$\frac{dg^*}{dc_0^D}<0$，$\frac{dp^*}{dc_0^D}>0$，则$\frac{ds^*}{dc_0^D}<0$；

当 $c_0^D<\frac{a+3c_0^F-2s*c_0^F-T_{(r^D)}c_0^F-2T_{(r^F)}c_0^F}{4(1-s^*-T_{(r^D)})}$时，此时$\frac{dg^*}{dc_0^D}$和$\frac{dp^*}{dc_0^D}$的符号都无法确定，因此$\frac{ds^*}{dc_0^D}$的符号也无法确定。

由于 $\rho=\frac{1}{c_0^D}$，则有：

$$\frac{dg^*}{d\rho}=-(c_0^D)^2\frac{dg^*}{dc_0^D},\ \frac{dp^*}{d\rho}=-(c_0^D)^2\frac{dp^*}{dc_0^D},\ \frac{ds^*}{d\rho}=-(c_0^D)^2\frac{ds^*}{dc_0^D};$$

结合 c_0^D 和 s^* 的关系，则有：

当$\frac{2(1-s^*-T(r^D))}{a+3c_0^F-s^*c_0^F-2T(r^D)c_0^F-(r^F)c_0^F}<\rho\leqslant\frac{4(1-s^*-T(r^D))}{a+3c_0^F-2s*c_0^F-T(r^D)c_0^F-2T(r^F)c_0^F}$时，$\frac{dg^*}{d\rho}>0$，$\frac{dp^*}{d\rho}<0$，$\frac{ds^*}{d\rho}>0$；

当 $\rho>\frac{4(1-s^*-T(r^D))}{a+3c_0^F-2s*c_0^F-T(r^D)c_0^F-2T(r^F)c_0^F}$时，$\frac{dg^*}{d\rho}$，$\frac{dp^*}{d\rho}$，$\frac{ds^*}{d\rho}$的符号无法确定。

根据以上分析结果可以得出以下结论：

第一，只有当母国企业的学习能力 ρ 大于门槛值 $\frac{2\left(1-s^{*}-T\left(r^{D}\right)\right)}{a+3c_{0}^{F}-s^{*}c_{0}^{F}-2T\left(r^{D}\right)c_{0}^{F}-\left(r^{F}\right)c_{0}^{F}}$ 时，母国企业和东道国企业之间才存在对外直接投资行为。若学习能力低于该门槛值，说明母国企业的技术水平还比较低，学习能力也不够强，不构成对外直接投资。即发展中国家的学习能力需要达到一定程度，母国企业才能对东道国企业进行投资。否则即使母国企业进行“技术获取型”对外直接投资，也有可能因为学习能力不足而无法从东道国企业获得逆向技术溢出效应。

第二，根据分析，只有当母国企业的学习能力 ρ 在范围 $\frac{2\left(1-s^{*}-T\left(r^{D}\right)\right)}{a+3c_{0}^{F}-s^{*}c_{0}^{F}-2T\left(r^{D}\right)c_{0}^{F}-\left(r^{F}\right)c_{0}^{F}}$ 和 $\frac{4\left(1-s^{*}-T\left(r^{D}\right)\right)}{a+3c_{0}^{F}-2s*c_{0}^{F}-T\left(r^{D}\right)c_{0}^{F}-2T\left(r^{F}\right)c_{0}^{F}}$ 之间时，母国企业才具有足够的学习能力去模仿和学习东道国企业的先进技术。同时，随着母国企业的学习能力 ρ 的增强，母国企业更愿意为获得逆向技术溢出效应而支付费用 g，东道国或地区会相应地减少预防技术溢出的费用 p，由此，均衡逆向技术溢出率也随学习能力 ρ 的增强而增加。

第三，当母国企业的学习能力 ρ 超出 $\frac{4\left(1-s^{*}-T\left(r^{D}\right)\right)}{a+3c_{0}^{F}-2s*c_{0}^{F}-T\left(r^{D}\right)c_{0}^{F}-2T\left(r^{F}\right)c_{0}^{F}}$ 的范围时，随着母国企业学习能力的提升，母国企业支付的费用 g、东道国企业支付的费用 p，以及均衡逆向技术溢出率的变化方向都无法确定。

出现以上分析结果的原因可能在于以下方面。

当母国企业的学习能力未跨越低门槛值时，企业的技术水平过低，不能很好地对东道国企业的先进技术进行模仿学习。但是随着母国企业技术水平的提高，母国企业的学习能力也随之增强，母国企业开始进行对外直接投资，以获得逆向技术溢出效应，进一步提高本国技术水平。学习能力逐步增强，使母国企业愿意为吸收逆向技术溢出效应而支付更多的费用 g，因为支付的这些相关费用不仅可以从逆向技术溢出效应中得到补偿，还可以提升母国企业的技术水平；而与此相反，由于母国企业的学习能力不断提高，母国企业的技术水平也在提高，这就缩短了母国企业和东道国企业的技术差距，也就是说，母国企业对东道国企业的先进技术的学习空间变得更小，此时东道国企业没有必要增加费用 p 的支出。换一种思路考虑，母国企业吸收能力的增强，说明东道国或地区支付费用 p 去预防技术外溢的效果会衰退。换言之，在母国或地区吸收能力增强之前，1 单位 p 可以阻止 1 单位的技术外溢；但在吸收能力增强之后，1 单位 p 只能阻止 0.5 单位的技术外溢。在这种效果不显著的情况下，东道国企业选择减少 p 的支出来降低整个企业的成本也是合理的。

当母国企业的吸收能力已经跨越了高门槛值后，企业的技术水平已经达到了较高的水平，母国企业已经无须过于依赖吸收逆向技术溢出效应来提高自身的技术水平。此时，母国企业的技术水平提高方式除了学习吸收东道国或地区的先进技术，还可以自主创新研发。通过比较这两种方式的成本、难易程度等，企业做出决策，所以，无法单一地通过吸收能力的大小做出片面的判断，也无法确定母国企业愿意支付的费用 g。同样，无法确定与 g 战略替代的费用 p，两国企业的 p、g 决策无法判断，则不能判断均衡逆向技术溢出率 s^*。

二　母国企业学习机会与逆向技术溢出率

母国企业和东道国企业的初始边际成本反映了两国企业技术水平的高低，东道国企业比母国企业初始边际成本低得越多，母国企业对东道国企业进行模仿及学习的空间就越大，即学习机会就越多。为了分析母国企业学习机会与逆向技术溢出之间的关系，本小节将母国企业的学习机会 e 定义为：在未产生技术溢出效应和研发溢出效应的前提下，两国企业的初始边际成本之差，即 $e = c_0^D - c_0^F$。两国企业的初始边际成本差异越大，表明技术差距越大，母国企业的学习机会就越多或者学习空间就越大。以下对学习机会 e 和均衡逆向技术溢出率 s^* 之间的关系进行分析。

采用上述方法，对一阶条件式（4.21）和式（4.22）进行一阶全微分：

$$\Pi_{gg}^{D} dg^* + \Pi_{gp}^{D} dp^* + \Pi_{ge}^{D} de = 0 \qquad (4.36)$$

$$\Pi_{pg}^{F} dg^* + \Pi_{pp}^{F} dp^* + \Pi_{pe}^{F} de = 0 \qquad (4.37)$$

$$\Pi_{ge}^{D} = \frac{4}{9b} s_g (a - c_0^F - 4e + 4s^* e + 2T*_{(rD)} c_0^D - T_{(rF)}^* c_0^F)$$

$$\Pi_{pe}^{F} = \frac{4}{9b} s_p (a - c_0^F + 2e - 2s^* e - T_{(rD)}^* c_0^D + 2T_{(rF)}^* c_0^F)$$

$$\Pi_{gg}^{D} = \frac{4}{9b} (c_0^D - c_0^F) \{ s_{gg} (a - 2c_0^D + c_0^F + 2T*_{(rD)} c_0^D - T_{(rF)}^* c_0^F) + (2s_g s_g + 2s_{gg} s^*)(c_0^D - c_0^F) \} < 0$$

$$\Pi_{pp}^{F} = -\frac{2}{9b} (c_0^D - c_0^F) \{ s_{PP} (a + c_0^D - 2c_0^F - T_{(rD)}^* c_0^D + 2T_{(rF)}^* c_0^F) - (s_p s_p + s_{pp})(c_0^D - c_0^F) \} < 0)$$

$$\Pi_{gp}^{D} = \frac{4}{9b}(c_0^D - c_0^F)\{s_{gp}(a - 2c_0^D + c_0^F + 2T*_{(r^D)}c_0^D - T_{(r^F)}^{*}c_0^F)$$

$$+2(s_g s_p + s_{gp}s^{*})(c_0^D - c_0^F)\} < 0$$

$$\Pi_{gp}^{F} = -\frac{2}{9b}(c_0^D - c_0^F)\{s_{gp}(a + c_0^D - 2c_0^F - T_{(r^D)}^{*}c_0^D + 2T_{(r^F)}^{*}c_0^F)$$

$$-(s_g s_p + s_{gp}s^{*})(c_0^D - c_0^F)\} < 0$$

同样利用克莱姆法则对方程组求解，则有：

$$\frac{dg^{*}}{de} = \Pi_{gp}^{D}\Pi_{pe}^{F} - \Pi_{ge}^{D}\Pi_{pp}^{F} \tag{4.38}$$

$$\frac{dp^{*}}{de} = \Pi_{ge}^{D}\Pi_{pg}^{F} - \Pi_{gg}^{D}\Pi_{pe}^{F} \tag{4.39}$$

其中，$D = \Pi_{gg}^{D}\Pi_{pp}^{F} - \Pi_{gp}^{D}\Pi_{pg}^{F}$。

下面讨论$\frac{dg^{*}}{de}$和$\frac{dp^{*}}{de}$的符号。

当$\frac{a - c_0^F + 2T_{(r^D)}c_0^D - T_{(r^F)}c_0^F}{4\ (1 - s^{*})} < e < \frac{a - c_0^F - T_{(r^D)}c_0^D + 2T_{(r^F)}c_0^F}{2\ (1 - s^{*})}$时，则有$\Pi_{ge}^{D} < 0$；

根据$\Pi_{pp}^{F} < 0$，$\Pi_{pe}^{F} > 0$，$\Pi_{gp}^{F} < 0$，有$\frac{dg^{*}}{de} < 0$；

根据$\Pi_{gg}^{F} < 0$，$\Pi_{pe}^{D} > 0$ ，$\Pi_{pg}^{F} < 0$，有$\frac{dp^{*}}{de} > 0$。

当 $e = \frac{a - c_0^F + 2T_{(r^D)}c_0^D - T_{(r^F)}c_0^F}{4\ (1 - s^{*})}$ 时，则有$\Pi_{ge}^{D} = 0$；

根据$\Pi_{pp}^{F} < 0$，$\Pi_{pe}^{F} > 0$，$\Pi_{gp}^{F} < 0$，有$\frac{dg^{*}}{de} < 0$；

根据$\Pi_{gg}^{F} < 0$，$\Pi_{pe}^{D} > 0$ ，$\Pi_{pg}^{F} < 0$，有$\frac{dp^{*}}{de} > 0$。

当 $e < \frac{a - c_0^F + 2T_{(r^D)}c_0^D - T_{(r^F)}c_0^F}{4\ (1 - s^{*})}$ 时，则有$\Pi_{ge}^{D} > 0$；

此时$\frac{dg^{*}}{de}$和$\frac{dp^{*}}{de}$的符号都无法确定。

对均衡溢出率 $s^{*} = s\ (g^{*},\ p^{*})$ 求全微分且等式两边同时除以 de，则有 $\frac{ds^{*}}{de} = s_g\frac{dg^{*}}{de} + s_p\frac{dp^{*}}{de}$。

根据$\frac{dg^{*}}{de}$和$\frac{dp^{*}}{de}$的符号，并结合上式，可以讨论$\frac{ds^{*}}{de}$的符号：

当$\frac{a-c_0^F+2T(r^D)c_0^D-T(r^F)c_0^F}{4(1-s^*)}\leq e<\frac{a-c_0^F-T(r^D)c_0^D+2T(r^F)c_0^F}{2(1-s^*)}$时，则有$\frac{dg^*}{de}<0$，$\frac{dp^*}{de}>0$，根据$s_g>0$，$s_p<0$，则有$\frac{ds^*}{de}<0$。

当$e<\frac{a-c_0^F+2T(r^D)c_0^D-T(r^F)c_0^F}{4(1-s^*)}$时，此时$\frac{dg^*}{de}$和$\frac{dp^*}{de}$的符号都无法确定，则$\frac{ds^*}{de}$的符号也无法确定。

由以上的分析结果可以得出以下结论。

当母国企业的学习机会 e，也就是母国企业与东道国企业初始边际成本之差小于$\frac{a-c_0^F-T(r^D)c_0^D+2T(r^F)c_0^F}{2(1-s^*)}$，母国企业才会考虑在东道国或地区进行投资。若母国企业学习机会大于该门槛值，技术差距过大，也就是说母国企业技术水平相对于东道国企业过低，母国企业将无法从东道国企业获得逆向技术溢出效应，或者母国企业无法吸收所获得的技术溢出，都不能产生逆向技术溢出效应，母国企业技术水平也得不到提高。

当母国企业的学习机会 e，也就是母国企业与东道国企业初始边际成本之差 e 在$\frac{a-c_0^F+2T(r^D)c_0^D-T(r^F)c_0^F}{4(1-s^*)}$和$\frac{a-c_0^F-T(r^D)c_0^D+2T(r^F)c_0^F}{2(1-s^*)}$之间时，母国企业和东道国企业的技术差距控制在一定范围内，母国企业已经具有一定的技术水平，能够在对外投资的过程中从东道国企业获取逆向技术溢出效应，进而使两国企业的技术差距缩小。随着学习机会 e 的缩小，母国企业的吸收能力增强，愿意付出更多的费用 g 来获取技术溢出，而东道国企业减少费用 p，因此，均衡逆向技术溢出率 s^* 也随之增大。

在母国企业对东道国企业的先进技术吸收学习之后，母国企业的技术水平较吸收之前有了提升，技术差距逐渐缩小，当两国企业技术差距小于门槛值$\frac{a-c_0^F+2T(r^D)c_0^D-T(r^F)c_0^F}{4(1-s^*)}$时，母国企业的技术水平已经达到了一个新的水平，可以进行自主研发。如前面分析所言，是否需要逆向技术溢出，需要结合自主研发的成本等因素共同考虑，所以，此时同样无法通过学习机会的大小做出片面的判断，无法确定母国企业愿意支付的费用 g 和东道国企业愿意支付的费用 p 以及均衡逆向技术溢出率 s^*。

三 学习能力、学习机会与逆向技术溢出率的综合分析

综合以上分析可得出结论：母国企业的学习能力 ρ 和学习机会 e（即与东道国企业之间的技术差距）对均衡逆向技术溢出率均具有明显的“双门槛”效应。学习能力、学习机会与逆向技术溢出率的综合分析如下。

当母国企业的学习机会 e 大于门槛值$\frac{a-c_0^F-T(r^D)c_0^D+2T(r^F)c_0^F}{2(1-s^*)}$时，母国企业的学习能力 ρ 未跨越门槛值$\frac{2(1-s^*-T(r^D))}{a+3c_0^F-s^*c_0^F-2T(r^D)c_0^F-(r^F)c_0^F}$，此时母国企业与东道国企业的技术差距过大，母国企业的学习能力还不足以很好地学习东道国企业的先进技术，因而不能很好地吸收来自东道国企业的逆向技术溢出效应，此时的母国企业不会选择对东道国或地区进行直接投资。

当母国企业的学习机会 e 介于$\frac{a-c_0^F+2T(r^D)c_0^D-T(r^F)c_0^F}{4(1-s^*)}$和$\frac{\varepsilon-c_0^F-T(r^D)c_0^D+2T(r^F)c_0^F}{2(1-s^*)}$之间时，母国企业的学习能力 ρ 处于$\frac{2(1-s^*-T(r^D))}{\varepsilon+3c_0^F-s^*c_0^F-2T(r^D)c_0^F-(r^F)c_0^F}$和$\frac{4(1-s^*-T(r^D))}{a+3c_0^F-2s*c_0^F-T(r^D)c_0^F-2T(r^F)c_0^F}$之间，此时母国企业与东道国企业的技术差距不是很大，同时，母国企业的学习能力足够强以至于能够获得逆向技术溢出效应。在这个学习机会的范围内，母国企业与东道国企业的技术差距越小，母国企业的学习能力越强，母国企业获取溢出技术的效率越高，所以母国企业愿意为获得技术溢出支付更多的费用，提升母国企业的技术水平。另一方面，两国企业的技术差距越小，母国企业需要从东道国企业学习的东西就越少，所以东道国或地区用于预防技术溢出的费用也会随之减少。

当母国企业的学习机会 e 小于$\frac{a-c_0^F+2T(r^D)c_0^D-T(r^F)c_0^F}{4(1-s^*)}$，母国企业的学习能力 ρ 跨越门槛值$\frac{4(1-s^*-T(r^D))}{a+3c_0^F-2s*c_0^F-T(r^D)c_0^F-2T(r^F)c_0^F}$时，母国企业和东道国企业的技术差距变得很小，意味着母国企业也具有较为先进的技术。因此，母国企业具备了自主研发的技术水平。此时，母国企业技术水平的提升既可以通过吸收 OFDI 逆向技术溢出效应来获得，也可以通过自主创新来获得。

母国企业会根据两种方式的效率高低以及投入成本来进行决策。所以无法确定母国企业和东道国企业愿意为获取或预防技术溢出所支付的费用，因此均衡逆向技术溢出率也就无法确定。

第五节 本章小结

本章在借鉴徐磊和刘怡（2014）模型思想基础上，增加考虑企业自身研发创新对企业技术水平的促进作用并构建三阶段古诺模型，从理论角度分析了发展中国家对外投资过程中的学习能力、学习机会与对外直接投资逆向技术溢出效应之间的关系，希望能为发展中国家对其他技术先进国家开展“技术获取型”对外投资提供一定的理论分析基础。

在本章中，假设母国企业为了获得逆向技术溢出效应愿意支付一定的费用，这些费用包括雇员培训费、设备购置费、专利使用费等。母国企业对逆向技术溢出效应的吸收，可以提高母国企业的技术水平，必然提高其在国际市场中的竞争力，从而影响东道国企业的均衡利润，给东道国企业增加压力。所以东道国企业支付费用来预防或减少逆向技术溢出效应以缓解压力，这些费用包括专利技术申请费用、重要人才的薪酬、关键器械的维护等。加之，假设两国企业会为了得到最大均衡利润而进行研发投入，从而获得研发溢出效应。

在母国企业和东道国企业双方都要实现利润最大化目标的情况下，两国企业的竞争就形成了技术溢出的均衡和产品生产的均衡，以及两国企业对于研发资本投入的均衡。母国企业获取逆向技术溢出效应支付的费用以及东道国企业预防逆向技术溢出支付的费用是影响均衡逆向技术溢出率的初始条件，同时，母国企业学习能力的高低及学习机会的多少也是重要因素。其中，两国分别为提高本国创新能力和技术水平所投入的研发资本也是干扰均衡逆向技术溢出率的重要因素。因为若母国或地区研发所得的研发溢出效应相比所获得的技术溢出效应更为显著，并且研发成本比获得技术溢出的成本更低，则会影响企业的内外决策，从而影响均衡逆向技术溢出率。

理论模型分析结果表明：发展中国家的母国企业通过开展“技术获取型”对外投资来获取逆向技术溢出效应并不是无条件的，母国企业的学习能力以及学习机会都具有双门槛效应。

第一，OFDI逆向技术溢出效应存在基于母国或地区学习能力的双门槛效应。

母国企业需要达到一定的技术水平，均衡逆向技术溢出率才会随着母国企业的吸收能力的变化而变化。换言之，当母国企业的技术水平过低，吸收能力低于较低门槛值时，母国企业无法获得逆向技术溢出效应，也不用进行费用的支出。当母国企业的技术水平达到一定的程度，吸收能力高于低门槛值时，母国企业对东道国企业的先进技术的吸收能力达到基本要求，母国企业也更愿意支付更多的费用去获取逆向技术溢出效应；反之，东道国企业在逆向技术溢出上支付的费用会减少。显然，这是在低于较高门槛值的情况下发生的。当母国企业的吸收能力高于较高门槛值时，母国企业具有较高的技术水平，随着母国企业技术水平的提高，自身具有自主研发能力，便开始进行研发投入，产生研发溢出效应。如此一来，均衡逆向技术溢出率由自主创新和母国或地区的吸收能力共同影响，此时均衡逆向技术溢出率无法确定，所以两国企业获取或预防技术溢出的费用也就无法确定。

第二，OFDI逆向技术溢出效应存在基于母国或地区学习机会（即两国企业的技术差距）的双门槛效应。

当技术差距过大时，母国企业与东道国企业的技术水平相差过多，无法从东道国或地区获得逆向技术溢出。因此，要想获得逆向技术溢出效应，技术差距应当小于较高门槛值。只有当技术差距在这个范围内时，技术差距的逐渐缩小才能增加逆向技术溢出的机会，此时母国企业具有较高的学习效率，其效果才显著。因此，母国企业也愿意支付更多的费用去获取逆向技术溢出效应；反之，东道国企业在防止逆向技术溢出上支付的费用会减少。然而，在与东道国企业的技术水平差距较小时，也就是技术差距已经小于较低门槛值时，母国企业的技术已经达到较高水平，可以进行自主研发，此时母国企业将在对外直接投资获得逆向技术溢出和自主研发提高技术水平两种方式中进行选择，母国企业会将对外投资获取技术的费用和自主研发资本的投入进行成本比较，做出最优选择。所以无法确定母国企业获取逆向技术溢出效应支付的费用以及东道国企业预防逆向技术溢出支付的费用，也就无法确定均衡逆向技术溢出率。

本章的理论研究证明了发展中国家对外直接投资的逆向技术溢出效应存在基于母国企业学习能力及学习机会的“双门槛”效应，也为对外直接投资逆向技术溢出效应的实证研究结果差异提供了合理的解释：不同国家企业的对外直接投资的逆向技术溢出效应存在差异，是因为母国企业向东道国企业学习的机会不同，以及母国企业的学习能力不同。然而，本章的研究内容仍有不足之处。

第一，本章的研究讨论只局限在理论范畴，是否能运用到实践中，还需另行讨论。

第二，本章只分析了影响逆向技术溢出效应的学习能力和学习机会这两种因素，忽略了母国或地区应用先进技术的制度环境对其的影响，主要包括科技扶持、教育扶持、金融扶持、政策开放度和知识产权保护等方面的影响。

第五章　中国 OFDI 逆向技术溢出区域异质性研究

本书的第四章通过构建三阶段古诺模型，从理论视角证明了“吸收能力”对母国企业吸收 OFDI 逆向技术溢出的影响，从本章开始接下来的三章内容将对中国具体情况进行实证分析。第五章验证中国 OFDI 逆向技术溢出是否存在，中国的不同地区是否存在明显的区域异质性；第六章在重新刻画“吸收能力”概念的基础上，构建指标体系对中国各省、直辖市及自治区的“吸收能力”进行度量，并分析其变化及发展的趋势；第七章利用面板门槛回归技术实证探讨中国各省、市“吸收能力”如何影响其各自的 OFDI 逆向技术溢出效应。

第一节　前言

对外直接投资逆向技术溢出是企业进行对外直接投资时，先进技术由东道国或地区向母国或地区的转移，它是一国或地区技术进步的重要来源之一。近年来，随着劳动力成本不断攀升及国内市场不断饱和，以往以吸收外资为主的开放政策已经使得中国技术溢出效果不尽如人意，中国企业通过“走出去”进行对外投资来获取逆向技术溢出就显得尤为重要。正因如此，中国正逐步从以吸收外资为主转向吸收外资和对外投资并重的阶段，党的十八大报告更明确提出要“加快走出去步伐，增强企业国际化经营能力，培育一批世界水平的跨国公司”①。国家对“走出去”战略的持续重视，促使越来越多的中国企业“走出去”进行海外投资，对外直接投资呈现爆发式的增长。

据商务部资料及 2015 年《中国对外直接投资统计公报》显示：2015 年中

① 胡锦涛：《胡锦涛在中国共产党第十八次全国代表大会上的报告》。

国境内投资者共对全球 155 个国家（地区）的 6532 家境外企业进行了非金融类直接投资，其对外投资存量总额已累计达到 1180.2 亿美元，同比增长 14.7%；此外，2015 年对外直接投资规模已高于同年吸引的外商直接投资规模，中国已经逐渐从长期以来的“双顺差”体制转变成了“一顺一逆”体制。尽管如此，过去的全球对外投资舞台上，发达国家的跨国公司长期扮演着主要角色，同发达国家“技术获取型”FDI 相比，中国这样的发展中国家“技术获取型”FDI 依然处于起步阶段。在发达国家纷纷通过“技术获取型”FDI 获取逆向技术溢出的同时，中国是否可以通过大量的对外直接投资而获取逆向技术溢出？中国的对外直接投资逆向技术溢出是否存在区域异质性？若存在逆向技术溢出的区域异质性，其原因是什么？这些是当前中国积极实施“走出去”战略过程中亟须考虑的重要问题。对于上述问题的系统研究，无论是对于充分认识中国现阶段“走出去”战略，还是对于未来的中国企业微观投资决策及政府制定宏观投资政策都有着积极的参考意义。

传统的跨国公司理论认为，具有各种特定优势是跨国公司进行对外直接投资的必要条件，然而 Fosfuri 和 Motta（1999）以及 Siotis（1999）等的理论研究对此提出了质疑。他们的研究认为：即使跨国公司不具备优于东道国企业的特定优势，同样可以对技术先进国进行 FDI；而这类 FDI 的动机便是凭借模仿学习、知识转移、人员流动及上下游产业关联等机制来提高本国企业技术水平，从理论上验证了 OFDI 逆向技术溢出效应的存在性。

自 Kogut 和 Chang（1991）第一次从实证角度证实了 OFDI 逆向技术溢出效应的存在性后，众多学者对 OFDI 逆向技术溢出效应展开了大量实证研究，但并未取得一致性结论。多数实证检验结果表明，发达国家之间的投资能够实现显著正的逆向技术溢出，如：Potterie 和 Lichtenberg（2001）利用包括美、日、德等国在内的 13 个国家 1971—1990 年的数据，首次把 OFDI 作为国际技术溢出渠道，引入 Coe 和 Helpman（1995）的 C－H 模型对三种不同溢出渠道进行检验，检验结果表明，进口及 OFDI 存在显著正的溢出效应。Driffield et al.（2009）的研究中，学者们在收集英国 1978—1994 年行业数据的基础上，对英国的“技术获取型”及“效率获取型”对外直接投资逆向技术溢出效应进行了实证检验，研究结果表明两类对外投资都显著促进了英国劳动生产率的提高。此外，Griffith et al.（2004）及 Tomoko Iwasa 和 Hiroyuki Odagiri（2004）分别对英国及日本对美国直接投资的研究，Navaretti 和 Castellani（2004）关于意大利企业对外直接投资的研究，都证实了 OFDI 逆向技术溢出效应的存在。关于发展中国家或转型国家的实证研究，结论差异甚大，例如：Pradhan 和 Singh（2008）的研究中，两位学者利用印度 1988—2008 年汽车产业数据进行的研究显示，印度汽车产业企业无论是投资于发展中国家还是投资于发达国家都存在显著的逆向技术溢出效应；而 Vahter 和 Masso（2007）利用爱沙尼亚企业层面数据进行的分析显示，爱沙尼亚 OFDI 对投资公司本身有显著的溢出效应，但对非投资公司不具有显著的溢出效应；Bitzer 和 Kerekes（2008）利用 OECD 国家产业数据的研究表明，非 G7 国家的 OFDI 对国内劳动生产率甚至出现了显著的负面影响。我国学者也对 OFDI 逆向技术溢出进行了少量探索性研究，赵伟等（2006）、林青和陈湛匀（2008）等研究表明，中国 OFDI 具有显著的逆向技术溢出效应；而王英和刘思峰（2008）、万丽娟等（2007）及邹玉娟和陈漓高（2008）等研究表明，中国对外直接投资并未对中国技术进步起到显著的促进作用。

OFDI 逆向技术溢出效应实证结论的不一致性，与 IFDI 技术溢出效应甚为相似，除了研究对象、实证方法及研究样本等方面的客观差异外，另一重要原因可能是各国或地区在“吸收能力”上存在客观差异。因此，国内外学者开始转而从“吸收能力”这一新的研究视角展开对 OFDI 逆向技术溢出效应呈现的国别或区域差异进行研究，例如：Herzer（2010）对 OFDI 逆向技术溢出影响因素的实证检验表明，母国或地区劳动力市场监管对 OFDI 逆向技术溢出有负面影响，而母国或地区人力资本、金融发展程度及开放程度与 OFDI 逆向技术溢出无显著联系。国内学者李梅和金照林（2011）、阚大学（2010）、陈岩（2011）及周春应（2009）等分别将人力资本、金融发展程度、对外开放程度、R&D 研究人员及基础设施等因素作为考察对象，探究吸收能力对 OFDI 逆向技术溢出的影响。

以上研究从不同角度证实了 OFDI 逆向技术溢出效应产生过程中“吸收能力”的重要性，对于 OFDI 逆向技术溢出效应研究视角的拓展以及 OFDI 逆向技术溢出效应“吸收能力”的概念刻画有着积极的理论意义。然而目前基于 OFDI 逆向技术溢出效应的“吸收能力”的刻画研究非常零散，对 OFDI 逆向技术溢出效应“吸收能力”的度量更不成体系。此外，由于以往研究大多采用分组检验法及交叉项模型法两种方式检验吸收能力对 OFDI 逆向技术溢出的影响方式，无法从计量角度实现对其具体影响方式的检验及估计。Hansen（1999）非动态面板门槛回归模型则能够很好地弥补以往两种方法的不足，实现对具体影响方式的检验及估计。有鉴于此，本章将利用中国 29 个省市 2003—2014 年面板数据，检验 OFDI 逆向技术溢出效应的区域异质性；第六章将在考虑多种因素对“吸收能力”影响的重要性情况下，对“吸收能力”进行重新刻画，并构建指标体系对中国 29 个省市 2003—2014 年的“吸收能力”进行测度，分析其变化及发展趋势；第七章将利用面板门槛回归技术实证探讨中国各省市“吸收能力”是如何影响其各自的 OFDI 逆向技术溢出效应的。

第二节 模型的设定

借鉴 Huang、Liu 和 Xu（2012）做法，根据传统的 C－D 生产函数可知：$Y_{it}=A_{it}(K_{it})^{\alpha}(L_{it})^{\beta}$。若假定该产出体系规模报酬是不变的，则有 $\alpha+\beta=1$，将 C－D 函数等式左右两侧同时除以 L_{it} 并取自然对数可得：

$$\ln(Y_{it}/L_{it}) = \ln(A_{it}) + \alpha\ln(K_{it}/L_{it}) \tag{5.1}$$

其中，A_{it} 为第 t 年时第 i 个地区的技术进步水平。在此基础上，本章借鉴 Potterie 和 Lichtenberg（2001）的思路，假设国内全要素生产率取决于国内研发资本存量及来自国外的研发资本存量，而来自国外的研发资本存量主要通过对外直接投资、外商直接投资及进口贸易 3 个渠道来实现；此外，Benhabib 和 Speigel（1994）的研究证实了人力资本对技术进步的促进作用，故同时将人力资本水平作为控制变量引入模型，建立以下模型进行实证分析：

$$\ln A_{it} = \mu_i + \gamma_1\ln HU_{it} + \gamma_2\ln SD_{it} + \gamma_3\ln SF_{it}^{IM} + \gamma_4\ln SF_{it}^{IF} + \theta\ln SF_{it}^{OF} + \varepsilon_{it} \tag{5.2}$$

其中，i 为地区编号；t 为年份编号；HU_{it} 代表人力资本水平；SD_{it} 代表国内研发资本存量；SF_{it}^{IM} 代表通过进口贸易获取的国外研发资本存量；SF_{it}^{IF} 代表通过吸引外商直接投资获取的国外研发资本存量；SF_{it}^{OF} 代表通过对外直接投资获取的国外研发资本存量；μ_i 为不同地区截面个体效应，主要是衡量中国各地区不随时间变化但又影响各地区技术进步的截面因素；ε_{it} 为随机扰动项，假定 $\varepsilon \sim N(0, \delta^2)$。

将式（5.2）代入式（5.1）可得：

$$\begin{aligned}\ln(Y_{it}/L_{it}) &= \mu_i + \alpha\ln(K_{it}/L_{it}) + \gamma_1\ln HU_{it} + \gamma_2\ln SD_{it} \\ &\quad + \gamma_3\ln SF_{it}^{IM} + \gamma_4\ln SF_{it}^{IF} + \theta\ln SF_{it}^{OF} + \varepsilon_{it}\end{aligned} \tag{5.3}$$

在式（5.3）中变量SF_{it}^{OF}的系数θ反映了中国各省市通过 OFDI 实现的逆向技术溢出效应。为了验证中国对外投资的逆向技术溢出效应是否存在区域异质性，本书根据国家统计局标准将研究涉及省市进行区域划分[①]，以西部地区作为参照地区，在式（5.3）中引入东部地区（*east*）及中部地区（*central*）两个虚拟变量，建立以下模型：

$$\ln(Y_{it}/L_{it}) = \mu_i + \alpha\ln(K_{it}/L_{it}) + \gamma_1\ln HU_{it} + \gamma_2\ln SD_{it} + \gamma_3\ln SF_{it}^{IM} + \gamma_4\ln SF_{it}^{IF} + \theta_1\ln SF_{it}^{OF} + \theta_2 east \times \ln SF_{it}^{OF} + \theta_3 central \times \ln SF_{it}^{OF} + \varepsilon_{it} \quad (5.4)$$

第三节　变量说明及数据来源

由于中国2003 年才开始统计对外直接投资数据，故本书选择 2003—2014 年作为样本期。本书在样本选择时删除西藏自治区，并将重庆数据并入四川。研究中未做说明情况下，所有价格都是2003 年不变价格，本章涉及变量的基础性描述统计量报告于表 5.1。

表 5.1　　模型所涉及变量的样本基础性描述统计量（2003—2014 年，N =29 地区，T =12 年，NT =348）

变　量	最大值	最小值	平均值	标准差
Y:地区生产总值(亿元)	44065.41	390.2	8844.241	7889.143
K:固定资本存量(亿元)	95626.43	1315.273	20584.37	17519.73
L:年末从业人员数(万人)	6554.3	289.8	2567.278	1770.718
HU:人均受教育年限(年)	5035.843	7.195	650.715	863.458
SD:国内外研发资本存量(亿元)	11.836	6.04	8.385	0.96
SF^{OF}:通过 OFDI 获取的研发资本存量(亿元)	234.826	0.002	14.933	28.296

① 根据国家统计局2011 年6 月13 日的划分办法，我国的经济区域划分为东部、中部、东北和西部四大地区。其中，东部地区包括北京市、天津市、河北省、山东省、江苏省、上海市、浙江省、福建省、广东省及海南省；中部地区包括山西省、河南省、湖北省、湖南省、江西省及安徽省；东北地区包括黑龙江省、吉林省及辽宁省；西部地区包括重庆市、四川省、广西壮族自治区、贵州省、云南省、陕西省、甘肃省、内蒙古自治区、宁夏回族自治区、新疆维吾尔自治区、青海省、西藏自治区。本研究将东北地区并入东部地区，统称为东部地区。

续 表

变　量	最大值	最小值	平均值	标准差
SF^{IM}:通过进口获取的研发资本存量(亿元)	2924.608	1.648	310.243	571.982
SF^{IF}:通过 IFDI 获取的研发资本存量(亿元)	573.757	1.02	89.822	118.259
east:东部地区虚拟变量	1	0	0.379	0.486
central:中部地区虚拟变量	1	0	0.276	0.448

一　产出水平（*Y*）、固定资本存量（*K*）及劳动投入（*L*）

产出水平（*Y*）：以2003年不变价格度量的中国各省市2003—2014年实际GDP表示。2003—2012年当年价格GDP及GDP指数数据来源于2004—2015年《中国统计年鉴》。

固定资本存量（*K*）：以2003年不变价格度量的中国各省市2003—2014年固定资本存量，采用永续盘存法对其进行估算，具体估算公式如下：

$$K_{it} = (1 - \delta_{it}) K_{i,t-1} + I_{it} \tag{5.5}$$

其中，K_{it}为固定资本存量；I_{it}为固定资本形成总额；δ_{it}为省份固定资本存量经济折旧率，与大多数研究相同，采用张军等（2004）的处理方式，选择9.6%的固定经济折旧率；为了减少估算误差，选择1985年作为基期，基期数据采用稳态方法进行估计。1985—2008年固定资本形成总额及固定资产投资价格指数数据来源于《新中国六十年统计资料汇编》，2009—2014年的数据来源于2010—2015年《中国统计年鉴》。

劳动投入（*L*）：以中国各省市2003—2012年年末从业人员数表示，由于《中国统计年鉴》缺失2011—2014年各省市数据，为了保持数据的连续性，所有数据采用各省、自治区及直辖市《统计年鉴》中相关数据。

二　人力资本水平（*HU*）

本书采用2003—2014年6岁及以上人口平均受教育年数来衡量各省市人力资本水平。其计算方法与徐磊（2009）完全相同，具体参见徐磊（2009）的研究，2003—2012年各省市按受教育程度分，人口数据来源于2004—2015年《中国统计年鉴》。

三　国内研发资本存量（SD）

与固定资本存量类似，国内研发资本存量也采用永续盘存法进行估算，估算公式如下：

$$SD_{it} = (1 - \delta_{it}) SD_{i,t-1} + RD_{it} \tag{5.6}$$

其中，SD_{it}为省份 i 第 t 年的国内研发资本存量；RD_{it}为省份 i 第 t 年的 R&D 经费支出；δ_{it}为省份 i 第 t 年的国内研发资本存量折旧率，沿用 Coe 和 Helpman（1995）所采用的折旧率 5%；为了减少估算误差并结合数据的可获取性，选择 1998 年作为基期，$SD_{1998} = RD_{1998}/(g+\delta)$，$g$ 为 1998—2014 年不同地区研究开发经费支出的对数平均增长率，δ 同样取 5%。1998—2014 年各省市 R&D 经费支出数据都采用固定资产投资价格指数折算为 2003 年不变价格数据，其中 R&D 经费支出数据来源于历年《中国科技统计年鉴》，固定资产投资价格指数来源于历年《中国统计年鉴》。

四　通过对外直接投资获取的国外研发资本存量（SF^{OF}）

为了估算中国各省市通过对外直接投资获取的国外研发资本存量SF^{OF}，首先使用类似 Potterie 和 Lichtenberg（2001）的做法，采用公式：$SF_t^{OF} = \sum SD_{jt} \times OFDI_{jt}/K_{jt}$对中国所有省市通过对外直接投资获取的国外研发资本存量总和进行估算，其中，SD_{jt}为第 t 年 j 国的国内研发资本存量；$OFDI_{jt}$为第 t 年中国对 j 国直接投资存量；K_{jt}为第 t 年 j 国固定资本存量。基于中国对外投资主要目标国实际情况及相关数据的可获取性，选择美国、加拿大、英国、法国、德国、意大利、荷兰、日本、韩国、新加坡及中国香港特别行政区等 11 个发达国家（地区）作为中国对外直接投资目标国（地区），所有存量数据采用中国国内研发资本存量及固定资本投资存量相同方法估算①。之后，采用公式$SF_{it}^{OF} = SF_t^{OF} \times OFDI_{it}/\sum_i OFDI_{it}$估算中国各省市通过对外直接投资获取的国外研发资本存量，其中，$OFDI_{it}$为中国省市 i 第 t 年的对外投资存量。美国等 11 个发达国家 R&D 经费占 GDP 比重、GDP、GDP 指数、固定资产形成总额及固定资产投资价格指数等数据来源于世界银行官方网站；中国分国别对外直接投资存量数

① 考虑到数据的统一性，如若未作特殊说明，本研究第 5 章到第 7 章所选国家或地区统一为：美国、加拿大、英国、法国、德国、意大利、荷兰、日本、韩国、新加坡及中国香港共计 11 个发达国家或地区；本研究所有需要估算的存量数据采用相同方式估算。

据及中国各省市对外直接投资存量数据来源于历年《中国对外直接投资统计公报》。

五　通过进口贸易获取的国外研发资本存量（SF^{IM}）

首先采用公式$SF_t^{IM} = \sum SD_{jt} \times IMP_{jt} / GDP_{jt}$对中国所有省市通过进口贸易获取的国外研发资本存量总和进行估算，其中，SD_{jt}为第 t 年 j 国的国内研发资本存量；IMP_{jt}为第 t 年中国从 j 国进口的总额，GDP_{jt}为第 t 年 j 国的 GDP。在此基础上，采用公式$SF_{it}^{IM} = SF_t^{IM} \times IMP_{it} / \sum_i IMP_{it}$估算中国各省市通过进口贸易获取的国外研发资本存量，其中，IMP_{it}为第 t 年中国省市 i 进口总额。美国等 11 个发达国家或地区的 R&D 经费占 GDP 比重、GDP 及 GDP 指数等数据来源于世界银行官方网站；中国从不同国别进口的商品总额数据及分省市的进口总额数据来源于历年《中国统计年鉴》。

六　通过吸引外商直接投资获取的国外研发资本存量（SF^{IF}）

首先采用公式：$SF_t^{IF} = \sum SD_{jt} \times IFDI_{jt} / K_{jt}$对中国所有省市通过吸引外商直接投资获取的国外研发资本存量总和进行估算，其中，$IFDI_{jt}$为第 t 年中国从 j 国吸引的外商直接投资存量，SD_{jt}及 K_{jt}分别为第 t 年 j 国的国内研发资本存量及固定资本存量。在此基础上，采用公式$SF_{it}^{IF} = SF_t^{IF} \times IFDI_{it} / \sum_i IFDI_{it}$估算中国各省市通过吸引外商直接投资获取的国外研发资本存量，其中，$IFDI_{it}$为中国省市 i 第 t 年吸引外商投资直接存量。美国等 11 个发达国家 *R&D* 经费占 *GDP* 比重、*GDP*、*GDP* 指数、固定资产形成总额及固定资产投资价格指数等数据来源于世界银行官方网站；中国按国别实际外商直接投资额数据来源于历年《中国统计年鉴》；中国各省市实际利用外商直接投资额数据来源于各省市历年统计年鉴。

七　东部地区（*east*）及中部地区（*central*）

本书选择西部地区作为参照地区，*east* 及 *central* 分别为东部地区与中部地区的虚拟变量。如果某省市地处西部地区，那么变量 *east* 及变量 *central* 值均为 0；如果某省市地处东部地区，那么变量 *east* 及变量 *central* 值分别为 1 和 0；如果某省市地处中部地区，那么变量 *east* 及变量 *central* 值分别为 0 和 1。

第四节　中国 OFDI 逆向技术溢出效应验证结果及分析

一　内生性问题的验证

解释变量内生性问题是在实证分析中容易被忽视的问题，但是由于解释变量的内生性问题存在往往会导致实证模型参数估计结果有偏，因此对于内生性问题应该引起重视。探究内生性问题的原因，实证分析模型中自变量及应变量之间的双向因果关系是最为常见的原因之一。然而根据传统的国际经济学理论可知：一方面，国际技术溢出一般通过企业与企业之间的模范示范效应、企业与企业之间的人才流动效应及上下游企业之间的产业关联效应等途径实现，就对外直接投资逆向技术溢出效应而言，其溢出效应也往往在母国企业与东道国企业或者东道国或地区的研发机构进行合作与联系的过程中通过类似的技术传递机制实现；另一方面，由于技术水平高的国家或地区，其基础设施、资金水平及政策支持等方面往往具有一定的优势，因此外商直接投资及对外直接投资也往往更加倾向于发生在技术水平高的国家或地区。此外，由于一个国家或地区自身研发投入的增加会促进其技术水平的提高，反过来，该国家或地区技术水平的提高也有可能促进其自身研发投入的增加。因此，有理由怀疑：外商直接投资、对外直接投资及国内研发与技术进步之间的双向因果关系有可能存在解释变量的内生性问题，进而导致实证模型参数估计的有偏性。

为了验证内生性问题的存在性，本书首先利用最小二乘法对式（5.3）进行参数估计，然后采用广义矩估计法（GMM）对式（5.3）重新估计，最后通过计算 Hausman 检验统计量来检验内生性问题。由于变量 $ln\ SF_{it}^{IF}$、$ln\ SF_{it}^{OF}$ 及 $ln\ SD_{it}$ 的当期值与当期随机扰动项可能相关，但其滞后项却不会与当期随机扰动项相关，故本书采用变量 $ln\ SF_{it}^{IF}$、$ln\ SF_{it}^{OF}$ 及 $ln\ SD_{it}$ 的一期滞后项及二期滞后项作为工具变量进行 GMM 估计。此外，本研究采用 Sargan 统计量检验，采用 GMM 方法估计时，是否存在过度识别问题。实证分析通过统计软件 Stata 12.0 实现，为了便于进行对比分析，采用最小二乘法及 GMM 法进行估计的结果同时列于表 5.2。

表 5.2　　全样本 OLS 法及 GMM 法估计结果

lnY	OLS 估计				GMM 估计			
	Coef.	Std. Err.	t	P > |t|	Coef.	Std. Err.	t	P > |t|
ln(K/L)	0.6579***	0.0141	46.6100	0.0000	0.6632***	0.0165	40.1900	0.0000
lnHU	0.7278***	0.0807	9.0200	0.0000	0.6916***	0.0935	7.4000	0.0000
lnSD	0.0549***	0.0075	7.3200	0.0000	0.0572***	0.0085	6.7300	0.0000
$\ln SF^{IM}$	0.0908***	0.0087	10.4000	0.0000	0.0967***	0.0098	9.8600	0.0000
$\ln SF^{IF}$	0.0457***	0.0071	6.4200	0.0000	0.0486***	0.0077	6.3200	0.0000
$\ln SF^{OF}$	0.0048	0.0064	0.7500	0.4520	0.0048	0.0063	0.7700	0.4440
C	1.1539***	0.1337	8.6300	0.0000	1.1540***	0.1458	7.9200	0.0000
Adj R – squared	0.9382				0.9374			
F	2218.4700				1622.8900			
Sargan test	—				1.1210 (0.7721)			
Hausman test	6.860 (0.3340)							

注：***、**及*分别代表在 1%、5%及 10%水平下显著；Sargan test 及 Hausman test 分别为检验模型工具变量的合理性及内生性问题的检验，括号内部为 P 值。

表 5.2 中 Sargan 检验统计量说明文章采用变量 $\ln SF_{it}^{IF}$、$\ln SF_{it}^{OF}$ 及 $\ln SD_{it}$ 的一期滞后项及二期滞后项作为工具变量是较为合理的；Hausman 检验统计量未通过显著性检验，而 OLS 估计及 GMM 估计的结果也无显著差异，充分说明利用 OLS 法估计式（5.3）不存在显著的内生性偏误，因此可以采用 OLS 法进行参数估计。

二　控制变量回归结果分析

从式（5.3）两种回归方法中各控制变量回归系数的符号可知：ln*HU*、ln*SD*、$\ln SF^{IM}$ 及 $\ln SF^{IF}$ 四个控制变量的回归系数均显著为正，即中国人力资本、国内的研发活动、通过进口贸易获取的国外研发资本存量及通过吸引外商直接投资获取的国外研发资本存量对中国各地区技术进步有着显著且积极的促进作用，这与本书对各控制变量回归系数符号的预期基本一致。

从四个控制变量 OLS 估计方法的回归系数值可以看出：$\ln HU$ 的回归系数为 0.7278，由于本书采用的是双对数模型，回归系数实际上代表着弹性，这就意味着中国平均受教育年限每上升 1 个百分点，中国技术水平提升 0.7278 个百分点；$\ln SD$、$\ln SF^{IM}$ 及 $\ln SF^{IF}$ 三个其他控制变量的回归系数分别为 0.0549、0.0908 及 0.0457，这意味着中国研发资本存量每增加 1 个百分点，中国技术水平提升 0.0549 个百分点；通过进口获取的国外研发资本存量每增加 1 个百分点，中国技术水平提升 0.0908 个百分点；通过吸引外商直接投资获取的国外研发资本存量每增加 1 个百分点，中国技术水平提升 0.0457 个百分点。对比这四个回归系数值的大小可知：现阶段人力资本的提升对中国技术水平的提升促进作用最大，这意味着人力资本依然是当前中国技术进步最为主要的促进因素；由于相对于发达国家而言，中国研发投入水平现阶段依然非常有限，因此中国国内研发对其技术水平的促进作用也非常有限；进口贸易及吸引外商直接投资两种对外活动中，进口贸易回归系数远超外商直接投资，这意味着就进口贸易和吸引外商直接投资这两种国际技术溢出渠道而言，进口贸易是现阶段中国最为主要的国际技术溢出渠道，这样的结果再次验证了 Coe 和 Helpman（1995）的结论，即进口贸易是国际技术溢出的重要传导渠道。

三　OFDI 逆向技术溢出回归结果分析

式（5.3）两种估计方法的估计结果都显示，变量 $\ln SF^{OF}$ 的系数为正，但未通过显著性检验，表明现阶段中国对外直接投资对其技术进步具有一定的促进作用，但并不明显，即 OFDI 不存在显著的逆向技术溢出效应。在本章数据及样本说明时已经清楚地交代本书选择的对外投资目标国为美国等 11 个发达国家或地区。如此的回归结果充分说明，就目前而言，中国各省市总体上并未通过对这 11 个国家或地区的对外直接投资活动实现本地区技术水平的进步。中国希望对发达国家开展对外直接投资活动，但尚处于起步阶段的中国对外直接投资并未成为中国政府获取国际技术溢出效应的主要途径。然而是不是所有省份或地区都毫无差异地并没有从对外投资活动中获得国际技术溢出效应呢？造成目前这种状况的原因又是什么？这需要后续章节继续进行深入分析及探讨。

第五节　中国 OFDI 逆向技术溢出区域异质性的验证结果及分析

为了进一步验证是不是中国现阶段所有省份或地区都没有通过对发达国家开展对外直接投资活动获取国际技术溢出效应，考察中国各省市 OFDI 逆向技术溢出的区域异质性，本节在式（5.3）的基础上引入东部地区（*east*）及西部地区（*central*）两个虚拟变量构建式（5.4）进行后续分析。由于之前的实证结果已证实式（5.3）并不存在内生性偏误，因此本小节同样采用 OLS 方法对式（5.4）进行参数估计。为了方便进行对比分析，以下将式（5.3）及式（5.4）的估计结果在表 5.3 中同时列出。

表 5.3　　式（5.3）及式（5.4）的 OLS 估计结果

$\ln Y$	式(5.3)				式(5.4)			
	Coef.	Std. Err.	t	P>|t|	Coef.	Std. Err.	t	P>|t|
$\ln(K/L)$	0.6579***	0.0141	46.6100	0.0000	0.6464***	0.0144	44.8900	0.0000
$\ln HU$	0.7278***	0.0807	9.0200	0.0000	0.7724***	0.0814	9.4900	0.0000
$\ln SD$	0.0549***	0.0075	7.3200	0.0000	0.0566***	0.0074	7.6200	0.0000
$\ln SF^{IM}$	0.0908***	0.0087	10.4000	0.0000	0.0831***	0.0096	8.6200	0.0000
$\ln SF^{IF}$	0.0457***	0.0071	6.4200	0.0000	0.0458***	0.0071	6.4700	0.0000
$\ln SF^{OF}$	0.0048	0.0064	0.7500	0.4520	0.0054	0.0056	0.9700	0.3320
$east\times\ln SF^{OF}$					0.0188***	0.0060	3.1200	0.0020
$central\times\ln SF^{OF}$					0.0109	0.0072	1.5200	0.1290
C	1.1539***	0.1337	8.6300	0.0000	1.2163	0.1335	9.1100	0.0000
Adj R－squared	0.9787				0.9799			
F	2218.4700				1710.8600			

注：***、**及*分别代表在 1%、5%及 10%水平下显著。

表5.3估计结果显示，式（5.4）与式（5.3）各变量符号及其显著性并未发生太大变化；变量 $\ln SF^{OF}$ 及其与虚拟变量 *central* 交叉项的系数均为正但不显著，说明现阶段中国西部及中部地区并没有通过对发达国家开展对外直接投资活动产生显著逆向技术溢出效应；而变量 $\ln SF^{OF}$ 与虚拟变量 east 交叉项的系数为正且显著，说明现阶段中国东部地区对外直接投资确实产生了显著逆向技术溢出效应，其回归系数值为0.0188，说明现阶段中国东部地区省市对外投资存量每增加1个百分点，其技术水平会提升0.018个百分点。三个回归系数的显著差异充分证实中国的对外直接投资逆向技术溢出存在显著的区域异质性，中国的 OFDI 逆向技术溢出仅发生在经济相对发达的东部地区。究其原因，OFDI 逆向技术溢出的区域异质性很有可能是由中国区域发展的不均衡性导致的。相对于中部地区及西部地区而言，东部地区无论是地理位置、基础设施及经济基础等内部条件，还是对外开放程度、市场化程度及政策制度等外部环境，都具有一定的相对优势，这些优势能够促使东部地区迅速吸收中国企业对发达国家或地区进行投资而获取的技术促进效应。这样的解释不免令人推测：与 IFDI 技术溢出类似，广义的吸收能力可能是影响中国各省市 OFDI 逆向技术溢出的关键因素。有鉴于此，本书第六章及第七章将从宏观区域层面对中国各省市 OFDI 逆向技术溢出吸收能力概念进行刻画与度量，在此基础上利用门槛回归模型验证此处的推测，以明晰吸收能力对中国 OFDI 逆向技术溢出的具体影响机制。

第六节 本章小结

本章在第四章理论模型研究的基础上，首先使用类似于 Potterie 和 Lichtenberg（2001）的做法对中国各省市通过进口贸易、吸引外商直接投资及对外直接投资三个途径获取的国外研发资本存量进行估算，并进一步尝试借鉴 Huang，Liu et al.（2012）的模型思想，分析中国各省市对美国等11个发达国家或地区开展对外直接投资活动是否能够获取逆向技术溢出效应。实证模型结果显示：中国各省市对美国等11个发达国家或地区开展对外直接投资活动并没有对中国技术水平有明显的促进作用，即现阶段中国并没有通过对发达国家或地区开展对外直接投资活动获得逆向技术溢出效应；但式（5.3）中四个控制变量回归系数都显著为正，且人力资本变量回归系数最大，即现阶段人力资本的提升对中国各地区技术水平的提升及促进作用最大，人力资本依然是当前中国技术进步最为主要的促进因素；中国研发投入水平现阶段依然非常有限，因此中国国内研发活动对其技术水平的促进作用也非常有限；从对美国、加拿大、英国、法国、德国、意大利、荷兰、日本、韩国、新加坡及中国香港等 11 个国家或地区开展的进口贸易及吸引外商直接投资两种对外活动中，进口贸易回归系数远超外商直接投资，这意味着就进口贸易和吸引外商直接投资这两种国际技术溢出渠道而言，进口贸易是现阶段中国最为主要的国际技术溢出渠道。

在验证了中国各地区 OFDI 逆向技术溢出效应之后，本章又继续在式（5.3）的基础上引入东部地区（*east*）及西部地区（*central*）两个虚拟变量构建式（5.4）验证中国 OFDI 逆向技术溢出效应的区域异质性，式（5.4）的回归结果中变量 $\ln SF^{OF}$ 及其与虚拟变量 *central* 交叉项的系数均为正并不显著，而变量 $\ln SF^{OF}$ 与虚拟变量 *east* 交叉项的系数为正且显著，这样的回归从实证角度证实了中国西部及中部地区并没有通过对发达国家开展对外直接投资活动产生显著逆向技术溢出效应，只有东部地区通过对发达国家开展对外直接投资活动产生了显著逆向技术溢出效应，中国的 OFDI 逆向技术溢出效应存在显著的区域异质性。究其原因，OFDI 逆向技术溢出的区域异质性很有可能是由中国区域发展的不均衡性导致的。相对于中部地区及西部地区而言，东部地区无论是地理位置、基础设施及经济基础等内部条件，还是对外开放程度、市场化程度及政策制度等外部环境，都具有一定的相对优势，这些优势能够促使东部地区迅速吸收中国企业对发达国家或地区进行投资而获取的技术促进效应。证实和验证本章解释，需要本书在后续研究中从宏观区域层面对中国各省市 OFDI 逆向技术溢出“吸收能力”概念进行刻画与度量，在此基础上利用门槛回归模型验证此处的推测，以明晰“吸收能力”对中国 OFDI 逆向技术溢出的具体影响机制。

第六章　OFDI 逆向技术溢出“吸收能力”刻画与度量

第一节　前言

要从实证角度系统地分析“吸收能力”与 OFDI 逆向技术溢出效应在中国的关系，探究中国“吸收能力”是否与其 OFDI 逆向技术溢出效应的区域异质性有必然的联系，首先需要在了解以往学者对“吸收能力”概念刻画的基础上，重新对中国 OFDI 逆向技术溢出“吸收能力”概念进行刻画，并通过对中国各省市“吸收能力”进行客观度量来反映其时间变化趋势及区域差异动态变化情况。因此本章研究内容主要便是对中国 OFDI 逆向技术溢出“吸收能力”概念进行刻画及其度量。

第二节　现有“吸收能力”概念的刻画

如若要追溯“吸收能力”（Absorptive Capacity，ABCA）概念的起源，早在新熊彼特主义研究技术创新对经济增长的影响中便有涉及，但并未给出明确定义。之后 Abramowitz（1986）在研究技术落后国家赶超技术领先国家的先决条件时提到了类似于吸收能力的“社会能力”（Social Capability）概念，并认为技术落后国要与技术领先国的技术趋同，必须具有足够社会能力对先进技术进行吸收，其中的社会能力主要包括教育、工业、商业及金融机构特性等方面，然而同样没有对“吸收能力”概念进行明确的刻画。一直到 Cohen 和 Levinthal（1989）在研究微观企业研发投资动机中研发的二元作用时，

“吸收能力”的概念才被第一次明确刻画。他们的研究认为：研发投资不仅能够直接创造新知识，还能够增强企业模仿及开发现有知识的能力，并在此基础上明确地将微观企业吸收能力刻画为企业从周围环境中识别、模仿及开发知识的能力。

Cohen 和 Levinthal 关于“吸收能力”的概念一经提出便引起学界广泛关注，截至 2016 年 12 月 3 日 Cohen 和 Levinthal 题为“Innovation and Learning：The Two Faces of R&D”的文章共计被引用 5737 次。而此后“吸收能力”的概念使用范围从最开始的企业管理研究扩展到经济及管理研究的方方面面，极大地丰富了“吸收能力”的内涵。纵观涉及“吸收能力”概念的研究，按照研究视角的差异可以将其划分为两种类型：一类是以微观企业作为研究对象，对创新管理、认知管理及知识管理等进行相关研究；另一类是以宏观产业或者区域及国家作为研究对象，对国际技术溢出与经济增长等进行相关研究。以下围绕这两种类型研究对“吸收能力”概念的刻画进行系统的回顾。

一　微观层面中“吸收能力”概念的刻画

关于微观层面中“吸收能力”概念的刻画，其实主要包括在研究微观企业创新管理、认知管理及知识管理过程中对“吸收能力”的刻画。关于企业创新管理研究中对“吸收能力”的刻画，学术界公认源于 Cohen 和 Levinthal（1989；1990）的研究。他们的研究认为，微观企业的研发投资在整个创新过程中扮演着二元作用的角色，一方面研发投资直接提高了微观企业的创新水平；另一方面研发投资能够提升微观企业识别、模仿及发展企业外部新知识的能力，而其中第二方面的作用便是微观企业的“吸收能力”。沿用 Cohen 和 Levinthal（1989；1990）的研究思路，Feinberg 和 Gupta（2004）在研究跨国公司研发投资区位选择过程中知识转移的作用时发现，跨国公司子公司的研发投资责任不仅包括创造新知识，而且包括吸收来自竞争者的外部知识溢出效应。

企业认知管理理论认为，企业管理者会通过发展主导管理逻辑来降低其面对问题的复杂程度（Bettis 和 Prahalad，1995），这种主导管理逻辑的不断发展，不仅会直接影响到企业的组织形式（Dijksterhuis et al.，1999），而且会间接影响到企业的吸收能力水平（Bosch et al，1999）；Minbaeva et al.（2003）强调对于吸收外部知识而言，个体能力（教育与技术）与动机同样重要；当管理者不断发展其主导管理逻辑时，企业认知管理水平会严重影响企业的吸收能力。

从 Kogut 和 Zander（1992）开始，基于知识的企业理论就认为企业的知识不仅是企业最重要的资源，也是决定企业比较优势的主要影响因素，这种观点严重影响到吸收能力的构建；特别是对于知识密集型企业，组织层面及个体层面的学习显得尤为重要（Starbuck，1992）；个体层面“吸收能力”涉及知识的共享及知识的识别（Grant，1996）。知识存量及知识流量都成为影响识别、消化及发展新知识的重要因素（Foss，2006）；Nicholls – Nixon（1993）等研究更重视知识存量的重要性，使用专利申请书、产品生产数量及公司声望来测量“吸收能力”；Lane 和 Lubatkin（1998）及 Rosenkopf 和 Almeida（2003）更加重视知识流量的重要性，Lane 和 Lubatkin（1998）利用医药及生物科技公司研发联盟的样本数据研究发现，学生企业的“吸收能力”与教师企业的“吸收能力”对于企业知识转移同样重要，知识更容易在有相同教育背景的人之间进行转移。

二　宏观层面中“吸收能力”概念的刻画

要清晰地了解宏观层面中“吸收能力”的概念，值得注意的是起初宏观层面“吸收能力”的概念大都与国际技术溢出当中的国家“技术能力”概念及内生经济增长理论当中的“人力资本”概念相关（Lucas，1988；Romer，1990）。Fransman 和 King（1984）在研究中将“技术能力”概念刻画为：技术能力不仅包括在现存技术中寻找及选择最合适技术来进行吸收的能力（吸收能力），还包括通过研发投资创造新知识的能力。尽管这两方面能力的重要性会沿着收敛路径发生变化，但是这两方面能力都取决于研发效率，也都能够促进一个国家技术的更新。此外，诸多宏观层面的研究都认为，决定技术积累及吸收能力的关键因素在于“人力资本”。实际上，“人力资本”的概念与“吸收能力”的概念有一定的共性，它们都涉及学习行为，而且都是一个积累的过程，因此，不少研究在实证过程中开始使用“人力资本”来刻画“吸收能力”（Verspagen，1991；Borenzstein et al.，1998；Xu，2000；Kneller，2005）。良好的人力资本对于观测外部知识的演变、评估内外部知识的相关程度，以及将技术集成到生产性活动中都显得十分必要。

使用“技术能力”及“人力资本”来对“吸收能力”进行刻画起初最为常见，然而随着“吸收能力”在国际技术溢出效应研究领域的不断发展，又有学者使用“金融发展程度”“基础设施状况”“市场竞争程度”等因素来刻画

“吸收能力”。例如：黄凌云、徐磊和冉茂盛（2009）利用“金融发展程度”刻画“吸收能力”以分析其与中国 FDI 技术溢出效应之间的关系，研究发现中国各省市“金融发展程度”显著影响 FDI 技术溢出效应，并且有特殊的三级梯度关系。此外，Azman - Saini et al.（2010）及 Durham（2004）在研究中同样采用“金融发展程度”刻画“吸收能力”，并分析其与 FDI 技术溢出之间的关系。使用“基础设施状况”刻画“吸收能力”的研究主要包括：Furman et al.（2002），Liu 和 Buck（2007）对于中国高科技行业国际技术溢出效应的研究；Bronzini R，Piselli P.（2009）对于长期区域地理溢出效应决定因素的研究。

第三节　本书“吸收能力”概念的刻画

通过对微观及宏观视角“吸收能力”概念刻画的回顾可知，众多实证研究从不同视角对“吸收能力”的概念及内涵进行了诠释，并分析其在创新管理、认知管理、知识管理、国际技术溢出及经济增长中的重要作用，极大地丰富了“吸收能力”的概念内涵。然而从“吸收能力”概念刻画特征差异来看，如此众多的概念刻画主要可以分成两种类型：一种是将“吸收能力”概念刻画为基于资源视角的单一维度静态能力；另一种是将“吸收能力”概念刻画为基于进程视角的多维度动态能力。前者主要包括：选择以人力资本（Borensztein et al.，1998；Xu，2000）、技术水平（Glass 和 Saggi，1998；Girma，2005）、金融发展程度（Alfaro et al.，2004；Asteriou 和 Moudatsou，2014）及知识相似性（Argote et al.，2003；Vasudeva 和 Anand，2011）等单一维度指标来界定吸收能力；后者主要是在借鉴 Cohen 和 Levinthal（1990）思想的基础上，将吸收能力界定为对知识的识别、模仿及运用等多维度的动态能力（Zahra 和 George，2002；Chen，2004）。无论是单一维度静态能力的刻画，还是多维度动态能力的刻画，对于后人开展相关研究都有很重要的参考价值，然而他们对“吸收能力”概念的刻画都有一定适用范围。现有关于“吸收能力”概念刻画的研究大多是以微观企业作为研究对象，特别是基于进程的多维度吸收能力，鲜有关于宏观区域层面的多维度吸收能力研究，以往的研究更适用于对微观企业层面开展的相关研究，因此完全参照前人的研究对“吸收能力”概念进行刻画就会有失偏颇。基于以上原因，根据自身研究的需要，首先需要清晰地了解中国开展对外直接投资活动的逆向技术溢出是如何产生的，哪些因素会直接和间接地影响到中国 OFDI 逆向技术溢出效应的吸收，才能更为合理和清晰地对本书“吸收能力”的概念进行更加科学的刻画，因此接下来首先对中国开展对外直接投资活动逆向技术溢出机制进行阐述。

一　中国开展对外直接投资活动的逆向技术溢出机制

关于国际技术溢出机制的国外研究众多，但大多数研究都是对国际贸易、外商直接投资（IFDI）的技术溢出机制进行阐述，鲜有关于 OFDI 逆向技术溢出机制的研究，国内相关研究更是少之又少，李梅（2014）及阚放（2016）的研究是目前国内关于 OFDI 逆向技术溢出机制最为系统的研究。他们的研究认为：对外直接投资获取逆向技术溢出主要包括直接及间接两种不同作用机制。就直接作用机制而言，他们的研究认为：跨国公司开展对外直接投资活动，首先，在东道国或地区一定会与当地企业、行业协会、政府机构及研发部门发生各种互动，由于外部性的存在，在互动中跨国公司都或多或少能够获得东道国或地区的各种技术资源；其次，在通过外部性获取了技术资源后，跨国公司可以进一步通过对相关技术资源的直接利用来提升其自身技术水平，实现逆向技术溢出效应的首次转化；最后，在技术资源直接利用的基础上，跨国公司可以对研发资本及研发人员等各种研发要素进行重新配置，并对此前的首次转化获取的研发成果进行再消化、再创造，最大化技术资源利用效率以刺激跨国公司再次开展对外直接投资活动，实现逆向技术溢出效应的二次转化。就间接作用机制而言，他们的研究认为：除了在跨国公司开展对外直接投资活动过程中技术资源流转所实现的技术层面直接作用机制外，跨国公司母公司乃至母国或地区还可以凭借某些非技术层面机制间接地促进其自身技术水平的进步，其中的非技术层面机制主要包括收益反馈机制、研发需求刺激机制、研发费用分摊机制和母国或地区行业交流机制。

李梅（2014）关于 OFDI 逆向技术溢出作用机制的研究确实较为全面地涉及宏观及微观因素的方方面面，这样系统的研究确实给本书关于“吸收能力”概念的界定提供了很多帮助，但如果完全借鉴李梅的思想对本书“吸收能力”进行系统界定，本书开展的后续实证研究在数据的获取和模型的构建上都有相当的难度，因此本书借鉴李梅（2014）研究的思想并结合本书后续实证研究的可实现性，对中国对外直接投资逆向技术溢出作用机制进行以下界定，其作用机制路径如图 6.1 所示。

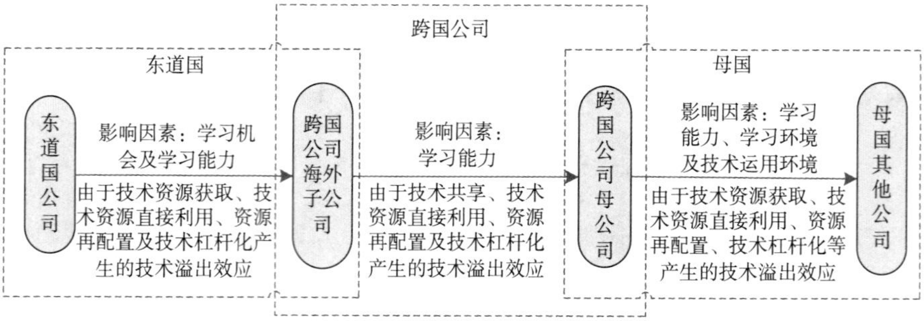

图 6.1　中国对外直接投资逆向技术溢出作用机制路径

中国企业响应国家“走出去”战略的号召，走出国门去东道国或地区开展对外直接投资活动，OFDI 的逆向技术溢出传导机制应该是分别在东道国、跨国公司内部及母国或地区进行联动产生的。

就东道国或地区内部而言，首先由于母国海外子公司具有良好的国际化程度、开放程度及与东道国企业在产业链前后的技术密切关联程度，其有足够的学习机会走出国门接触和了解东道国企业的先进技术，以此来获取东道国或地区技术资源。其次，在获取东道国或地区技术资源后，一方面，母国企业海外子公司不仅可以直接利用东道国企业的产品专利及技术专利等研发成果，还可以直接利用东道国或地区的研发设施、研发人员、行业协会、技术关联、高校及科研机构等研发要素来提升其技术水平、研发能力和技术吸收能力，但这远没有充分发挥逆向技术溢出效应，培养企业自主研发及创新能力才是我国企业开展对外直接投资活动的最主要目的；另一方面，母国企业海外子公司在直接利用东道国企业研发成果及研发要素的基础上，还需要通过对物质资本、人力资本及研发资本等资源进行再配置，进而对于直接利用的研发成果及研发要素进行再次研究与开发，即技术杠杆化。

就跨国公司内部而言，鉴于海外子公司与母国母公司的密切关系，在跨国公司海外子公司技术水平、研发能力和技术吸收能力大幅度提高后，无特殊情况下一定会将这些新技术、新知识、新能力与跨国公司的母公司进行共享，因此母国母公司能够从海外子公司获得足够的技术资源。此后，一方面，母国母公司可以直接利用海外子公司的研发成果及研发要素来提升其技术水平、研发能力和技术吸收能力；另一方面，母国母公司在直接利用海外子公司研发成果及研发要素的基础上，同样可以通过对物质资本、人力资本及研发资本等进行资源再配置，进而对直接利用的研发成果及研发要素进行再次研究与开发，即技术杠杆化。

就母国或地区内部而言，在 OFDI 逆向技术溢出效应通过海外子公司传递给母国母公司之后，母国母公司与母国其他企业之间也可能发生后续技术溢出效应，要获取后续技术溢出效应，与之前所提到的两方面技术溢出效应类似：首先是母国其他公司对跨国公司母公司技术资源的获取；其次是母国其他公司可以直接利用跨国公司母公司研发成果及研发要素来提升其技术水平、研发能力和技术吸收能力；最后是母国其他公司在直接利用跨国公司母公司研发成果及研发要素的基础上，同样通过对物质资本、人力资本及研发资本等资源进行再配置，进而对直接利用的研发成果及研发要素进行再次研究与开发，即技术杠杆化。至此，整个 OFDI 逆向技术溢出效应并没有结束，要充分将研发成果及研发要素利用好，并对其进行更好的二次研究与开发，需要母国政府提供良好的学习环境及运用新技术、新知识及新管理经验的良好环境。

二 基于中国 OFDI 逆向技术溢出机制的“吸收能力”概念的刻画

从上文对中国 OFDI 逆向技术溢出机制路径的界定可以看出：OFDI 逆向技术溢出影响因素即“吸收能力”，不仅包括静态的单一因素，也包括动态的多维因素。以往宏观研究，大多把“吸收能力”概念刻画为静态因素，忽视其动态变化过程；而涉及动态的多维因素“吸收能力”主要集中在微观企业层面的相关研究，鲜有关于宏观区域层面的多维度“吸收能力”的研究。近年来，Abreuet al.（2008）及 Caragliu 和 Nijkamp（2012）等研究证实，从宏观区域层面而言，“吸收能力”对区域知识溢出有着类似于微观企业的影响作用机制。鉴于中国微观企业对外投资相关数据收集的困难性，本书将研究对象限定为中国各省、市、自治区及直辖市对外投资活动的逆向技术溢出效应，因此对于中国 OFDI 逆向技术溢出“吸收能力”概念的刻画也应该与研究对象相匹配，同样从宏观区域层面对其进行界定。有鉴于此，本书考虑之前中国 OFDI 逆向技术溢出机制的影响因素，并借鉴徐磊（2009）对 IFDI 技术溢出“吸收能力”的刻画思想，将中国 OFDI 逆向技术溢出“吸收能力”刻画为：中国各省、市、自治区及直辖市通过开展对外直接投资活动对于东道国或地区的技术资源获取、技术资源直接利用、资源再配置及技术杠杆化环境等诸多因素共同作用形成的一种动态能力。根据 OFDI 逆向技术溢出作用机制路径图可知，本书的“吸收能力”概念主要包括 3 个维度的因素：一是各地区技术资源获取能力（ACQ）；二是各地区技术资源直接利用能力（UTI）；三是各地区资源再配置及技术杠杆化环境（ENV）。

第四节 “吸收能力”指数构建、测度指标选择及数据来源说明

从以往不同类型“吸收能力”概念的刻画来看，关于“吸收能力”的概念刻画及维度设置都比较模糊、不成体系，并且也不太适合本研究。因此，本小节十分有必要在回顾现有文献中对于“吸收能力”概念刻画的基础上，结合本书的“吸收能力”概念的刻画，进行测度维度的选择。

为了更加准确科学地测度中国各省市 OFDI 逆向技术溢出“吸收能力”具体情况，在借鉴徐磊（2009）指标体系构建的基础上，从本书刻画的中国 OFDI 逆向技术溢出“吸收能力”概念的 3 个维度中选择了 10 个一级测度指标及 21 个二级测度指标，对中国 2003—2014 年间各省市 OFDI 逆向技术溢出“吸收能力”进行定量测度并对其进行指数化，具体相关指标选择情况见表 6.1。相较于徐磊（2009）构建的指标体系，本书结合了 OFDI 逆向技术溢出作用机制，并增加了 6 个二级测度指标，指标体系的完善度有所提升。

表 6.1 中国各省市 OFDI 逆向技术溢出“吸收能力”测度指标选择情况

“吸收能力”维度指标	一级测度指标	二级测度指标
技术资源获取能力(ACQ)	对外开放程度(OPEN)	进口贸易额占经济总量的比重(I_1)
		出口贸易额占经济总量的比重(I_2)
		IFDI 占经济总量的比重(I_3)
		OFDI 占经济总量的比重(I_4)
	产业集聚程度(AGG)	单位面积内的第二产业增加值(I_5)
	技术差距(GAP)	中国与发达国家劳动生产率比值(I_6)

续　表

“吸收能力”维度指标	一级测度指标	二级测度指标
技术资源直接利用能力（UTI）	区域创新能力（INO）	每百万从业人员的专利申请授权量（I_7）
		每百万从业人员的 R&D 人员全时当量（I_8）
		每百万从业人员的 R&D 经费支出（I_9）
	人力资本存量（HUM）	平均受教育年限（I_{10}）
	技术水平（TECH）	劳均资本密度（I_{11}）
	公共基础设施（INF）	每万平方公里的铁路里程数（I_{12}）
		每万平方公里的公路里程数（I_{13}）
		每千万人口的邮电业务量（I_{14}）
资源再配置及技术杠杆化环境（ENV）	金融市场发展程度（FIN）	非国有贷款占产出水平的比重（I_{15}）
	市场化程度（MAR）	工业总产值中非国有经济的比重（I_{16}）
		全社会固定资产投资中非国有经济的比重（I_{17}）
		就业人口中非国有经济的比重（I_{18}）
	市场竞争程度（COM）	固定资产投资中外资的比重（I_{19}）
		从业人员中外资的比重（I_{20}）
		外资工业总产值的比重（I_{21}）

一　技术资源获取能力（ACQ）

与微观企业通过示范效应或者传染效应（Contagion Effect; Findlay, 1978）途径实现国际技术溢出类似，对于一个地区而言，要通过示范效应或者传染效应，充分吸收对外直接投资获取的国外 R&D 溢出效应，首先要具备足够的机会去接触和了解东道国或地区研发成果及研发要素等技术资源，也就是要具备足够的获取技术资源的能力。本书选择对外开放程度（OPEN）、产业集聚程度（AGG）及技术差距（GAP）3个一级测度指标来刻画母国或地区各地区技术资源获取能力（ACQ）。以下对为何选择这3个一级测度指标及数据来源进行简单说明。

一般而言，一个国家或者地区的对外开放程度越高，其获取东道国或地区技术资源的能力就越强，原因在于：更高的贸易开放度，能够使得一个国家或者地区更好地接触各种外来资本（Romer，1990；Barro和Sala-i-Martin，1995），更好地接触国外先进技术并加快其赶超先进技术的步伐（Keller，2004）。至于对外开放程度的测度，对外贸易占产出比率，由于其形式简单、直观，数据易于获取，一直以来为研究者广泛采用（Harrison，1996；Patrick et al.，1998）。然而近些年，随着经济全球化进程的不断推进，各国之间的经济活动形式已经不仅仅限于各国的对外贸易，其形式已经发展成为以各国吸引外商直接投资、对外直接投资及国际金融等为代表的多种国际经济活动形式。因此，现阶段如果依然简单地使用对外贸易占产出比率这个单一指标来衡量和刻画对外开放程度已经有失偏颇，构建综合指标体系来衡量和刻画一个国家对外开放程度已经被众多学者广泛使用，中国众多学者也开始使用综合指标体系来刻画中国的对外开放程度（李翀，1998；刘朝明和韦海鸣，2001）。有鉴于此，本书同样使用综合指标体系来衡量和刻画中国对外开放程度，其中使用的二级测度指标主要包括：进口商品总值、出口商品总值、吸引外商直接投资及对外直接投资等占地区生产总值的比重。综合测度和计算的方法为：进口贸易额占经济总量的比重（IR）$=IMP\times EXR/GDP$；出口贸易额占经济总量的比重（ER）$=EXP\times EXR/GDP$；吸引外商直接投资占经济总量的比重（IFR）$=IFDI\times EXR/GDP$；对外直接投资占经济总量的比重（OFR）$=OFDI\times EXR/GDP$。其中，IMP为当年的进口商品总值；EXP为当年的出口商品总值；EXR为当年年末汇率中间价；$IFDI$为中国吸引外商直接投资存量；$OFDI$为中国对外直接投资存量。

在同一产业内，跨国公司母公司与母国其他公司之间的知识转移是实现逆向技术溢出效应的一个重要渠道（Criscuolo，2009），本书OFDI逆向技术溢出作用机制中也体现了这一点，因此中国要通过该渠道实现逆向技术溢出，需要缩短中国其他公司与跨国公司母公司之间的空间距离，两者近距离接触与交流能够增加学习及模仿先进技术的机会，进而提升中国其他公司技术资源获取能力。有显著的实证证据表明，无论是发生在一国内部的技术溢出效应还是发生在国家之间的技术溢出效应都受限于空间距离（Head et al.，1995；Driffield，1999）；Driffield和Love（2003）的实证研究也证实了逆向技术溢出效应受到产业空间集聚的影响，产业的空间集聚越大，逆向溢出效应越大。与众多研究相同，加之考虑到数据的可获取性，本书采用各地区单位面积内的第二产业增加值来测度产业的空间集聚度。

Criscuolo（2009）的研究同样证实：在同一产业内，要通过跨国公司母公司与母国其他公司之间的知识转移来实现逆向技术溢出，东道国或地区与母国或地区之间是否具有技术差距非常重要。东道国或地区与母国或地区之间有足够的技术差距，才能为同一产业中母国其他企业提供足够的学习及模仿先进技术的空间。Gupta和Govindarajan（2000）的研究显示：东道国或地区与母国或地区之间技术差距越大，逆向知识流动发生的可能性越大，众多其他研究也证实了技术差距的重要性（Borensztein et al.，1998；Blalock和Gertler，2009）。延续Liu et al.（2000）及Lai et al.（2009）等的方法，本书选择劳均固定资本存量来衡量技术水平，然后定义中国各地区与投资目标国之间的技术差距（GAP）$=(K^D/L^D)\div(K^F/L^F)$，其中，K^D及L^D为中国各地区的固定资本存量及年末从业人员数，K^F及L^F为本书所选定投资目标国的固定资本存量总和及年末从业人员数总和。本书第一维度六个二级测度指标的原始数据主要来源于《新中国六十年统计资料汇编》、历年《中国统计年鉴》、历年《中国对外直接投资统计公报》、各省市历年《统计年鉴》及世界银行官方网站。

二　技术资源直接利用能力（*UTI*）

实际上，母国跨国公司接触、了解并获取了东道国企业先进技术资源之后，OFDI逆向技术溢出效应主要依赖于其对这些技术资源的直接利用程度，而对于技术资源直接利用程度的高低，主要取决于母国各地区自身是否具备足够强的学习能力，学习能力越强，该地区对技术资源直接利用的程度就越高。本书选择区域创新能力（*INO*）、人力资本存量（*HUM*）、技术水平（*TECH*）、公共基础设施（*INF*）4个一级测度指标来刻画技术资源直接利用能力（*UTI*）。以下对为何选择这4个一级测度指标及数据来源进行简单说明。

无论是微观企业研究，还是宏观区域研究，都充分证明了创新能力对于国际技术溢出效应的重要性。徐磊（2009）、Huang et al（2012）等研究证明：

FDI 对中国各地区技术溢出效应并不是无条件的，无论技术溢出效应显著与否，也无论对其吸收得充分与否，都需要中国各地区跨越相应的区域创新能力门槛值。因此，对于中国开展对外直接投资活动产生的逆向技术溢出而言，无论是东道国或地区内部，还是跨国公司内部以及母国或地区内部，OFDI 逆向技术溢出效应传导机制都需要学习主体具有良好的创新能力。对于宏观层面中国各地区区域创新能力的概念，中国科技发展战略研究小组编著的历年《中国区域创新能力报告》① 都给出了明确的定义：区域创新能力是一个地区生产出与商业相关的创新流的潜能，它指一个地区将知识转化为新产品、新工艺、新服务的能力。区域创新能力不是科技能力，也不是科技竞争能力，它更关注新技术的经济应用。其主要构成要素包括：知识创造能力、知识获取能力、企业的技术创新能力、创新的环境以及创新的绩效。历年《中国区域创新能力报告》对于每年中国各省、市、直辖市及自治区的区域创新能力都做了一个客观、动态和全面的评价，按道理其相关评价数据结果可以直接为本书使用，但是从其具体的测度指标而言，有一些指标与本书“吸收能力”其他维度二级测度指标密切相关，因此，本书不能简单将其评价数据结果直接使用。另一方面，虽然专利数据具有良好的可获取性及客观性，也不失为衡量区域创新活动相对可靠的指标（Griliches，1990；Acs et al.，2002），但仅仅简单使用专利数据来测度区域创新能力不够全面。有鉴于此，本书在徐磊（2009）的基础上，增加每百万从业人员的 R&D 人员全时当量及每百万从业人员的 R&D 经费支出 2 个二级测度指标，以此来对中国各地区的区域创新能力进行客观测度。

就人力资本而言，一般来讲，人力资本较高的情况下，母国企业对于技术资源直接利用的能力会更强，逆向技术溢出效应也更容易发生。Borensztein et al.（1998）通过利用 69 个国家的数据进行回归分析发现：FDI 直接效应虽然为正但不显著，但 FDI 与人力资本的交叉项回归系数显著且为正，研究结果说明 FDI 技术溢出效应取决于人力资本水平。此外，Kneller（2005）研究认为，受教育程度较高的人力资本不仅能帮助国家发展技术，也能更好地吸收技术。有鉴于此，本书将人力资本纳入“吸收能力”测度指标体系中，并且与徐磊（2009）的研究相同，采用各地区平均受教育年限指标来对人力资本二级指标

① 由科技部政策法规司资助，并由中国科技发展战略研究小组及中国科学院大学中国创新创业管理研究中心具体承担研究并撰写的《中国区域与创新能力报告》，从 1999 年开始至今已经连续开展 15 年，该报告旨在对中国各省、市、直辖市、自治区的创新能力做一个客观、动态和全面的评价。

进行测度，各地区平均受教育年限的计算方式在该研究的第五章已经做了详细说明，此处不再重复说明。

至于技术水平对国际技术溢出的影响，与创新能力对国际技术溢出的影响效果类似，技术水平越高直接利用技术资源的能力就越强。Verspagen（1992）提出的"技术条件收敛"假说认为：技术落后国家对于发达国家先进技术的学习及模仿并非无条件的，其中技术模仿国的技术能力高低直接成为限制其学习及模仿效果的重要因素之一。黄凌云、范艳霞和刘夏明（2007）的研究，采用面板数据分析方法对外商直接投资的技术溢出效应与基于技术水平的吸收能力之间的关系进行实证分析，结果发现：东道国或地区技术水平的提高对 FDI 的技术溢出有明显的促进作用，表明技术水平对 FDI 技术溢出效应的重要性。此外，Cantwell（1989）、Griffith et al.（2004）及 Kinoshita（2000）等研究都证实技术水平是决定国际技术溢出效应的关键因素。有鉴于技术水平对技术溢出效应的重要影响，本书在测度 OFDI 逆向技术溢出效应"吸收能力"时，也将技术水平纳入"吸收能力"测度指标体系。至于中国每一个地区技术水平的衡量，与徐磊（2009）的研究类似，本书采用劳均资本存量对其进行衡量，即一个单位从业人员可以均摊到的固定资本存量。一个地区如果一个单位从业人员均摊到的固定资本存量越多，说明这个地区生产的产品资本密集度越高，从某种程度上说明这个地区的技术水平要更高。

通常而言，一个国家或者地区要直接利用好获取到的技术资源，需要具备良好的基础设施条件才能更好地实现对技术资源的吸收、消化及转化，最终提高该国或地区的劳动生产率。其原因在于：一个国家或者地区的技术水平再高，如果不具备良好的配套条件，技术水平也会受到严重的限制（Stern，1991）。此外，诸多相关研究都在强调基础设施条件的重要性，例如：Furman et al.（2002）在研究一个国家创新能力影响因素的时；Liu X，Buck T.（2007）在实证研究国际技术溢出不同途径对中国高科技产业企业创新绩效的影响的时；Bronzini R，Piselli P.（2009）在研究研发、人力资本及基础设施条件如何影响区域溢出效应对地区长期生产率作用的时，都强调了基础设施条件的重要性。另外，还有一些研究指出，由于公共基础设施可以提高资源的可获取性及现有资源的使用效率，使得其在促进经济增长中发挥着核心作用（Aschauer，1989；Fernald，1999；Destefanis 和 Sena，2005）。至于公共基础设施条件的衡量，既可以使用基础设施建设投资来衡量（Everaert 和 Heylen，2001；Fernald，

1999)，也可以使用基础设施建设成果来衡量（Canning 和 Pedroni，2004；徐磊，2009）。本书延续第二种衡量方法，使用基础设施建设成果来衡量基础设施条件，选择最常用的铁路建设、公路建设及邮电业务量来对其进行衡量，具体指标为：每万平方公里的铁路里程数、每万平方公里的公路里程数及每千万人口的邮电业务量。本书第二维度 9 个二级测度指标的原始数据主要来源于《新中国六十年统计资料汇编》、历年《中国统计年鉴》、历年《中国对外直接投资统计公报》、历年《中国科技统计年鉴》、各省市历年《统计年鉴》及世界银行官方网站。

三 资源再配置及技术杠杆化环境（ENV）

根据本章第三节关于中国开展对外直接投资活动逆向技术溢出机制的分析可知：无论是东道国或地区内部及跨国公司内部，还是母国或地区内部，在获取技术资源并直接利用之后，逆向技术溢出效应并没有结束，这一个阶段也远没有充分发挥逆向技术溢出的全部效应，培养企业自主创新能力才是中国企业开展对外直接投资活动的最主要目的。然而，在技术资源获取及技术资源直接利用之后，要培养企业的自主创新能力，需要通过对母国或地区物质资本、人力资本及研发资本等各种资源进行再配置，进而实现技术杠杆化。一般而言，本书提到的 OFDI 逆向技术溢出效应的第三个环节进展顺利与否，主要取决于一个国家或地区进行资源再配置的能力及技术杠杆化环境，本书选择金融市场发展程度（FIN）、市场化程度（MAR）及市场竞争程度（COM）3 个一级测度指标来刻画母国各地区资源再配置及技术杠杆化环境（ENV）。以下对为何选择这 3 个一级测度指标及数据来源进行简单说明。

母国企业要在技术资源获取及技术资源直接利用的基础上，进行资源再配置并进行二次研发，首先就涉及企业资金资源的再次配置问题，而一个地区金融市场发展程度直接关系到企业资金资源再次配置成本及最终的配置效果，因而会最终影响到 OFDI 逆向技术溢出效应。实际上，在关于 IFDI 技术溢出的研究中，诸多研究已经证实了金融市场发展程度在技术溢出效应中的重要性，例如：Alfaro et al.（2003）通过构建两阶段世代交叠模型研究国内金融市场效率与 IFDI 技术溢出效应的关系，发现东道国或地区金融市场效率越高，IFDI 对本国产生的技术溢出效应就越大；在此研究基础上，Alfaro et al.（2004）利用 71 个 OECD 及非 OECD 国家的相关数据继续分析东道国或地区金融市场如何影响

FDI 与经济增长之间的关系，研究发现：东道国或地区金融市场不够发达，会通过直接限制到当地企业购买新设备、雇用新员工及调整企业内部结构等方式影响企业对于新技术的利用效果、企业的潜在成长机会及企业潜在后向关联等。Azman - Saini et al.（2010）及 Durham（2004）的研究也都证实，只有当金融市场发展程度达到一定水平 IFDI 才会对经济增长有积极的促进作用。鉴于金融市场发展程度对 IFDI 技术溢出效应有如此重要的影响，本研究有理由相信金融市场发展程度对 OFDI 逆向技术溢出效应也有重要的影响，因此将金融市场发展程度纳入本书“吸收能力”测度指标体系。至于对金融市场发展程度的衡量指标，一般从金融市场直接及间接融资两方面来衡量。鉴于本书的主要研究对象是宏观的区域层面，因此选择从间接融资方面来衡量中国各地区金融市场发展程度，与张军和金煜（2005）、徐磊（2009）的研究相同，采用非国有贷款占产出水平的比重来对其进行测度。

中国市场化改革进程的不断推进，影响着中国经济、政治、文化、军事等方方面面，其中当然也影响到微观企业及宏观区域资源再配置及技术杠杆化环境。无论是微观企业还是宏观区域，良好的市场自由度，能够促使其根据市场原则进行资源再配置，并在此基础上进行技术杠杆化，最终便会影响到技术溢出效应。正如 Azman - Saini et al.（2010）在利用 85 个国家面板数据分析经济自由度、FDI 及经济增长的关系时；Bengoa 和 Sanchez - Robles（2003）在利用 18 个拉丁美洲国家数据分析外商直接投资、经济自由度及经济增长的关系时；以及 Green et al.（2002）的研究都充分证明了市场化程度高低对技术溢出效应的重要影响。因此，本研究也有理由相信市场化程度对 OFDI 逆向技术溢出效应具有重要影响。至于市场化程度的衡量，王小鲁、余静文及樊纲等学者带领的中国市场指数课题组自 2000 年开始连续多年对中国各省市的市场化进程进行了客观的分析和评价，是相关研究领域不可多得的权威统计资料。本来完全可以直接引用服务于本书，但同样由于该统计资料构建的指标体系与本书某些二级测度指标雷同，本书不能直接使用其相关数据。有鉴于此，在综合考虑多方面因素及数据的可获取性之后，本书选择工业总产值中非国有经济的比重、全社会固定资产投资中非国有经济的比重及就业人口中非国有经济的比重共计 3 个二级测度指标对中国各地区市场化程度进行测度。

一般而言，技术溢出效应可以通过间接及直接两种途径实现（Giroud 和

Scott-Kennel，2009），其中，间接途径主要是通过劳动流动及示范效应来实现（Görg 和 Greenaway，2003），而直接途径主要是通过外国企业与东道国企业之间建立交易及合作关系来实现。由于直接途径受到市场竞争环境的直接影响，因此最终的技术溢出效应也会受到市场竞争环境的间接影响。Perri et al.（2013）利用 97 个跨国公司子公司的数据，研究跨国公司海外子公司在东道国或地区的垂直联系关系以及这种联系的学习渠道及竞争渠道两种作用时发现：外部的竞争压力与这种联系之间的曲线关系，充分证明市场竞争对 FDI 技术溢出具有重要影响。而从本书关于 OFDI 逆向技术溢出作用机制的研究可以看到，市场环境的竞争压力越大，母国企业就有越大的动力在技术资源获取及技术资源直接利用的基础上，开展资源再配置及技术杠杆化活动。至于如何衡量市场竞争程度，本书分别根据资本、劳动投入及产出水平中外资比重来衡量母国或地区市场内资企业的竞争压力，即从固定资产投资中外资的比重、从业人员中外资的比重和外资工业总产值的比重共计 3 个二级测度指标来对市场竞争程度进行测度。本书第三维度 7 个二级测度指标的原始数据主要来源于《新中国六十年统计资料汇编》、历年《中国统计年鉴》、历年《中国对外直接投资统计公报》、历年《中国科技统计年鉴》、各省市历年《统计年鉴》及世界银行官方网站。

第五节 “吸收能力”指数计算方法介绍

本书对 OFDI 逆向技术溢出效应“吸收能力”的刻画主要是为了客观地测度在不同时间点上中国各地区“吸收能力”在空间上的区域差异，为后续实证分析“吸收能力”与中国 OFDI 逆向技术溢出效应的关系做铺垫。为了便于比较中国各地区“吸收能力”在空间上的区域差异及在不同时间点上的变化趋势，本书对“吸收能力”的 21 个二级测度指标均进行了指数化处理。对于所有二级测度指标的指数化处理主要还是借鉴汪锋（2008）的处理方式。具体而言，假定在全样本中最大的原始数据得分为 100，最小的原始数据得分为 0，某年某省份的具体得分便可由以下公式计算得出：

$$SCORE_{it} = \frac{(V_{it} - V_{min})}{(V_{max} - V_{min})} \times 100$$

其中，V_{it} 为某个二级测度指标的原始数据，V_{max} 为全样本中最大的原始数据，V_{min}为全样本中最小的原始数据。在每个二级测度指标的分值计算出来后，对其进行加权平均便可得到10个一级测度指标的分值，在此基础上对其进行加权平均可以得到“吸收能力”三个维度指标的分值，最终对三个维度指标的分值进行加权平均便可以得到本书“吸收能力”指数的具体值。此外，为了避免权重选择过于主观，本书与其他众多研究类似，使用主成分分析法确定所有二级测度指标、一级测度指标及维度测度指标的权重，权重确定的结果报告于表6.2。

表6.2 中国OFDI逆向技术溢出“吸收能力”各级指标体系权重确定结果

维度指标	权重	一级测度指标	权重	二级测度指标	权重
技术资源获取能力(*ACQ*)	0.346	对外开放程度(*OPEN*)	0.364	I_1	0.281
				I_2	0.280
				I_3	0.249
				I_4	0.191
		产业集聚程度(*AGG*)	0.349	I_5	1.000
		技术差距(*GAP*)	0.287	I_6	1.000
技术资源直接利用能力(*UTI*)	0.331	区域创新能力(*INO*)	0.253	I_7	0.312
				I_8	0.343
				I_9	0.344
		人力资本存量(*HUM*)	0.250	I_{10}	1.000
		技术水平(*TECH*)	0.244	I_{11}	1.000
		公共基础设施(*INF*)	0.253	I_{12}	0.338
				I_{13}	0.339
				I_{14}	0.324

续 表

维度指标	权重	一级测度指标	权重	二级测度指标	权重
资源再配置及技术杠杆化环境(*ENV*)	0.324	金融市场发展程度(*FIN*)	0.302	I_{15}	1.000
		市场化程度(*MAR*)	0.344	I_{16}	0.333
				I_{17}	0.319
				I_{18}	0.348
		市场竞争程度(*COM*)	0.354	I_{19}	0.328
				I_{20}	0.333
				I_{21}	0.339

注：本书对采用主成分分析法确定的权重进行了归一化处理。

第六节　2003—2014年中国各省市“吸收能力”总体指标指数、维度指标指数得分及排序情况

在对OFDI逆向技术溢出效应“吸收能力”概念刻画及指数构建的基础上，本节主要从总体指数及维度指标指数两个方面对中国各省市“吸收能力”测度结果进行详细的分析，各地区“吸收能力”总体指数及各维度指标指数得分值报告于附录6.1至附录6.4。

一　各地区“吸收能力”总体指数位次情况及其得分变化趋势

为了能够清楚地了解本研究选择的29个省、直辖市及自治区OFDI逆向技术溢出“吸收能力”区域差异及变化趋势，本书首先将2003—2014年“吸收能力”总体指数均值位次及其每间隔两年位次情况报告于表6.3，完整位次情况见附录6.5。

从表6.3可以初步看出：虽然2003—2014年中国各省、直辖市及自治区的“吸收能力”总体指数位次发生了一定程度的变化，但是若按照位次前十、位次中间九位及位次后十位将中国所有地区划分成“吸收能力”位次靠前区域、

位次居中区域及位次靠后区域，那么这三个区域内省市变化情况就相对稳定。所有年份及均值处于位次靠前区域主要包括上海、北京、天津、广东、江苏、浙江、福建、辽宁、山东及海南共计 10 个省市；位次居中区域内省份情况有一定程度的变化，但其中吉林、河北、湖北、河南及四川共计 5 个省份一直处于这个区域范围内；位次靠后区域省份情况也有一定程度的变化，但其中陕西、湖南、青海、云南、贵州及甘肃共计 6 个省份一直处于这个区域。从这三个区域内相对稳定的省市情况明显可以看出，东部地区“吸收能力”总体指数得分往往较高且位次靠前，而中部和西部地区“吸收能力”总体指数得分往往较低且位次相对靠后，这也与研究的预期基本一致。

为了能够更加清楚地了解各省、直辖市及自治区“吸收能力”总体指数得分位次变化趋势情况，接下来本研究按照“吸收能力”总体指数得分均值位次先后情况，在一张趋势图中报告位次相邻的10 个省市的“吸收能力”总体指数得分位次变化趋势情况。

表 6.3　各地区“吸收能力”总体指数均值位次及其每间隔两年位次情况（2003—2014 年）

地区	均值位次	2003 年位次	2006 年位次	2009 年位次	2012 年位次	2014 年位次
上海	1	1	1	1	1	1
北京	2	2	2	2	2	2
天津	3	3	3	3	3	3
广东	4	4	4	4	5	6
江苏	5	6	5	5	4	4
浙江	6	7	6	6	6	5
福建	7	5	7	7	7	7
辽宁	8	8	8	8	8	8
山东	9	10	9	9	9	9
海南	10	9	10	10	10	10

续 表

地区	均值位次	2003 年位次	2006 年位次	2009 年位次	2012 年位次	2014 年位次
吉林	11	11	11	11	11	11
河北	12	12	12	12	12	16
湖北	13	15	13	15	14	14
河南	14	19	15	13	13	12
宁夏	15	14	14	16	19	21
江西	16	22	20	14	15	13
内蒙古	17	20	17	17	18	17
山西	18	13	16	19	20	23
四川	19	18	19	18	17	19
安徽	20	23	18	20	16	15
湖南	21	24	22	21	21	20
广西	22	25	23	22	22	18
黑龙江	23	17	21	24	24	24
陕西	24	21	24	23	23	22
新疆	25	16	25	25	25	25
青海	26	26	26	26	27	27
云南	27	27	27	27	26	26
贵州	28	28	28	28	28	28
甘肃	29	29	29	29	29	29

从图 6.2 能够更加直观地观察到："吸收能力"总体指数得分均值前十位的省份在 2003—2014 年这 12 年间"吸收能力"总体指数得分位次十分稳定，特别是排名第一的上海、排名第二的北京、排名第三的天津、排名第八的辽宁，这 4 个省市在本书选择的样本时间段，位次都未发生过变化。

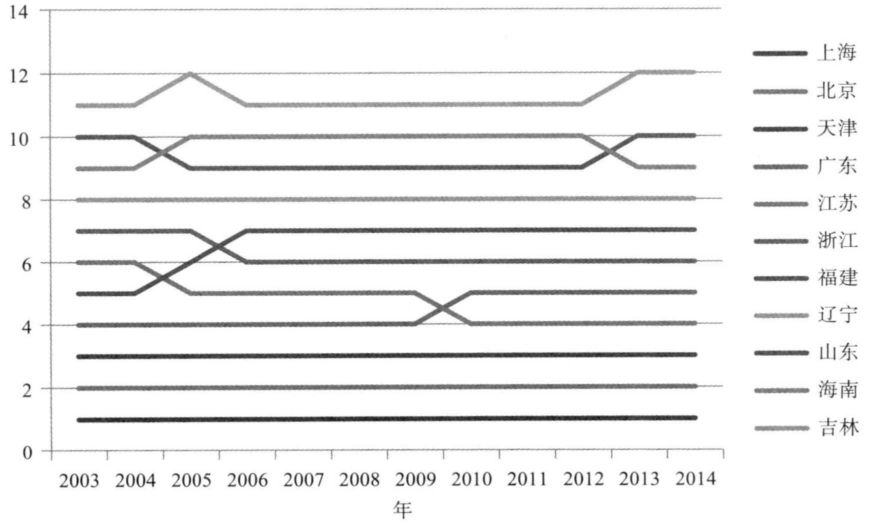

图 6.2　“吸收能力”总体指数得分均值前十位省市位次变化趋势

从图 6.3 能够更加直观地观察到：“吸收能力”总体指数得分均值中间九位的省份，在 2003—2014 年这 12 年间“吸收能力”总体指数得分位次除了吉林及河北外，其他 7 个省份变化较为频繁，有些省份位次在向前挪

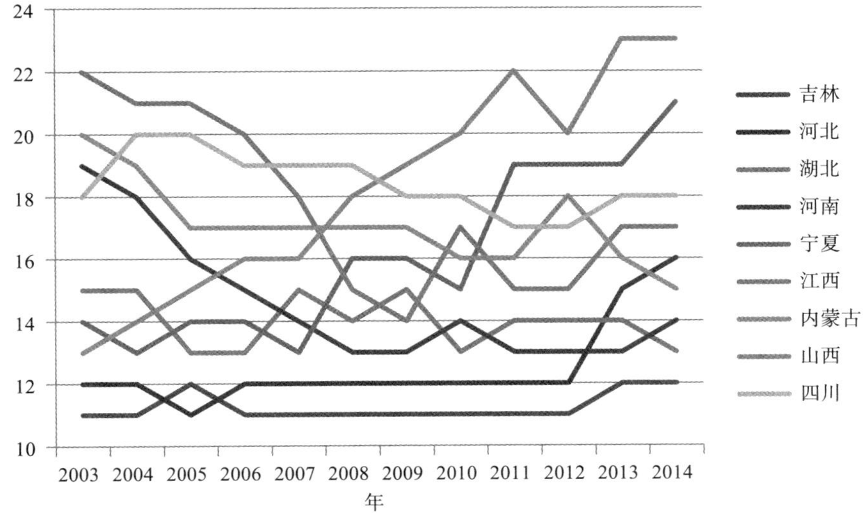

图 6.3　“吸收能力”指数得分均值中间九位次省份位次变化趋势

动，有些省份位次在向后挪动。其中变化最大的是江西及山西两个省份，江西省的位次从 2003 年的第 22 位上升到 2009 年的第 14 位；山西省的位次从 2003 年的第 13 位跌落到 2014 年的第 23 位。如此的位次变化趋势是什么原因或者因素导致的，需要后续对维度指标得分变化趋势进行分析才能做详细的解释。

从图 6.4 能够更加直观地看到："吸收能力" 总体指数得分均值后十位的省份，在 2003—2014 年这 12 年间 "吸收能力" 总体指数得分位次除了位次处于后四位的青海、贵州、云南及甘肃 4 个省份外，其他 6 个省份变化较为频繁，有些省份位次在向前挪动，有些省份位次在向后挪动。其中位次提升最快的 3 个省份是安徽、湖南和广西，分别从 2003 年的第 21 位、第 24 位及第 25 位提升到第 15 位、第 20 位及第 18 位。

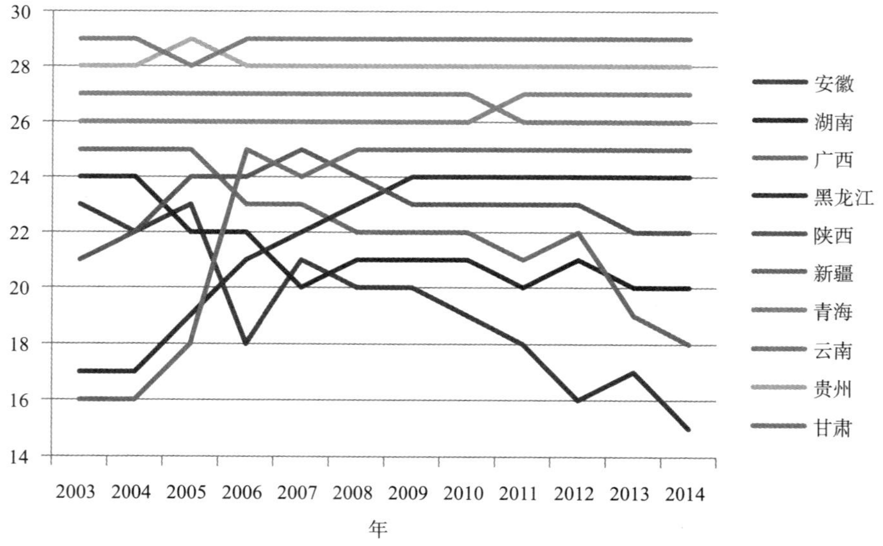

图 6.4 "吸收能力" 指数得分均值后十位次省份位次变化趋势

为了能够更加清楚地了解各省、直辖市及自治区 "吸收能力" 总体指数得分变化趋势情况，接下来本研究按照 "吸收能力" 总体指数均值位次先后情况，在一张趋势图中报告位次相邻的 10 个省份的 "吸收能力" 总体指数得分的变化趋势情况。

从图 6. 5—图 6. 7“吸收能力”总体指数得分变化趋势可以看出：

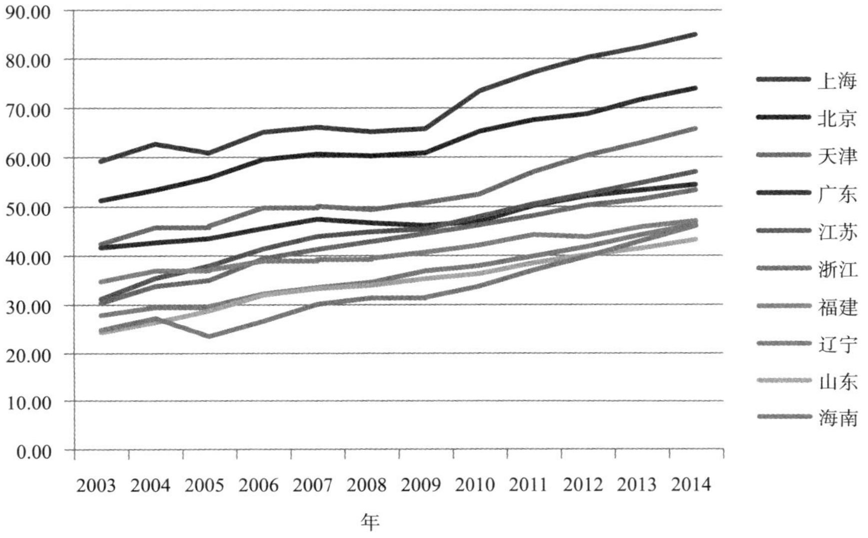

图 6. 5 “吸收能力”总体指数得分均值前十位省份得分变化趋势

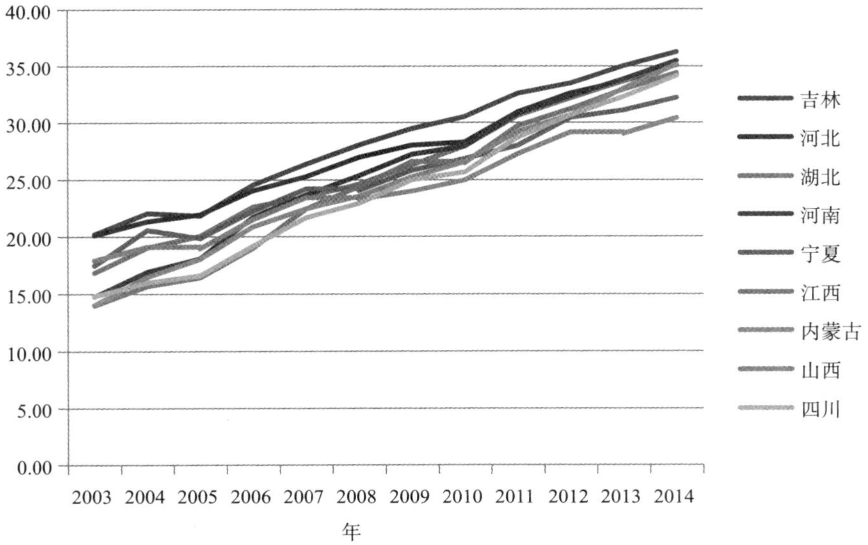

图 6. 6 “吸收能力”总体指数得分均值中间九位省份得分变化趋势

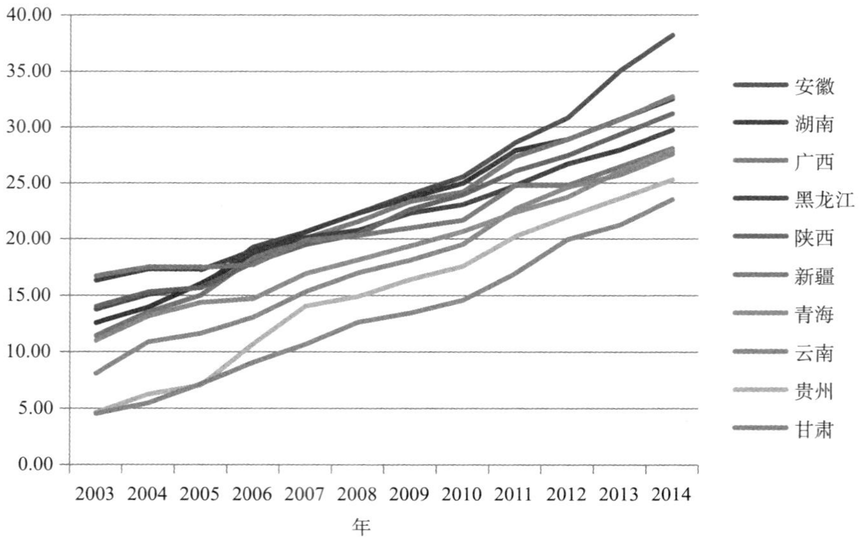

图 6.7 “吸收能力”总体指数得分均值后十位省份得分变化趋势

第一，2003—2014 年，中国 29 个省、直辖市及自治区的“吸收能力”总体上呈现平稳上升的趋势。

第二，图 6.5 中均值位次靠前的 10 个省市中除了上海、北京及天津 3 个直辖市明显高于其他省份的“吸收能力”之外，其他省份的“吸收能力”差异并不是特别大，趋势曲线基本紧紧相邻。

第三，图 6.6 中均值位次居中的 9 个省份“吸收能力”差异非常小，9 条曲线基本簇拥在一起。

第四，图 6.7 中均值位次靠后的 10 个省份除了贵州及甘肃 2 个“吸收能力”最低的省份，其他 8 个省份“吸收能力”差异也不大，趋势曲线也基本簇拥在一起。

总体而言，图 6.5—图 6.7 三张趋势图中各地区“吸收能力”总体指数得分变化趋势说明：从时间维度上看，所有省份得分都呈现稳定上升的趋势，没有省份得分在样本时间段存在很大的波动情况；从截面维度上看，总体呈现东部地区、中部地区及西部地区逐次降低的趋势，除去排位靠前的上海、北京、天津 3 个直辖市以及排位靠后的贵州及甘肃 2 个省份与其他省份“吸收能力”有巨大的差异外，其他 24 个省、直辖市及自治区“吸收能力”虽然有差异但差异并不是特别明显。

仿照本节的思路，本书接下来对"吸收能力"的技术资源获取能力、技术资源直接利用能力、资源再配置及技术杠杆化环境 3 个维度指标指数情况进行详细分析。

二　各地区"技术资源获取能力"维度指标指数位次情况及得分变化趋势

为了能够清楚地了解本书选择的 29 个省、直辖市及自治区"技术资源获取能力"区域差异及变化趋势，表 6.4 报告了 2003—2014 年"技术资源获取能力"维度指数均值位次及其每间隔两年的位次情况，完整位次情况见附录 6.6。

表 6.4　各地区"技术资源获取能力"维度指数均值位次及其每间隔两年位次情况（2003—2014 年）

地区	均值	2003 年	2006 年	2009 年	2012 年	2014 年
上海	1	1	1	1	1	1
天津	2	2	2	2	2	2
北京	3	4	3	3	3	3
广东	4	3	4	4	4	4
江苏	5	5	5	5	5	5
福建	6	6	6	7	8	8
浙江	7	7	7	6	6	7
海南	8	8	10	10	7	6
辽宁	9	9	8	8	10	10
山东	10	10	9	9	9	9
新疆	11	11	11	12	15	20

续 表

地区	均值	2003年	2006年	2009年	2012年	2014年
吉林	12	13	13	11	11	19
黑龙江	13	12	14	15	13	14
内蒙古	14	17	12	13	17	25
河北	15	16	17	14	12	16
宁夏	16	14	15	18	24	27
青海	17	15	16	16	26	28
山西	18	18	18	17	21	26
陕西	19	19	19	19	20	23
湖北	20	20	20	20	19	17
江西	21	21	21	21	18	15
四川	22	22	22	23	16	11
河南	23	26	23	22	14	12
湖南	24	24	24	24	22	21
安徽	25	25	25	26	23	13
云南	26	23	26	27	27	18
广西	27	27	27	25	25	22
甘肃	28	28	28	28	28	24
贵州	29	29	29	29	29	29

从表 6.4 可以初步看出：2003—2014 年中国各省、直辖市及自治区的“技术资源获取能力”维度指数得分位次变化较为频繁，特别是“技术资源获取能力”维度指数得分均值位次处于第十名以后的省份，然而与“吸收能力”总体指数得分位次类似，上海、天津、北京、广东、江苏、福建、浙江、海南、辽宁及山东等处于前十位的省市相对稳定。“技术资源获取能力”维度指数得分位次的变化情况说明：地处东部地区的省市“技术资源获取能力”维度指数得分往往较高且位次靠前，而中部和西部地区“技术资源获取能力”维度指数得分往往较低且位次相对靠后。另外，中部和西部地区“技术资源获取能力”维度指数得分及位次变化较大。为了探究其中原因，以下本书按照“技术资源获取能力”维度指数得分均值位次先后情况，在一张趋势图中报告位次相邻的 10 个省市的“技术资源获取能力”维度指数得分位次变化趋势情况。

从图 6.8 能够更加直观地观察到：“技术资源获取能力”维度指数得分均值前十位的省市，在 2003—2014 年这 12 年间“技术资源获取能力”维度指数得分位次同样十分稳定，特别是排名第一的上海及排名第五的江苏，这两个省市在本研究选择的样本时间段，“技术资源获取能力”维度指数得分位次都未发生过变化。

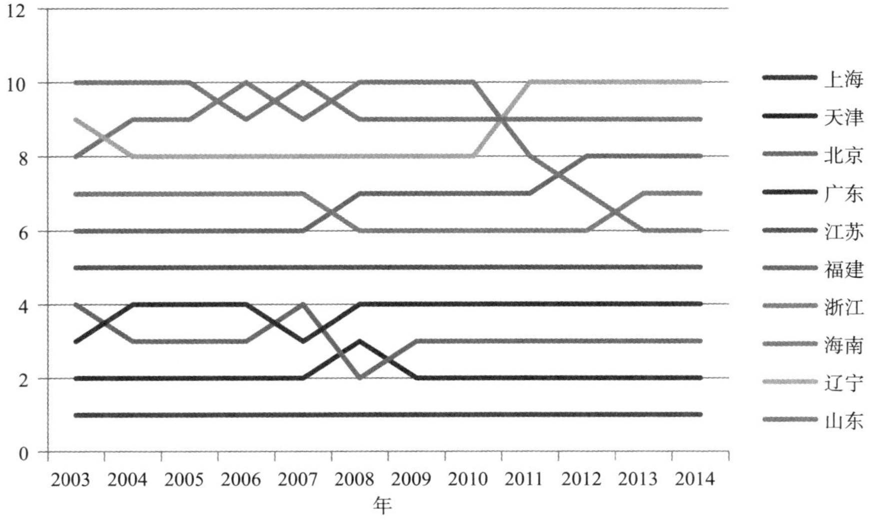

图 6.8　“技术资源获取能力”维度指数得分均值前十位省市位次变化趋势

从图 6.9 能够更加直观地观察到："技术资源获取能力"维度指数得分均值中间九位的省份中，除去吉林、黑龙江及河北并非西部地区省份，其他省份都属于西部地区。这说明较之中部地区而言，中国西部地区省份有较高的"技术资源获取能力"。究其原因可能是：一方面，中国西部地区与蒙古国、俄罗斯、塔吉克斯坦、哈萨克斯坦、吉尔吉斯斯坦、巴基斯坦、阿富汗、不丹、尼泊尔、印度、缅甸、老挝及越南 12 个国家接壤，陆地边境线长达 1.8 万余公里，约占全国陆地边境线的 91%，这样特殊的地理位置，在一定程度上影响到西部地区的对外开放程度，特别与相邻国家之间的贸易往来程度，使得其在"技术资源获取能力"方面较中部地区有一定优势；另一方面，中国政府约在 2000 年开始实施"西部大开发"战略，该项重点举措对于西部地区对外开放程度、经济发展、结构调整及技术水平进步都有长足的促进作用，进而使得西部地区相对于中部地区有更强的"技术资源获取能力"。

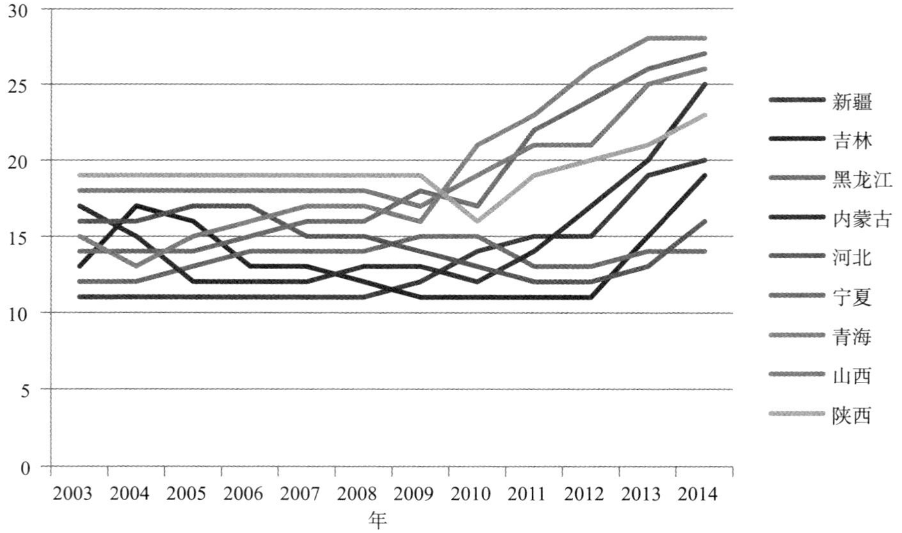

图 6.9 "技术资源获取能力"维度指数得分均值中间九位省份位次变化趋势

从位次居中的 9 个省份 2003—2014 年"技术资源获取能力"的总体趋势可以看出：约从 2009 年开始，这 9 个省份中大部分省份"技术资源获取能力"维度指数得分位次开始逐渐落后。其中可能的原因在于：2009 年的全球金融危机对世界都产生了深刻的影响，而西部地区"技术资源获取能力"相较于其他地区而言更为严重。

从图6.10能够更加直观地观察到：“技术资源获取能力”维度指数得分均值后十位省份从2003年到2009年其位次较为稳定，特别是贵州省，在长达12年的样本时间内，其位次从未发生任何变化，一直处于最后一位；此外，均值后十位的省份同样从2009年左右开始，其“技术资源获取能力”发生了比较频繁的变化，而且总体位次是向前移动的，其中位次变化最大的主要包括河南、江西、湖南及安徽等中部地区省份，这也验证了中国各地区“技术资源获取能力”确实受到2009年全球金融危机的深刻影响，但是中部地区所受影响没有西部地区那么严重。

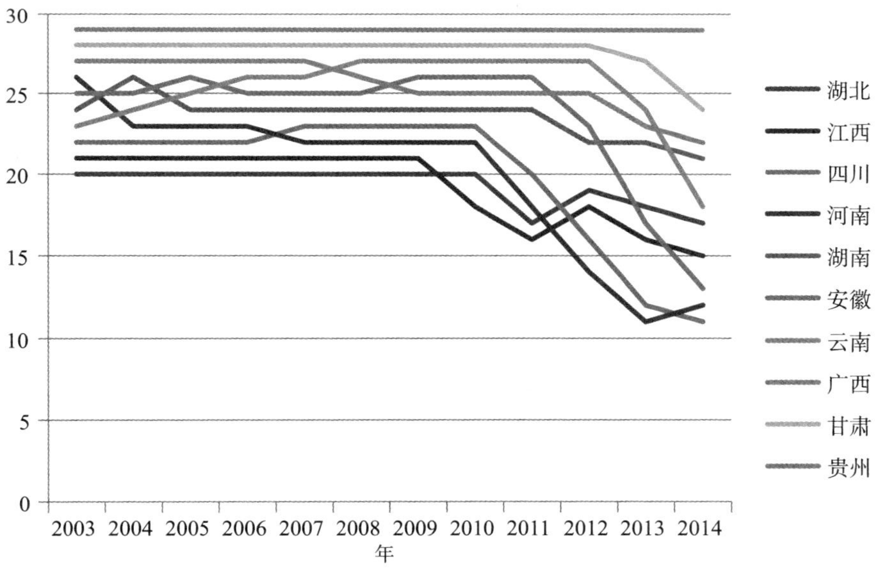

图6.10 “技术资源获取能力”维度指数得分均值后十位省份位次变化趋势

为了能够更加清楚地了解各省、直辖市及自治区“技术资源获取能力”维度指数得分变化趋势情况，接下来本研究按照“技术资源获取能力”维度指数均值位次先后情况，在一张趋势图中报告位次相邻的10个省市的“技术资源获取能力”维度指数得分的变化趋势。

从图6.11—图6.13“技术资源获取能力”维度指数得分变化趋势可以看出：

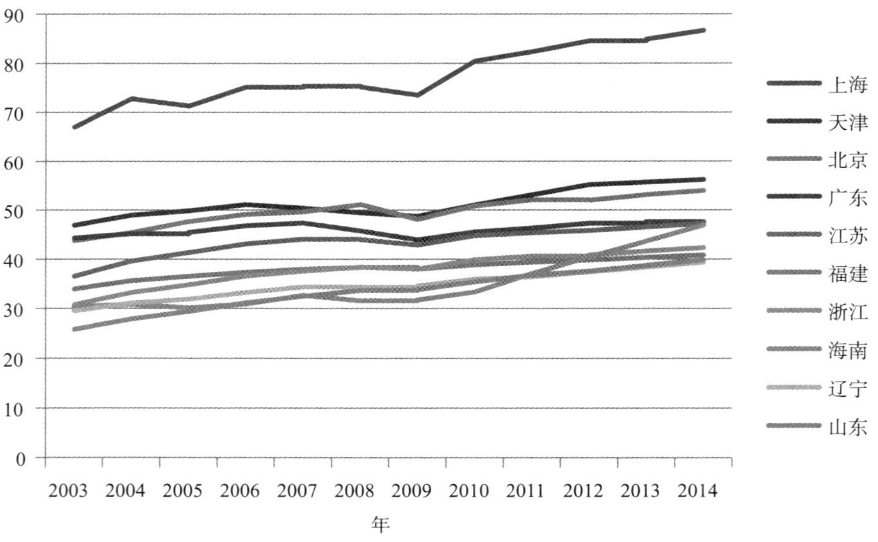

图 6.11 “技术资源获取能力”维度指数得分均值前十位省市得分变化趋势

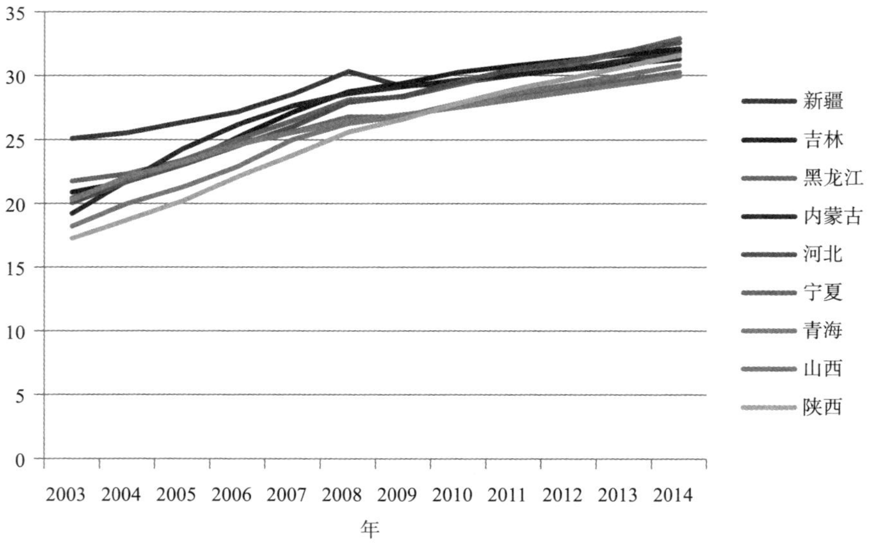

图 6.12 “技术资源获取能力”维度指数得分均值中间九位省份得分变化趋势

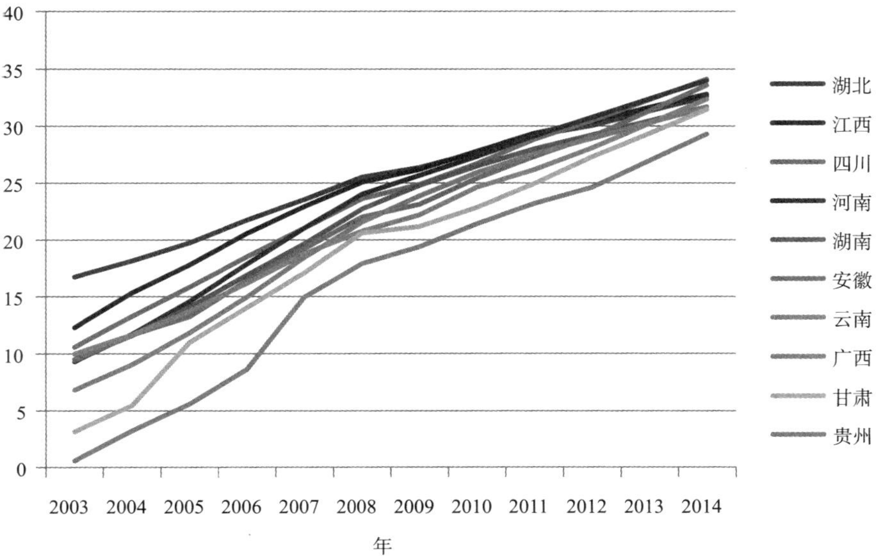

图6.13　“技术资源获取能力”维度指数得分均值后十位省份得分变化趋势

第一，2003—2014年，中国29个省、直辖市及自治区的“技术资源获取能力”总体上呈现平稳上升的趋势，但对比这三张图可以发现，“技术资源获取能力”维度指数得分均值位次越靠后，其得分上升速度就越快，这充分说明东部地区相对于中部和西部地区，其“技术资源获取能力”从2003年开始就已经达到了较高的水平，因此其可以提升的空间较少，提升的速度也较低；而中部及西部地区“技术资源获取能力”一直以来都处于比较低的水平，因此其可以提升的空间较大，提升的速度也较快。

第二，图6.11中均值位次靠前的10个省市“技术资源获取能力”基本呈现稳定上升趋势，但是上升速度非常平缓，此外均值位次靠前的10个省市中上海市“技术资源获取能力”远超其他省市，而其他省份“技术资源获取能力”差异较小。

第三，图6.12中均值位次居中的9个省份“技术资源获取能力”整体同样呈现稳定上升趋势，除了在2007年出现了小幅度的波动，之后这9个省份“技术资源获取能力”逐渐趋同，没有2007年之前差异明显。

第四，图6.13中均值位次后十位省份“技术资源获取能力”整体同样呈现稳定上升趋势而且上升的速度较快，与其他 19 个省市相比，这 10 个省份“技术资源获取能力”区域差异也更为明显。

总体而言，图 6.11—图 6.13 三张趋势图中各地区“技术资源获取能力”维度指数得分变化趋势说明：从时间维度上来看，中国 29 个省市得分都呈现稳定上升的趋势，但是上升速度有高有低，东部地区上升速度明显低于中部及西部地区；从截面维度来看，总体呈现东部地区、西部地区及中部地区逐次降低的趋势，均值位次靠前的东部地区较之中部地区及西部地区“技术资源获取能力”的区域差异更大，而中部地区及西部地区在 2007 年之后“技术资源获取能力”区域差异逐渐减小。

三 各地区“技术资源直接利用能力”维度指标指数位次情况及得分变化趋势

为了能够清楚地了解本研究选择的 29 个省、直辖市及自治区“技术资源直接利用能力”区域差异及变化趋势，表 6.5 报告了 2003—2014 年“技术资源直接利用能力”维度指标指数均值位次及其每间隔两年位次的情况，完整位次情况见附录 6.7。

从表 6.5 可以初步看出：2003—2014 年中国各省、直辖市及自治区的“技术资源直接利用能力”维度指数得分位次变化较为频繁，尤其是“技术资源直接利用能力”维度指数得分均值位次居中的 9 个省份；均值位次前十位的省市中除去北京、上海及天津位次非常稳定外，其余省份也有较大幅度的波动，其中内蒙古的波动幅度最大，内蒙古从 2003 年的第 23 位快速上升到 2014 年的第 8 位。“技术资源直接利用能力”维度指数得分位次的变化情况说明：大部分地处东部地区的省市“技术资源直接利用能力”维度指数得分往往较高且位次靠前，而大部分地处中部和西部地区的省份“技术资源直接利用能力”维度指数得分往往较低且位次相对靠后。为了能够更加清楚地探究“技术资源直接利用能力”维度指数得分位次呈现如此变化的原因，以下本研究按照“技术资源直接利用能力”维度指数得分均值位次先后情况，在一张趋势图中报告位次相邻的 10 个省市的“技术资源直接利用能力”维度指数得分位次变化情况。

表 6.5　各地区“技术资源直接利用能力”维度指数均值位次及其每间隔两年位次情况（2003—2014 年）

地区	均值	2003 年	2006 年	2009 年	2012 年	2014 年
北京	1	1	1	1	1	1
上海	2	2	2	2	2	2
天津	3	3	3	3	3	3
江苏	4	10	6	4	4	4
辽宁	5	4	5	5	6	6
浙江	6	9	7	6	5	5
广东	7	5	5	7	7	7
吉林	8	6	10	8	8	9
山东	9	13	8	9	10	11
内蒙古	10	23	18	11	9	8
山西	11	8	9	10	12	13
福建	12	16	15	12	13	12
陕西	13	15	13	13	11	10
河北	14	7	12	15	17	18
湖北	15	18	16	16	14	14
河南	16	19	11	14	15	20
黑龙江	17	11	14	17	18	17
新疆	18	12	17	19	20	21
海南	19	14	20	22	19	15
宁夏	20	22	21	18	16	19
湖南	21	20	19	20	22	22
安徽	22	21	23	23	21	16

续 表

地区	均值	2003 年	2006 年	2009 年	2012 年	2014 年
江西	23	17	22	21	23	26
广西	24	24	24	25	25	24
四川	25	25	25	24	24	23
青海	26	28	26	26	26	25
甘肃	27	27	29	28	28	27
贵州	28	26	28	27	27	28
云南	29	29	27	29	29	29

从图 6.14 能够更加直观地观察到:"技术资源直接利用能力"维度指数得分均值前十位的省份，在 2003—2014 年这 12 年间"技术资源直接利用能力"维度指数得分位次并不是十分稳定，除去排名第一的北京、排名第二的上海及排名第三的天津 3 个直辖市在本书选择的样本时间段内位次未发生过变化外，其他 7 个省份的位次波动都较大。除此之外，从图 6.14 能够很明显地发现"技术资源直接利用能力"维度指数得分位次居前十位的省市基本都处于东部地区。

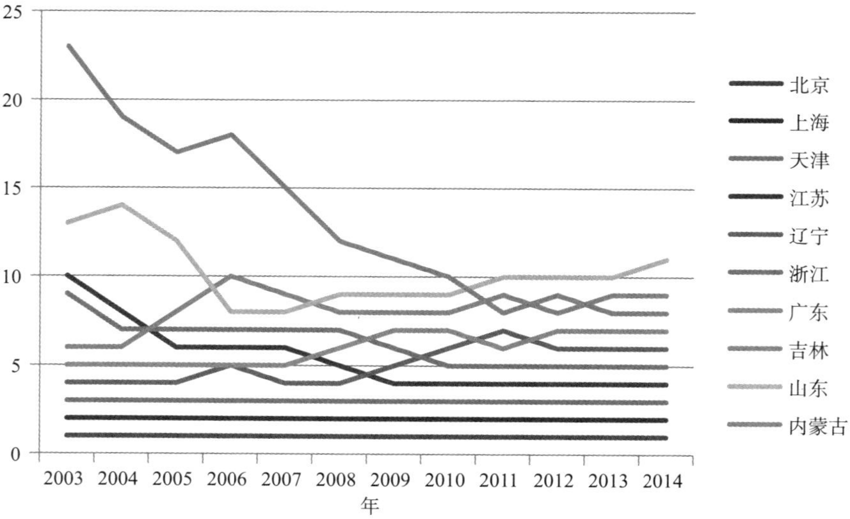

图 6.14 "技术资源直接利用能力"维度指数得分均值前十位省市位次变化趋势

从图6.15能够更加直观地观察到：一方面，“技术资源直接利用能力”维度指数得分均值中间9个省份中既有东部地区省份，也有中部及西部地区省份，可谓毫无规律；另一方面，“技术资源直接利用能力”维度指数得分均值中间9个省份的位次变化频繁且波动幅度较大，其中仅有黑龙江、河北及山西3个省份随着时间变迁，其“技术资源直接利用能力”维度指数得分位次持续跌落。

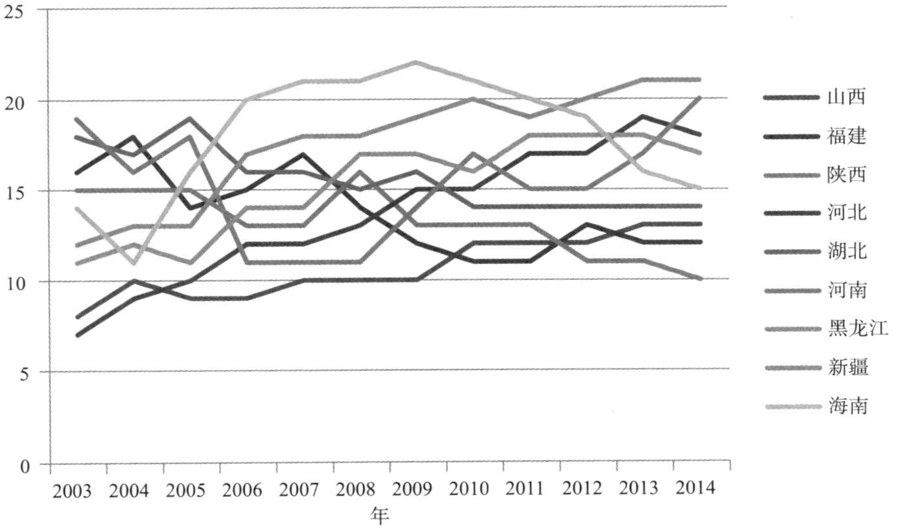

图6.15　“技术资源直接利用能力”维度指数得分均值中间9个省份位次变化趋势

从图6.16能够更加直观地观察到：一方面，“技术资源直接利用能力”维度指数得分均值后十位省份中全部为中部及西部地区省份；另一方面，“技术资源直接利用能力”维度指数得分均值后十位的省份在2003—2014年位次较为稳定，变化不是那么频繁，波动也不是那么大。

从图6.17—图6.19“技术资源直接利用能力”维度指数得分变化趋势可以看出：

第一，2003—2014年，中国29个省、直辖市及自治区的“技术资源直接利用能力”总体上呈现平稳上升的趋势，相对而言，前十位省份的增速没有其他省份增速快，而且几乎所有省份得分都在2010年左右出现了小幅的下滑之后继续上升，说明中国各地区“技术资源直接利用能力”也受到了2009年全球金融危机的细微影响。

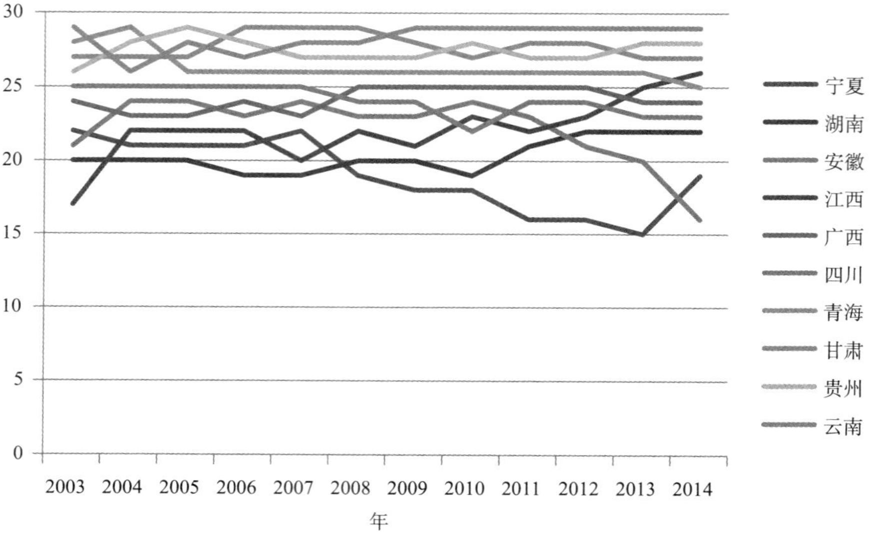

图 6.16 “技术资源直接利用能力”维度指数得分均值后十位省份位次变化趋势

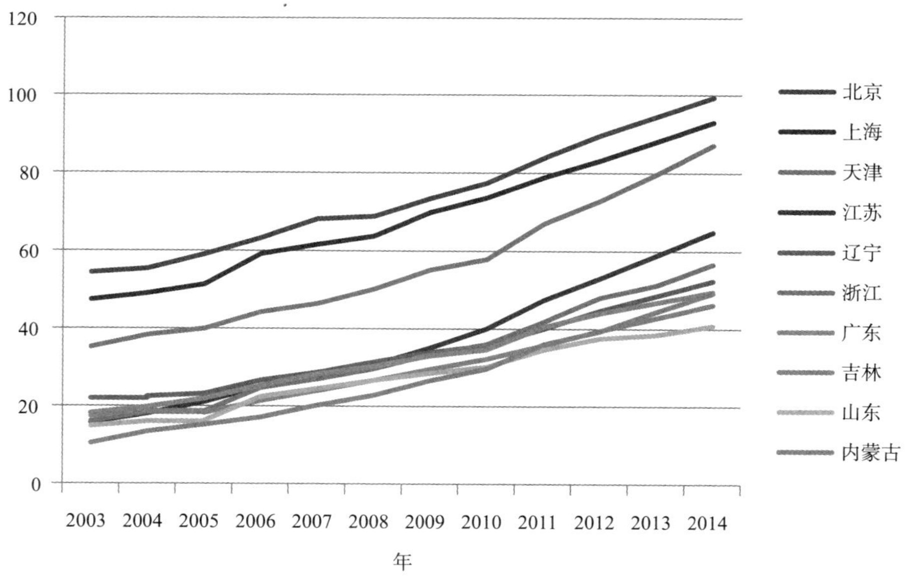

图 6.17 “技术资源直接利用能力”维度指数得分均值前十位省市得分变化趋势

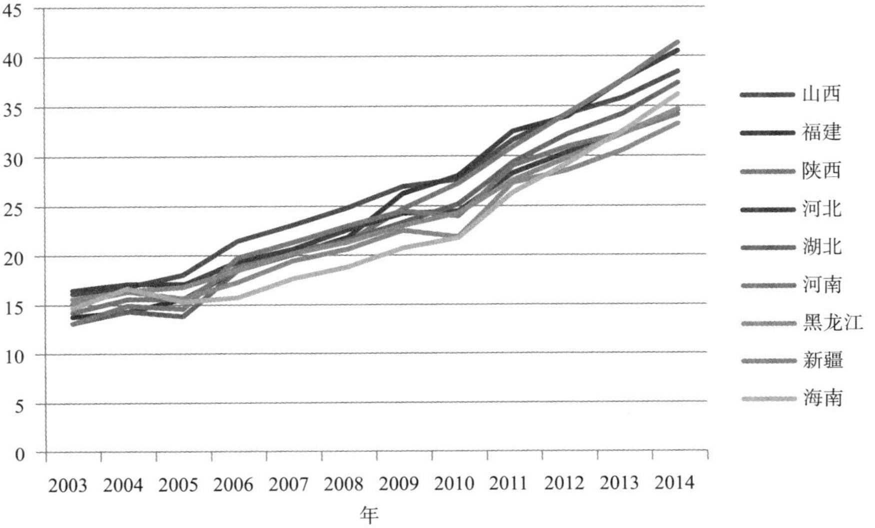

图 6.18　“技术资源直接利用能力”维度指数得分均值中间九位省份得分变化趋势

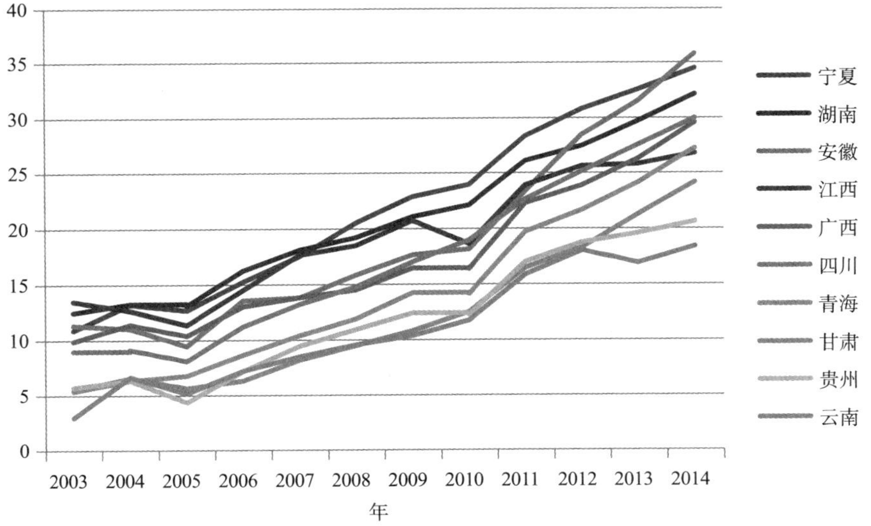

图 6.19　“技术资源直接利用能力”维度指数得分均值后十位省份得分变化趋势

第二，图 6.17 中均值位次靠前的 10 个省市中除了北京、上海及天津 3 个直辖市明显高于其他省份外，其他省份的“技术资源直接利用能力”区域差别并不是特别大，特别是 2010 年之前。

第三，图 6.18 中均值位次居中的 9 个省份“技术资源直接利用能力”区域差异非常小，9 条曲线基本簇拥在一起。

第四，图 6.19 中均值位次靠后的 10 个省份“技术资源直接利用能力”区域差异较大。

总体而言，图 6.17—图 6.19 三张趋势图中各地区“技术资源直接利用能力”维度指数得分变化趋势说明：从时间维度上看，所有省份得分都呈现稳定上升趋势，但都受到 2009 年世界金融危机的影响，在 2010 年“技术资源直接利用能力”有小幅降低；从截面维度上看，东部地区“技术资源直接利用能力”较中部及西部地区省份要更高，特别是位次前三的北京、上海及天津 3 个直辖市“技术资源直接利用能力”远远高于其他省份。此外，得分位次靠后的 10 个省份其“技术资源直接利用能力”区域差异较大。

四　各地区“资源再配置及技术杠杆化环境”维度指标指数位次情况及得分变化趋势

为了能够清楚地了解本研究选择的 29 个省、直辖市及自治区“资源再配置及技术杠杆化环境”区域差异及变化趋势，表 6.6 报告了 2003—2014 年“资源再配置及技术杠杆化环境”维度指标指数均值位次及其每间隔两年位次的情况，完整位次情况见附录 6.8。

从表 6.6 可以初步看出：2003—2014 年中国各省、直辖市及自治区的“资源再配置及技术杠杆化环境”维度指数得分位次呈现频繁的大幅度波动的变化趋势，尤其是“资源再配置及技术杠杆化环境”维度指数得分均值位次靠前 10 位及居中 9 位的 19 个省份；均值位次靠后 10 位的省份位次较为稳定，特别是甘肃省一直处于 29 个省市最后一位。此外，“资源再配置及技术杠杆化环境”维度指数得分位次的变化情况说明：大部分地处东部地区的省市“资源再配置及技术杠杆化环境”维度指数得分往往较高且位次靠前，而大部分地处中部和西部地区的省份“资源再配置及技术杠杆化环境”维度指数得分往往较低且位次相对靠后。为了能够更加清楚地探究“资源再配置及技术杠杆化环境”维度指数得分位次呈现如此变化情况的原因，以下本研究按照“资源再配置及技术杠杆化环境”维度指数得分均值位次先后情况，在一张趋势图中报告位次相邻的 10 个省市的“资源再配置及技术杠杆化环境”维度指数得分位次变化情况。

表6.6 各地区“资源再配置及技术杠杆化环境”维度指数均值位次及其每间隔两年位次情况（2003—2014年）

地区	均值	2003年	2006年	2009年	2012年	2014年
上海	1	1	4	6	1	1
广东	2	2	2	2	2	3
北京	3	4	1	3	3	2
福建	4	3	3	5	6	5
浙江	5	6	5	1	4	4
江苏	6	7	6	4	5	6
天津	7	5	7	7	7	8
山东	8	8	8	8	9	9
海南	9	10	10	10	8	7
辽宁	10	9	9	9	10	10
四川	11	11	13	11	12	14
安徽	12	17	12	15	15	11
河北	13	12	11	14	13	15
河南	14	13	14	13	14	13
江西	15	20	20	12	11	12
湖北	16	16	15	18	16	17
广西	17	19	16	16	17	16
吉林	18	14	17	17	20	21

续 表

地区	均值	2003 年	2006 年	2009 年	2012 年	2014 年
宁夏	19	15	18	19	18	19
湖南	20	21	19	20	19	18
云南	21	23	24	21	21	20
山西	22	18	21	23	22	25
内蒙古	23	22	22	22	24	24
贵州	24	27	23	24	23	23
青海	25	28	27	25	25	22
陕西	26	25	26	26	27	27
黑龙江	27	24	25	27	26	26
新疆	28	26	28	28	28	28
甘肃	29	29	29	29	29	29

从图 6.20 能够更加直观地观察到："资源再配置及技术杠杆化环境"维度指数得分均值前十位的省份，在 2003—2014 年这 12 年间"资源再配置及技术杠杆化环境"维度指数得分位次并不十分稳定，包括均值位次处于前三位的上海、广东及北京在内，所有 10 个省市"资源再配置及技术杠杆化环境"维度指数得分位次都发生频繁大幅度的变化。除此之外，从图 6.20 能够很明显地发现"资源再配置及技术杠杆化环境"维度指数得分位次居前十位的省市全部处于东部地区。

从图 6.21 能够更加直观地观察到：一方面，"资源再配置及技术杠杆化环境"维度指数得分均值中间九位省份中除去四川、宁夏及广西外，其他省份都为中部地区省份；另一方面，"资源再配置及技术杠杆化环境"维度指数得分均值中间九位省份的位次变化频繁且波动幅度较大。

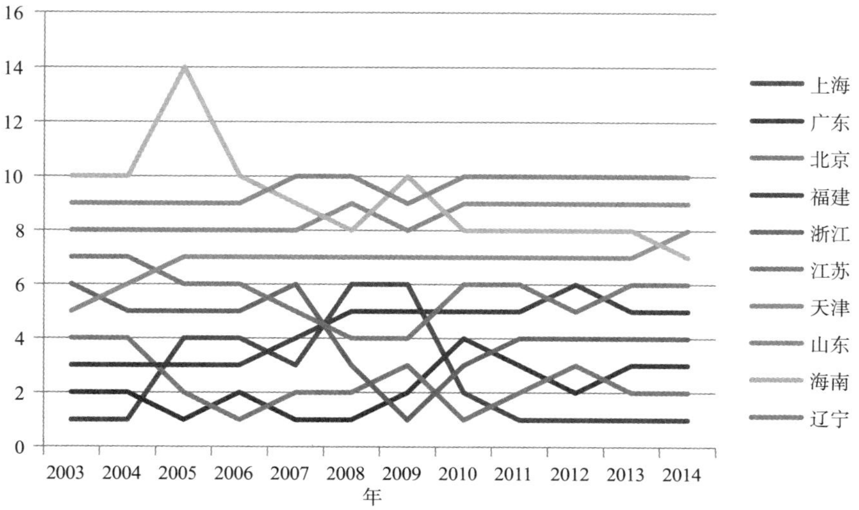

图 6.20　“资源再配置及技术杠杆化环境”维度指数得分均值前十位省份位次变化趋势

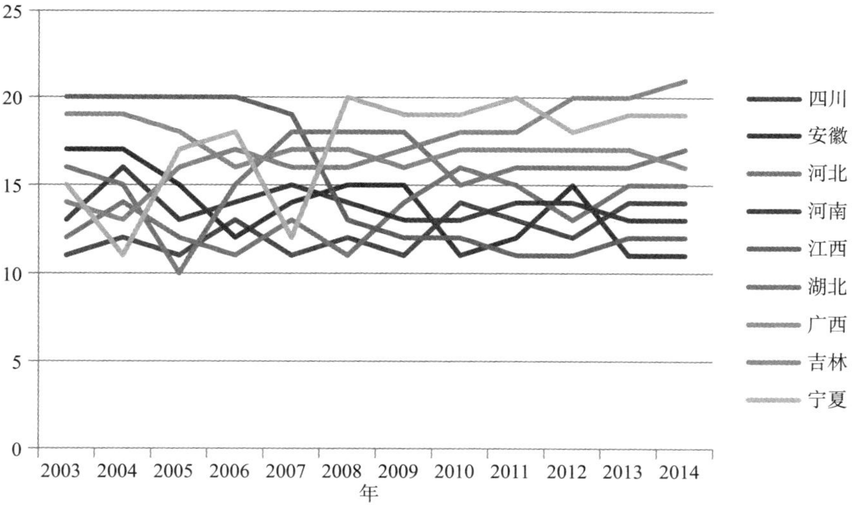

图 6.21　“资源再配置及技术杠杆化环境”维度指数得分均值中间九位省份位次变化趋势

从图 6.22 能够更加直观地观察到：一方面，“资源再配置及技术杠杆化环境”维度指数得分均值后十位省份中除湖南省外，其他均为西部地区省份；另一方面，“资源再配置及技术杠杆化环境”维度指数得分均值后十位的省份在 2003—2014 年位次较为稳定，变化不是那么频繁，波动也不是那么大，特别是甘肃省在本书样本时间段一直处于最后一位。

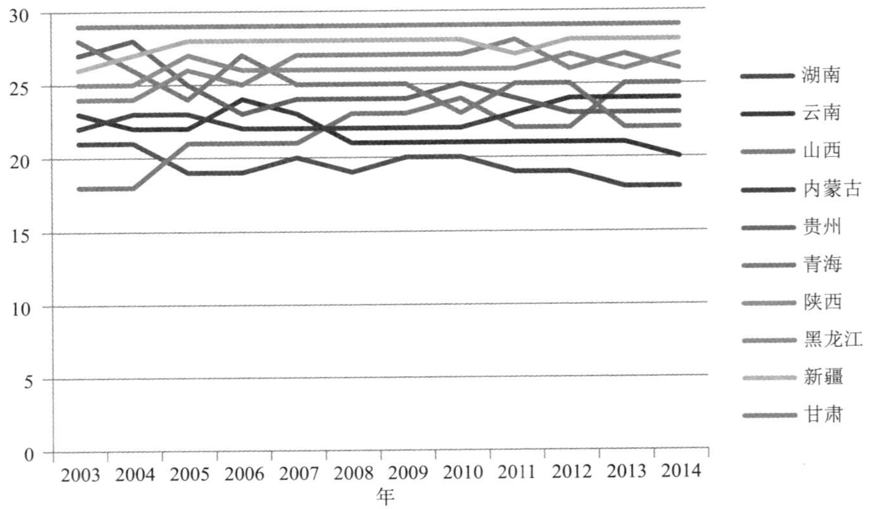

图 6.22 “资源再配置及技术杠杆化环境”维度指数得分均值后十位省份位次变化趋势

从图 6.23—图 6.25“资源再配置及技术杠杆化环境”维度指数得分均值后十位省份得分变化趋势可以看出：2003—2014 年，中国 29 个省、直辖市及自治区的“资源再配置及技术杠杆化环境”总体上呈现波动上升的趋势，相对而言，前十位省份的增速没有其他省份增速快；图 6.23 中均值位次靠前的 10 个省市中所有省份“资源再配置及技术杠杆化环境”区域差别较大，特别是山东、海南及辽宁 3 个省份得分明显低于其他 7 个省份；图 6.24 中均值位次居中的 9 个省份“资源再配置及技术杠杆化环境”区域差异非常小，9 条曲线基本簇拥在一起；图 6.25 均值位次靠后的 10 个省份“资源再配置及技术杠杆化环境”区域差异较大，特别是其中处于末位的甘肃省，其“资源再配置及技术杠杆化环境”维度指标指数得分远远低于其他省份。

总体而言，图 6.23—图 6.25 三张趋势图中各地区“资源再配置及技术杠杆化环境”维度指标指数得分变化趋势说明：从时间维度上看，所有省份得分都呈现波动上升趋势；从截面维度上看，“资源再配置及技术杠杆化环境”维度指标指数得分总体呈现东部地区、中部地区及西部地区逐次降低的趋势，除去四川、安徽、河北、河南、江西、湖北、广西、吉林、宁夏及湖南 9 个省份区域差异较小外，其他 20 个省市“资源再配置及技术杠杆化环境”维度指标指数得分区域差异较为明显。

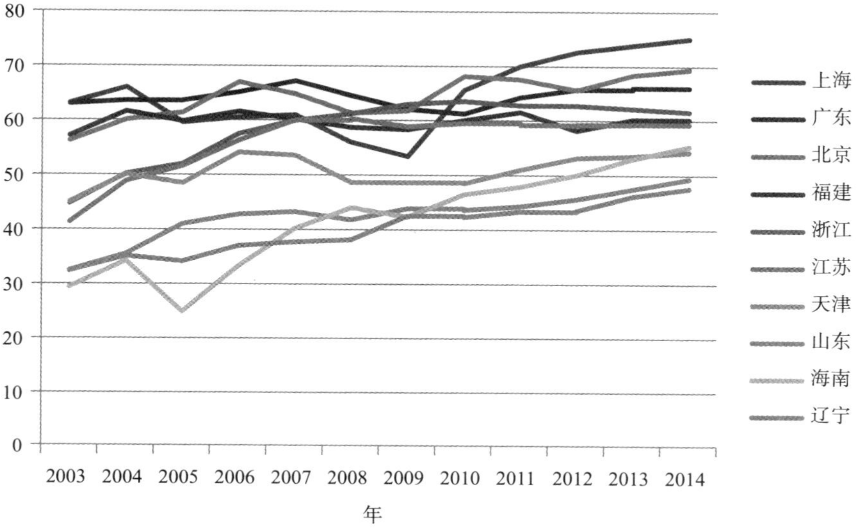

图 6.23　“资源再配置及技术杠杆化环境”维度指数得分均值前十位省市得分变化趋势

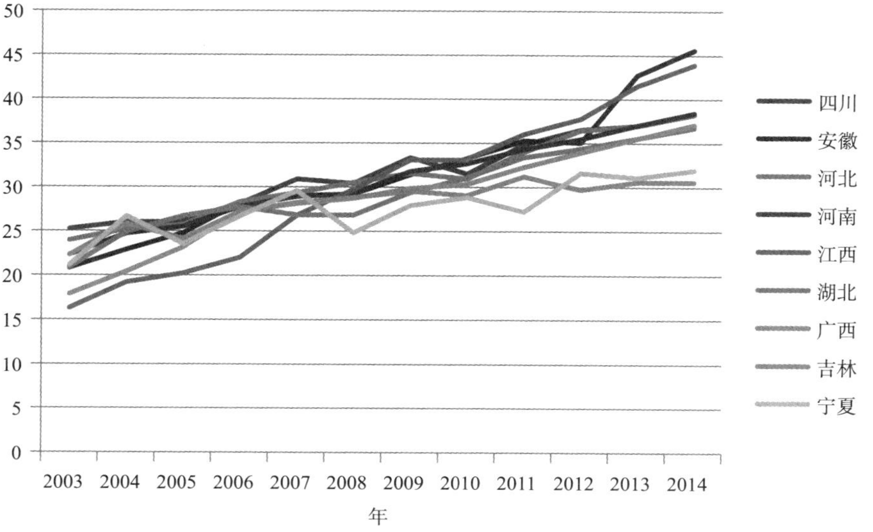

图 6.24　“资源再配置及技术杠杆化环境”维度指数得分均值中间九位省份得分变化趋势

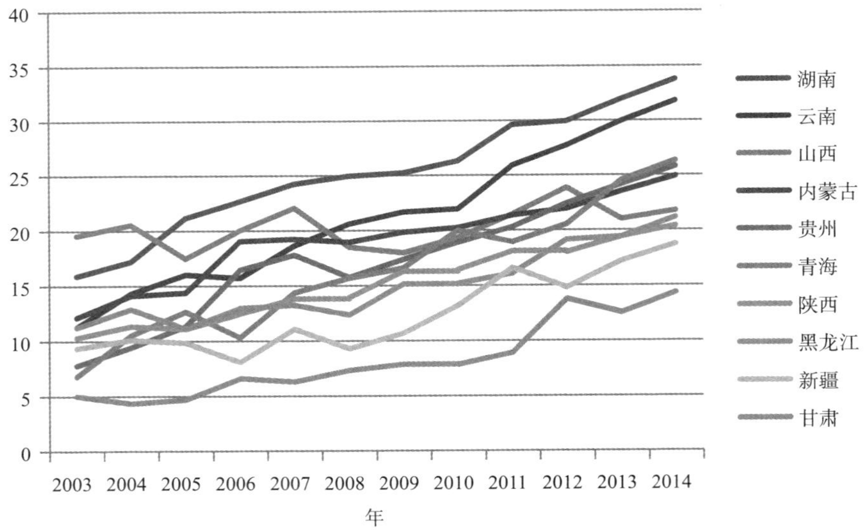

图 6.25 “资源再配置及技术杠杆化环境”维度指数得分均值后十位省份得分变化趋势

第七节 本章小结

为了能够更好地开展后续相关研究，首先，本章借鉴李梅（2014）研究的思想对中国对外直接投资逆向技术溢出作用机制进行重新界定；其次，在作用机制重新界定的基础上，结合以往研究对“吸收能力”概念的刻画，将基于中国 OFDI 逆向技术溢出机制的“吸收能力”概念界定为：中国各省、自治区及直辖市通过开展对外直接投资活动对于东道国或地区的技术资源获取、技术资源直接利用、资源再配置及技术杠杆化等诸多因素共同作用形成的一种动态能力，主要包括各地区技术资源获取能力（ACQ）、各地区技术资源直接利用能力（UTI）及各地区资源再配置及技术杠杆化环境（ENV）三个维度因素；再次，在借鉴徐磊（2009）指标体系构建的基础上，从本研究刻画的中国 OFDI 逆向技术溢出“吸收能力”概念的 3 个维度中选择了 10 个一级测度指标及 21 个二级测度指标，对中国 2003—2014 年间各省市 OFDI 逆向技术溢出“吸收能力”进行定量测度并对其进行指数化；最后，对中国各地区 OFDI 逆向技术溢出

“吸收能力”总体指数及3个维度指标指数的具体测度结果、得分位次及得分变化趋势进行深入分析。

以上研究的结果显示：

第一，本书构建的指标体系从时间维度上能够很好地刻画中国29个省市的“吸收能力”变化趋势，其总体指数得分在本研究选择的样本时间段呈现着平稳上升的趋势；从截面维度上能够很好地刻画中国29个省市“吸收能力”的区域差异，“吸收能力”总体指数得分总体呈现东部地区、中部地区及西部地区逐次降低的趋势。

第二，本书构建的“技术资源获取能力”维度指标体系从时间维度上能够很好地刻画中国“吸收能力”第一维度因素的变化趋势，该维度指标指数得分总体呈现稳定上升趋势，但东部地区上升速度明显低于中部及西部地区；从截面维度上能够很好地刻画中国29个省市“技术资源获取能力”的区域差异，总体呈现东部地区、西部地区及中部地区逐次降低的趋势，东部地区较之中部地区及西部地区“技术资源获取能力”的区域差异更大，而中部地区及西部地区在2007年之后“技术资源获取能力”区域差异逐渐减小，表现出了一定的趋同性。

第三，本书构建的“技术资源直接利用能力”维度指标体系从时间维度上能够很好地刻画中国“吸收能力”第二维度因素的变化趋势，该维度指标指数得分总体呈现稳定上升趋势，但都受到2009年世界金融危机的影响，在2010年“技术资源直接利用能力”有小幅降低；从截面维度上能够很好地刻画中国29个省市“技术资源直接利用能力”的区域差异，东部地区“技术资源直接利用能力”较中部及西部地区要高，特别是位次前三的北京、上海及天津3个直辖市“技术资源直接利用能力”远远高于其他省份，此外，得分位次靠后的10个省份其“技术资源直接利用能力”区域差异较大。

第四，本书构建的“资源再配置及技术杠杆化环境”维度指标体系从时间维度上能够很好地刻画中国“吸收能力”第三维度因素变化趋势，该维度指标指数得分总体呈现波动上升趋势；从截面维度上能够很好地刻画中国29个省市“资源再配置及技术杠杆化环境”的区域差异，该维度指标指数得分总体呈现东部地区、中部地区及西部地区逐次降低的趋势，除去四川、安徽、河北、河南、江西、湖北、广西、吉林、宁夏及湖南9个省份区域差异较小外，其他20个省市“资源再配置及技术杠杆化环境”维度指标指数得分区域差异较为明显。

第七章　吸收能力视角的 OFDI 逆向技术溢出门槛效应研究

本书的第五章已经尝试借鉴 Huang，Liu et al.（2012）的模型思想，实证检验中国各省市对美国等 11 个发达国家或者地区开展对外直接投资活动的逆向技术溢出效应，实证结果并未证实现阶段中国 OFDI 对各地区有显著的逆向技术溢出效应，进一步的研究证实中国 OFDI 逆向技术溢出效应存在显著的区域异质性，中国仅有东部地区省市通过对发达国家或地区开展的直接投资活动产生了显著逆向技术溢出效应。为了从实证角度验证和探讨中国各地区 OFDI 逆向技术溢出区域异质性的原因，本章尝试在第六章对中国 OFDI 逆向技术溢出"吸收能力"重新界定、刻画及测度的基础上，实证分析吸收能力对中国各地区 OFDI 逆向技术溢出的具体影响机制。

第一节　前言

对外直接投资逆向技术溢出是跨国公司进行对外投资时，先进技术由东道国企业向母国企业的逆向转移，国外众多学者研究证实它是国际技术溢出效应的另一重要途径，也是一国或地区技术进步的重要途径之一。一直以来 OFDI 逆向技术溢出效应更多地发生在发达国家之间，近年来不少研究也证实发展中国家开展对外直接投资活动也逐渐成为其技术进步的又一重要途径。在当前中国劳动力成本不断攀升及中国国内市场不断饱和的情况下，中国 IFDI 技术溢出效应已经不尽如人意，中国企业如何通过"走出去"进行对外投资来获取逆向技术溢出就显得尤为重要。正因如此，中国正逐步从以吸收外资为主转向吸收外资和对外投资并重的阶段，党的十八大报告更明确提出要"加快走出去步伐，增强企业国际化经营能力，培育一批世界水平的跨国公司”①。国家对“走出去”战略的持续重视，促使越来越多有条件的中国企业以现金、实物及无形资产等多种方式“走出去”，在国外及我国港澳台地区开展对外直接投资活动，中国对外直接投资无论是流量还是存量都呈现爆发式的增长。尽管如此，以往全球 OFDI 活动中发达国家跨国公司扮演主要角色，中国作为最大的发展中国家开展“技术获取型”OFDI 尚处于初级阶段。在本书第五章已经通过实证研究证实了中国现阶段 OFDI 逆向技术溢出效应存在显著的区域异质性，仅在东部地区才有比较显著的逆向技术溢出效应，其原因可能是中国各地区“吸收能力”的区域差异；而第六章已经对“吸收能力”概念重新刻画并对其进行了客观测度。本章十分有必要实证验证“吸收能力”与中国 OFDI 逆向技术溢出之间的客观关系，系统探究中国 OFDI 逆向技术溢出效应具有区域异质性的原因。针对上述问题的研究，无论是对于检验中国“走出去”战略的效果，还是根据其实施效果调整和制定未来各地区的对外投资政策都有着重要的现实及理论意义。

在国际经济学领域，国际技术溢出效应一直都是研究的热点问题，其中关于 IFDI 技术溢出效应的研究尤为丰富，相关理论研究大都证实了 IFDI 对东道国或地区技术水平的促进作用，包群等（2006）也通过相关研究文献的回归总结出：IFDI 主要通过传染效应、竞争效应、人员培训效应及链接效应四条渠道显著促进东道国或地区技术水平的进步。然而众多 IFDI 技术溢出效应的实证研究并未得到一致结论，全球范围内 IFDI 技术溢出效应存在明显的区域异质性，大多数发达国家吸引的 IFDI 普遍对东道国或地区技术水平有显著的促进作用，例如：Imbriani 和 Reganati（1997）及 Branstetter（2001）等的实证研究都证实了欧洲国家、美国及日本等国吸引的 IFDI 都对东道国或地区技术进步有着显著的促进作用；而众多关于发展中国家或者转型国家的相关研究并未得到一致结论：Sjöholm（1999）对印度尼西亚的研究、Blomström et al.（1994）对墨西哥的研究及 Kokko et al.（1996）对乌拉圭的研究都证实了在这些发展中国家 IFDI 对当地技术水平有促进作用；而 Vinish（2000）对印度的研究、Haddad 和 Harrison（1993）对摩洛哥的研究，及 Aitken 和 Harrison（1999）对委内瑞拉的研究却未证实 IFDI 对这些发展中国家的技术水平具有促进作用。IFDI 技术溢出效应

① 胡锦涛：《在中国共产党第十八次全国代表大会上的报告》。

实证检验结论的不一致性原因众多，除了研究对象、研究样本数据及研究方法具有差异外，不同国家或者地区“吸收能力”的区域差异也是其重要原因。Cohen 和 Levinthnal（1989）曾经提出：微观企业研发投资，一方面能够直接促进企业技术水平的提高；另一方面可以通过提升企业对外来知识、技术及管理经验的吸收、学习及模仿能力间接地促进企业技术水平的提高，该研究首次提出了“吸收能力”的概念。此后，诸多研究分别从东道国或地区技术水平（Griffith et al.，2004；Kinoshita，2000；黄凌云等，2007）、人力资本（Kneller 和 Stevens，2006；Caselli 和 Coleman，2001；王剑武和李宗植，2007）、金融发展程度（Alfaro et al.，2004；Hermes 和 Lensink，2003；赵奇伟和张诚，2007）、市场体制（Balasubramanyam et al.，1996）及产业关联效应（Goldsmith 和 Sporleder，2010）等视角探讨东道国或地区“吸收能力”与 IFDI 技术溢出效应之间的关系。相关研究都从不同视角证明了吸收能力对 IFDI 技术溢出效应的重要性，只有当东道国或地区“吸收能力”达到一定水平后才能有效吸收 IFDI 给当地技术水平带来的促进作用，Borenztein 和 Gregorio 形象地称“吸收能力”对 IFDI 技术溢出效应的影响现象为“门槛效应”，即一个国家或者地区要吸收 IFDI 给其技术水平带来的促进作用，需要其“吸收能力”跨越一定的门槛值。

虽然相较于 IFDI 技术溢出效应研究，OFDI 逆向技术溢出效应的相关研究没有那么丰富，但其发展的脉络与 IFDI 技术溢出效应研究非常类似。相关理论研究支持 OFDI 逆向技术溢出效应的假说，例如：Fosfuri 和 Motta（2010）通过构建一个简单的 Cournot 模型研究不具备技术优势的跨国公司的跨国直接投资决策时发现，不具备技术优势的跨国公司依然可以通过对技术领先国家的直接投资促进其自身技术水平的提升。关于 OFDI 逆向技术溢出效应的实证研究至今未形成一致认识。一部分研究支持 OFDI 逆向技术溢出效应的存在性，例如：Potterie 和 Lichtenberg（2001）在 *Review of Economics & Statistics* 发表的论文首次使用研发溢出回归模型研究 OFDI 逆向技术溢出效应，其研究发现对研发资本密集国家开展对外直接投资活动能够显著地促进母国或地区技术水平的提升，从而证实了 OFDI 逆向技术溢出效应的存在性，该文献也成为该领域研究争相参考和借鉴的文献，截至 2017 年 8 月 1 日，已经被引用 689 次。此外，支持 OFDI 逆向技术溢出效应存在性的研究主要包括：Driffield 和 Love（2005）对投资于英国的“技术利用型”OFDI 及“技术获取型”OFDI 产生影响效应的研究；Branstetter et al.（2006）对日本跨国公司前往美国开展对外直接投资活动产生影响效应的研究；Driffield et al.（2009）对于英国两种不同类型对外直接投资对英国劳动生产率产生影响的研究。另一部分实证研究的结果并没有证实OFDI逆向技术溢出效应的存在性，例如：Vahter和Masso（2007）利用爱沙尼亚微观企业面板数据分析OFDI对母公司及母国其他企业技术水平的影响时发现，OFDI对母公司技术水平有明显的促进作用，但对母国其他企业技术水平并没有明显的促进作用。此外不支持OFDI逆向技术溢出效应存在性的研究还包括：Bitzer和Kerekes（2008）利用1973—2000年17个OECD国家产业层面的面板数据对OFDI逆向技术溢出效应开展的实证研究；Braconier et al.（2001）采用瑞典公司及产业相关数据对国际研发溢出渠道的检验。

以上OFDI逆向技术溢出效应实证研究结果的差异性与IFDI技术溢出效应实证研究结果的差异性极为类似，其研究结果的差异性同样除了由于研究对象、研究样本数据及研究方法的差异外，不同国家或者地区“吸收能力”的区域差异也是其重要原因。因此学界也开始延续IFDI技术溢出效应的研究视角，从影响OFDI逆向技术溢出效应的“吸收能力”视角，来探讨和分析其对OFDI逆向技术溢出的影响，例如：Siotis（1999）的研究认为市场环境、竞争力水平及企业行为共同影响OFDI逆向技术溢出效应，然而如果母国或地区技术吸收能力不强，OFDI逆向技术溢出效应就会不显著。此外，也有学者用人力资本（Boernsztein和Gregorio，1998；Coe et al.，2008）、R&D投入（Keller，2004）、市场监管、金融发展程度及贸易开放度（Kerzer，2010）等变量对“吸收能力”进行刻画，并分析其与OFDI逆向技术溢出之间的关系。近些年，国内学者也开始关注OFDI逆向技术溢出效应影响因素，例如：周春应（2009）利用中国1991—2007年OFDI相关数据分析R&D水平、人力资本水平、金融发展程度、经济开放程度、经济发展水平、基础设施、经济结构及社会资本等诸多因素对OFDI逆向技术溢出效应的影响，实证检验结果发现R&D水平、经济开放程度及基础设施是OFDI逆向技术溢出效应的重要影响因素，而其他因素并未对其产生显著影响。李梅和金照林（2011）、阚大学（2010）及陈岩（2011）等分别将人力资本、金融发展程度、对外开放程度及R&D研究人员等因素作为考察对象，探究吸收能力对OFDI逆向技术溢出效应的影响。刘明霞和王学军（2009）从人力资本视角研究OFDI逆向技术溢出效应，研究发现人力资本与OFDI逆向技术溢出效应之间并不是简单的线性关系，当人力资本超过门槛值后，OFDI逆向技术溢出效应才会显著；刘明霞（2010）又从技术差距视角研究 OFDI 逆向技术溢出效应，实证研究结果显示，技术差距对 OFDI 逆向技术溢出效应有明显的影响，而技术差距与 OFDI 逆向技术溢出效应之间也呈现非线性关系。

根据以上对 OFDI 逆向技术溢出效应研究的回顾可知，“吸收能力”是目前相关研究不可回避的研究视角，前期国内外相关研究不仅丰富了 OFDI 逆向技术溢出效应的研究视角，而且也丰富了“吸收能力”的概念及内涵。然而总结起来相关研究依然存在以下几方面问题：以往研究大多仅仅强调某方面因素对 OFDI 逆向技术溢出效应的影响，忽视了其他因素；虽然有研究同时考虑几方面因素对 OFDI 逆向技术溢出效应的影响，但并没有考虑各因素之间的协同关系，将其纳入同一个模型中进行分析；关于“吸收能力”与 OFDI 逆向技术溢出效应之间的非线性关系的研究方法，更多地局限于分组检验及交叉项模型法两种方式。有鉴于此，本章将在第六章对中国 29 个省市 2003—2014 年“吸收能力”刻画及测度的基础上，借鉴 Hansen（1999）的门槛回归技术实证分析“吸收能力”对中国各地区 OFDI 逆向技术溢出效应的影响，以明晰第五章中检验出来的 OFDI 逆向技术溢出效应区域异质性的形成原因。

第二节　模型的设定

一　静态面板门槛基础模型

正如本章前言中总结的，现阶段关于“吸收能力”与 OFDI 逆向技术溢出效应的非线性关系的研究方法主要是分组检验法及交叉项模型法，而这两种方法存在以下两方面问题：第一，分组检验法首先需要凭借某些主观因素对研究样本进行人为的分组，因而此种方法中“吸收能力”的分界点或者门槛值同样具有很强的主观性，无法对具体分界点或者门槛值从统计学角度进行客观估算；第二，交叉项模型法在对参数进行客观估计前，同样需要先凭借某些主观因素或者其他研究者的经验设定“吸收能力”影响因素与 OFDI 变量的交叉项形式，因而模型形式的设定同样具有很强的主观性。

Hansen（1999）构建的静态面板门槛模型能够很好地克服分组标准及模型形式设定的主观性，对“吸收能力”与 OFDI 逆向技术溢出效应之间的非线性关系进行客观估算，同时也可以对“门槛值”进行客观估算。为了更加科学地研究中国各地区“吸收能力”对中国对外直接投资逆向技术溢出效应的影响机制，本章将借鉴 Hansen（1999）静态面板门槛模型的思想展开研究，其基础模型如下。

$$y_{it} = \mu_i + \beta'_1 x_{it} I(q_{it} \leqslant \gamma) + \beta'_2 x_{it} I(q_{it} > \gamma) + e_{it} \tag{7.1}$$

其中，i 为截面标识，t 为时间标识，q_{it}为门槛变量，γ 为待估计的门槛值，I（·）为指标函数。实际上，该基础模型相当于一个分段函数式的非线性模型，等价于以下模型：

$$y_{it} = \begin{cases} y_{it} = \mu_i + \beta'_1 x_{it} + e_{it}, & q_{it} \leqslant \gamma \\ y_{it} = \mu_i + \beta'_2 x_{it} + e_{it}, & q_{it} > \gamma \end{cases} \tag{7.2}$$

式（7.2）为存在单一门槛的情况，实际上从计量经济学角度，可以将模型扩展为存在两个、三个甚至更多门槛的情况，存在两个及三个门槛的基础式如（7.3）及（7.4），限于篇幅的原因，更多门槛情况下的基础模型本书不再逐一描述。

$$y_{it} = \begin{cases} y_{it} = \mu_i + \beta'_1 x_{it} + e_{it}, & q_{it} \leqslant \gamma_1 \\ y_{it} = \mu_i + \beta'_2 x_{it} + e_{it}, & \gamma_1 < q_{it} \leqslant \gamma_2 \\ y_{it} = \mu_i + \beta'_3 x_{it} + e_{it}, & q_{it} > \gamma_2 \end{cases} \tag{7.3}$$

$$y_{it} = \begin{cases} y_{it} = \mu_i + \beta'_1 x_{it} + e_{it}, & q_{it} \leqslant \gamma_1 \\ y_{it} = \mu_i + \beta'_2 x_{it} + e_{it}, & \gamma_1 < q_{it} \leqslant \gamma_2 \\ y_{it} = \mu_i + \beta'_3 x_{it} + e_{it}, & \gamma_2 < q_{it} \leqslant \gamma_3 \\ y_{it} = \mu_i + \beta'_4 x_{it} + e_{it}, & q_{it} > \gamma_3 \end{cases} \tag{7.4}$$

二 静态面板门槛回归方法简介

Hansen（1999）提出的静态面板门槛分析方法，主要包括两部分内容：一是模型的参数估计；二是模型的显著性检验。其中，模型的参数估计主要包括对门槛值及变量系数的参数估计；模型的显著性检验主要包括对门槛效应及门槛值真实性的显著性检验。在实际的参数估计过程中，首先在门槛变量q_{it}的取值范围中，选定一个门槛值 γ，则可以利用最小二乘法对式（7.1）的系数进行参数估计，从而得到此时的残差平方和S_1（γ）；同样道理，在门槛变量区域值范围中任意选定一个其他值作为门槛值，都可以对式（7.1）的系数进行参数估计，从而得到此时的残差平方和；如此反复找到那个使得残差平方和最小的门槛值就是待估计的门槛值，即$\hat{\gamma}=\text{argmin}\ S_1(\gamma)$。为了提高门槛值估计的准确性，通常情况下采用 Hansen（2000）的格栅搜索法（Grid Search）求解残差平方和最小化问题。

门槛模型参数估计之后，便可以进行显著性检验，首先进行的门槛效应显著性检验就是检验参数估计结果中β_1与β_2是否具有显著的差异。设定原假设为H_0：$\beta_1=\beta_2$，此时H_0的似然比统计检验量为$F_1=(S_0-S_1(\hat{\gamma}))/\hat{\sigma}^2$，其中$S_0$及$S_1(\hat{\gamma})$分别为在原假设及备择假设下进行参数估计后得到的残差平方和，$\hat{\sigma}^2$为备择假设下进行参数估计后得到的残差方差。检验统计量F_1的渐进分布为非标准分布，Hansen（1996）采用“Bootstrap 抽样法”得到其一阶渐进分布，进而构建的 P 值是渐进有效的。完成门槛效应显著性检验后，便可对门槛值真实性进行显著性检验，设定原假设为H_0：$\hat{\gamma}=\gamma_0$，此时H_0的似然比统计检验量为$LR_1(\gamma)=(S_1(\gamma)-S_1(\hat{\gamma}))/\hat{\sigma}^2$，该检验统计量同样非标准，Hansen 利用公式$LR_1(\gamma)\leqslant -2log(1-\sqrt{1-\alpha})$计算其非拒绝域，其中$\alpha$为显著性水平，因此若显著性水平为 5%，则似然比值LR_1的临界值为 7.35。

三　模型的设定

借鉴式（7.1）的思想，首先假设中国对外投资逆向技术溢出存在基于“吸收能力”的“单门槛效应”，将第六章“吸收能力”总体指标指数得分 ABCA 作为门槛变量引入式（5.3），构建以下模型：

$$\begin{aligned}\ln(Y_{it}/L_{it}) &= \mu_i+\alpha\ln(K_{it}/L_{it})+\gamma_1\ln HU_{it}+\gamma_2\ln SD_{it}+\gamma_3\ln SF_{it}^{IM}+\gamma_4\ln SF_{it}^{IF}\\ &\quad+\theta_1\ln SF_{it}^{OF}I(ABCA_{it}\leqslant\eta)+\theta_2\ln SF_{it}^{OF}I(ABCA_{it}>\eta)+\varepsilon_{it}\end{aligned}\tag{7.5}$$

其中i代表地区；t代表年份；HU_{it}代表人力资本水平；SD_{it}代表国内研发资本存量；SF_{it}^{IM}代表通过进口贸易获取的国外研发资本存量；SF_{it}^{IF}代表通过吸引外商直接投资获取的国外研发资本存量；SF_{it}^{OF}代表通过对外直接投资获取的国外研发资本存量；μ_i为个体效应，表示不随时间变化但影响地区技术进步的资源禀赋差异；ε_{it}为随机扰动项，假设其服从均值为零且方差有限的正态分布；$ABCA_{it}$为“吸收能力”总体指数得分，是该模型中的门槛变量；η为需要进行参数估计的门槛值。

第三节　变量说明及数据来源

本章模型涉及的样本数据依然选择 2003—2014 年作为样本期，样本区域包括中国 29 个省份，其中西藏数据存在严重的缺失，未将其纳入样本范围；而重庆市数据并入四川省后纳入样本范围。为了消除价格因素的影响，所有涉及价格度量的变量都以 2003 年不变价格计算，本章涉及变量样本的基本描述性统计量报告于表 7.1。

一　产出水平（*Y*）、固定资本存量（*K*）及劳动投入（*L*）

产出水平（Y）：以 2003 年不变价格度量的中国各省份 2003—2014 年实际 *GDP* 表示。2003—2012 年当年价格 *GDP* 及 *GDP* 指数数据来源于 2004—2015 年《中国统计年鉴》。

固定资本存量（K）：以 2003 年不变价格度量的中国各省份 2003—2014 年固定资本存量，采用永续盘存法对其进行估算，具体估算公式如下：

$$K_{it} = (1 - \delta_{it}) K_{i,t-1} + I_{it} \tag{7.6}$$

其中，K_{it}为省份 i 第 t 年的固定资本存量；I_{it}为省份 i 第 t 年的固定资本形成总额；δ_{it}为省份 i 第 t 年的固定资本存量经济折旧率，与张军等（2004）估计省际固定资本存量相同，采用固定经济折旧率 9.6%；为了减少估算误差，选择 1985 年作为基期，基期数据采用稳态方法进行估计。1985—2008 年固定资本形成总额及固定资产投资价格指数数据来源于《新中国六十年统计资料汇编》，2009—2014 年的数据来源于 2010—2015 年《中国统计年鉴》。

劳动投入（L）：以中国各省份 2003—2012 年年末从业人员数表示，由于《中国统计年鉴》缺失 2011—2014 年省份数据，为了保持数据的连续性，所有数据采用各省、自治区及直辖市统计年鉴中的相关数据。

二　人力资本水平（*HU*）

本书采用 2003—2014 年 6 岁及以上人口平均受教育年数来衡量各省份人力资本水平。设定文盲半文盲、小学、初中、高中、大专及以上教育程度的居民平均教育年数分别为 0、6、9、12 和 16 年，计算公式为：$HUM = prim \times 6 + midd \times 9 + high \times 12 + univ \times 16$，其中 prim、midd、high 及 univ 分别为小学、初中、高中和大专及以上教育程度居民占地区 6 岁及以上人口的比重。2003—2012 年各省份受教育程度人口数据来源于 2004—2015 年《中国统计年鉴》。

三　国内研发资本存量（*SD*）

与固定资本存量类似，国内研发资本存量也采用永续盘存法进行估算，估算公式如下：

$$SD_{it} = (1 - \delta_{it}) SD_{i,t-1} + RD_{it} \tag{7.7}$$

其中，SD_{it}为省份 i 第 t 年的国内研发资本存量；RD_{it}为省份 i 第 t 年的 *R&D* 经费支出；δ_{it}为省份 i 第 t 年的国内研发资本存量折旧率，沿用 *Coe* 和 *Helpman*（1995）采用的 5%；为了减少估算误差并结合数据的可获取性，选择 1998 年作为基期，$SD_{1998} = RD_{1998}/(g + \delta)$，g 为各省份 1998—2012 年 *R&D* 经费支出的对数平均增长率，δ 同样取 5%。1998—2012 年各省份 *R&D* 经费支出数据都采用固定资产投资价格指数折算为 2003 年不变价格数据，其中 *R&D* 经费支出数据来源于历年《中国科技统计年鉴》，固定资产投资价格指数来源于历年《中国统计年鉴》。

四　通过对外直接投资获取的国外研发资本存量（SF^{OF}）

为了估算中国各省份通过对外直接投资获取的国外研发资本存量SF^{OF}，首先使用类似于 *Potterie* 和 *Lichtenberg*（2001）的做法，采用公式 $SF_t^{OF} = \sum SD_{jt} \times OFDI_{jt}/K_{jt}$对中国所有省份通过对外直接投资获取的国外研发资本存量总和进行估算，其中，SD_{jt}为第 t 年 j 国的国内研发资本存量；$OFDI_{jt}$为第 t 年中国对 j 国直接投资存量；K_{jt}为第 t 年 j 国固定资本存量。基于中国对外投资主要目标国情况及相关数据的可获取性，选择美国等 11 个发达国家或地区作为中国对外直接投资目标国，所有存量数据采用中国国内研发资本存量及固定资本投资存量相同方法估算。[①] 之后，采用公式$SF_{it}^{OF} = SF_t^{OF} \times OFDI_{it}/\sum_i OFDI_{it}$估算中国各省份通过对外直接投资获取的国外研发资本存量，其中，$OFDI_{it}$为中国省份 i 第 t 年的对外投资存量。美国等 11 个发达国家或地区的 *R&D* 经费占 *GDP* 比重、*GDP*、*GDP* 指数、固定资产形成总额及固定资产投资价格指数等数据来源于世

① 考虑到数据的统一性，如若未作特殊说明，后文所选国家或地区统一为美国、加拿大、英国、法国、德国、意大利、荷兰、日本、韩国、新加坡及中国香港共 11 个国家或地区，所有需要估算的存量数据采用相同方式估算。

界银行官方网站；中国分国别对外直接投资存量数据及中国各省份对外直接投资存量数据来源于历年《中国对外直接投资统计公报》。

五 通过进口贸易获取的国外研发资本存量（SF^{IM}）

首先采用公式$SF_t^{IM}=\sum SD_{jt}\times IMP_{jt}/GDP_{jt}$对中国所有省份通过进口贸易获取的国外研发资本存量总和进行估算，其中，SD_{jt}为第 t 年 j 国的国内研发资本存量；IMP_{jt}为第 t 年中国从 j 国进口的总额，GDP_{jt}为第 t 年 j 国的 GDP。在此基础上，采用公式$SF_{it}^{IM}=SF_t^{IM}\times IMP_{it}/\sum_i IMP_{it}$估算中国各省份通过进口贸易获取的国外研发资本存量，其中，IMP_{it}为第 t 年中国省份 i 进口总额。美国等 11 个发达国家或地区的 *R&D* 经费占 GDP 比重、GDP 及 GDP 指数等数据来源于世界银行官方网站；中国从不同国别进口的商品总额数据及分省份的进口总额数据来源于历年《中国统计年鉴》。

六 通过吸引外商直接投资获取的国外研发资本存量（SF^{IF}）

首先采用公式$SF_t^{IF}=\sum SD_{jt}\times IFDI_{jt}/K_{jt}$对中国所有省份通过吸引外商直接投资获取的国外研发资本存量总和进行估算，其中，$IFDI_{jt}$为第 t 年中国从 j 国吸引的外商直接投资存量，SD_{jt}及 K_{jt}分别为第 t 年 j 国的国内研发资本存量及固定资本存量。在此基础上，采用公式$SF_{it}^{IF}=SF_t^{IF}\times IFDI_{it}/\sum_i IFDI_{it}$估算中国各省份通过吸收外商直接投资获取的国外研发资本存量，其中，$IFDI_{it}$为中国省份 i 第 t 年吸引外商直接投资存量。美国等 11 个发达国家或地区的 *R&D* 经费占 GDP 比重、GDP、GDP 指数、固定资产形成总额及固定资产投资价格指数等数据来源于世界银行官方网站；中国按国别分实际外商直接投资额数据来源于历年《中国统计年鉴》；中国各省份实际利用外商直接投资额数据来源于各省份历年统计年鉴。

七 中国 OFDI 逆向技术溢出效应“吸收能力”总体指标指数得分（ABCA）

本书第六章已经对 OFDI 逆向技术溢出效应“吸收能力”进行了重新刻画和界定，并从其刻画的中国 OFDI 逆向技术溢出“吸收能力”概念的 3 个维度中选择了 10 个一级测度指标及 21 个二级测度指标，对中国 2003—2014 年间各省市 OFDI 逆向技术溢出“吸收能力”进行定量测度并对其进行指数化。式（7.5）中变量 ABCA 的值便是第六章测度的结果。

表 7.1　　式（7.5）所涉及变量的样本描述性统计量（2003—2014 年，N＝29 地区，T＝12 年，NT＝348）

变量含义	最大值	最小值	平均值	标准差
Y：地区生产总值（亿元）	44065.41	390.2	8844.241	7889.143
K：固定资本存量（亿元）	95626.43	1315.273	20584.37	17519.73
L：年末从业人员数（万人）	6554.3	289.8	2567.278	1770.718
HU：人均受教育年限（年）	5035.843	7.195	650.715	863.458
SD：国内外研发资本存量（亿元）	11.836	6.04	8.385	0.96
SF^{OF}：通过 OFDI 获取的研发资本存量（亿元）	234.826	0.002	14.933	28.296
SF^{IM}：通过进口获取的研发资本存量（亿元）	2924.608	1.648	310.243	571.982
SF^{IF}：通过 IFDI 获取的研发资本存量（亿元）	573.757	1.02	89.822	118.259
$ABCA$：“吸收能力”总体指标指数得分	84.977	4.528	30.88	14.909

第四节　实证结果及分析

一　门槛效应显著性检验结果

根据本章之前介绍的门槛模型分析方法，本节利用 Gauss 9.0 软件对门槛模型进行实证分析。尽管门槛模型实际分析步骤是先进行门槛模型参数估计，再进行门槛模型显著性检验，但若门槛模型未通过显著性检验，其参数估计的报告将毫无意义。因此，以下先报告门槛模型显著性检验的结果，再报告其参数估计的结果。为确定门槛的实际数量，首先分别进行了单门槛、双门槛及三门槛效应的显著性检验，表 7.2 报告了其显著性检验的结果。由表 7.2可知：单门槛效应检验的 Bootstrap P 值为 0.0333，在 5% 的显著性水平下显著；双门槛及三门槛效应的 Bootstrap P 值分别为 0.5800 及 0.9100，并非显著。门槛效应的显著性检验结果充分地验证了本研究的猜想：与 IFDI 技术溢出类似，“吸收能力”确实是影响中国各省份 OFDI 逆向技术溢出效应的关键因素，并且这种影响存在显著的单门槛效应，即中国 OFDI 逆向技术溢出效应显著存在基于“吸收能力”的单门槛效应。

表 7.2　　门槛效应的显著性检验

单门槛效应检验	
F_1	63.1259
Bootstrap P 值	0.0333
(10%,5%,1% 显著性水平下的临界值)	(50.1477,55.0804,79.4575)
双门槛效应检验	
F_1	17.8496
Bootstrap P 值	0.5800
(10%,5%,1% 显著性水平下的临界值)	(38.6297,45.2061,62.2757)
三门槛效应检验	
F_1	8.6856
Bootstrap P 值	0.9100
(10%,5%,1% 显著性水平下的临界值)	(30.6182,36.7376,50.2580)

二　门槛值估计及检验结果

门槛效应的显著性检验之后，需要对门槛值的真实性进行显著性检验。图 7.1为单门槛模型门槛值 95% 置信水平下置信区间的构建情况，图中虚线为

5% 显著性水平下LR_1 的临界值 7.35。由图 7.1 可知：当门槛估计值处于区间［58.9063，60.9375］时，LR_1 小于 5% 显著性水平下LR_1 的临界值，处于原假设的非拒绝域内，即接受门槛的估计值与实际值相等的假设；当门槛估计值为 60.2641 时，LR_1 为 0，远小于LR_1 小于 5% 显著性水平下LR_1 的临界值。因此，有理由相信门槛的估计值 60.2641 是真实有效的。此外，表 7.3 报告了门槛值的点估计值及其 95% 和 99% 置信水平下的渐进置信区间情况。

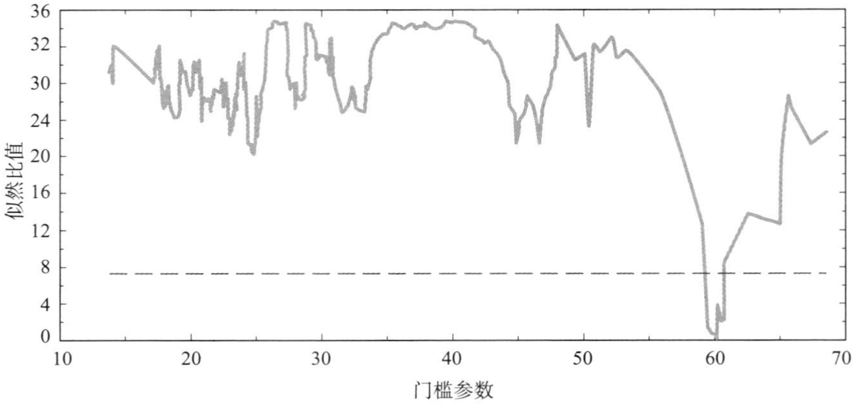

图 7.1　单门槛模型门槛值置信区间的构建

表 7.3　门槛值估计结果

	估计值	95%置信区间	99%置信区间
$\hat{\eta}$	60.2641	[58.9063,60.9375]	[58.8321,62.2507]

三　门槛模型的参数估计结果

门槛值确定之后，便可以利用 OLS 方法对式（7.5）进行斜率的参数估计，表 7.4 报告了其参数估计的结果。由表 7.4 可知："吸收能力"是影响中国 OFDI 逆向技术溢出效应的关键因素，不同地区在"吸收能力"上的差异导致各地区的 OFDI 逆向技术溢出效应存在显著的区域异质性。当一个地区"吸收能力"总体指标指数得分低于门槛值 60.2641 时，该地区的 OFDI 并未显著促进当地技术的进步；当一个地区的"吸收能力"总体指标指数得分超过门槛值 60.2641 时，该地区的 OFDI 能够显著促进当地技术的进步。

表 7.4　　单门槛式（7.5）参数估计结果

变量	Coef.	OLS Std. Err.	White Std. Err.
$\ln(K/L)$	0.5007***	0.0221	0.0244
$\ln HU$	0.1584***	0.0810	0.0915
$\ln SD$	0.1044***	0.0152	0.0166
$\ln SF^{IM}$	0.0050	0.0097	0.0109
$\ln SF^{IF}$	−0.0067	0.0133	0.0156
$\ln SF^{OF}I(ABAC \leq 60.2641)$	0.0084	0.0670	0.0805
$\ln SF^{OF}I(ABAC > 60.2641)$	0.0192***	0.0042	0.0045

注：OLS Std. Err. 为传统 OLS 标准差；White Std. Err. 为 White 修正标准差。

四　实证结果分析

从静态门槛回归结果可以看出：中国各地区 OFDI 逆向技术溢出效应与“吸收能力”之间确实存在着显著的“单门槛效应”，这样的回归结果充分地证明了之前本研究提出的假设。门槛 η 的估计值为 60.2641，说明中国各省市如若希望通过对美国等 11 个发达国家或地区开展对外直接投资活动来获取显著的逆向技术溢出效应，需要各省市的“吸收能力”总体指标指数得分超过 60.2641。如若某省市的“吸收能力”总体指标指数得分未超过门槛值 60.2641，此时该省市在 11 个发达国家或地区开展的对外直接投资活动对其技术进步有正向促进作用，但并不显著；如若某省市“吸收能力”总体指标指数得分超过门槛值 60.2641，此时该省市在 11 个发达国家或地区开展的对外直接投资活动对其技术进步有显著的正向促进作用，其促进作用是若该省市通过 OFDI 获取发达国家研发资本存量每增加 1 个百分点，该省市技术水平提升 0.0192 个百分点。

从式（7.5）门槛回归结果中其他控制变量回归系数的符号及显著性可知：*ln*HU 及 *ln*SD 两个控制变量的回归系数显著为正，即中国人力资本及国内研发活动对中国各地区技术进步有着显著且积极的促进作用；而 $ln\ SF^{IM}$ 及 $ln\ SF^{IF}$ 两个控制变量的回归系数均不显著，即中国通过进口贸易获取的研发资本存量及通过吸引外商直接投资获取的国外研发资本存量对中国各地区技术进步没有显著的促进作用。这样的回归结果说明，现阶段中国各地区人力资本及国内研发投入才是各地区技术水平发展的主要驱动力，从学者到业界都在不断强调通过各种途径获取国际技术溢出效应，但是也不能忽视国内教育及国内研发投入对各地区自主创新能力的提升作用。此外，进口贸易及 IFDI 并没有显著地促进各地区技术水平的提升，其中可能的原因在于：一方面，中国各地区确实可以通过对来自美国、加拿大、英国、法国、德国、意大利、荷兰、日本、韩国、新加坡及中国香港等 11 个国家或者地区商品的进口活动，对凝聚在进口商品中的先进技术进行探索、模仿、学习及消化，进而提升各地区的技术水平，然而商品进口活动同样有可能加剧中国国内市场的竞争程度，进而降低国内企业市场份额及收益预期，最终抑制企业创新驱动，阻碍整体技术水平的提升；另一方面，或许现阶段中国吸收来自美国、加拿大、英国、法国、德国、意大利、荷兰、日本、韩国、新加坡及中国香港等 11 个国家或者地区的 FDI 主要还是集中于加工贸易领域中低附加值的劳动密集型产业，相对而言技术水平不高，中国能够充分利用的技术资源较少。

五　门槛回归扩展分析

为了更加直观地考察"吸收能力"的区域差异对中国 OFDI 逆向技术溢出效应造成的具体影响，本研究根据中国各地区每年"吸收能力"总体指标指数得分情况将其划分为两个不同区域，即"低吸收能力区域"（ABCA≤60. 2641）与"高吸收能力区域"（ABCA>60. 2641），表 7. 5 罗列了 2003—2014 年不同区域内的具体省市情况。

表 7. 5　2003—2014 年不同"吸收能力"区域内省市情况

年份	"低吸收能力区域"（ABCA≤60. 2641）	"高吸收能力区域"（ABCA>60. 2641）
2003	北京、天津、河北、山西、内蒙古、辽宁、吉林、黑龙江、上海、江苏、浙江、安徽、福建、江西、山东、河南、湖北、湖南、广东、广西、海南、四川、贵州、云南、陕西、甘肃、青海、宁夏、新疆	—

续　表

年份	“低吸收能力区域”(ABCA≤60.2641)	“高吸收能力区域”(ABCA>60.2641)
2004	北京、天津、河北、山西、内蒙古、辽宁、吉林、黑龙江、江苏、浙江、安徽、福建、江西、山东、河南、湖北、湖南、广东、广西、海南、四川、贵州、云南、陕西、甘肃、青海、宁夏、新疆	上海
2005	北京、天津、河北、山西、内蒙古、辽宁、吉林、黑龙江、江苏、浙江、安徽、福建、江西、山东、河南、湖北、湖南、广东、广西、海南、四川、贵州、云南、陕西、甘肃、青海、宁夏、新疆	上海
2006	北京、天津、河北、山西、内蒙古、辽宁、吉林、黑龙江、江苏、浙江、安徽、福建、江西、山东、河南、湖北、湖南、广东、广西、海南、四川、贵州、云南、陕西、甘肃、青海、宁夏、新疆	上海
2007	天津、河北、山西、内蒙古、辽宁、吉林、黑龙江、江苏、浙江、安徽、福建、江西、山东、河南、湖北、湖南、广东、广西、海南、四川、贵州、云南、陕西、甘肃、青海、宁夏、新疆	北京、上海
2008	天津、河北、山西、内蒙古、辽宁、吉林、黑龙江、江苏、浙江、安徽、福建、江西、山东、河南、湖北、湖南、广东、广西、海南、四川、贵州、云南、陕西、甘肃、青海、宁夏、新疆	北京、上海
2009	天津、河北、山西、内蒙古、辽宁、吉林、黑龙江、江苏、浙江、安徽、福建、江西、山东、河南、湖北、湖南、广东、广西、海南、四川、贵州、云南、陕西、甘肃、青海、宁夏、新疆	北京、上海
2010	天津、河北、山西、内蒙古、辽宁、吉林、黑龙江、江苏、浙江、安徽、福建、江西、山东、河南、湖北、湖南、广东、广西、海南、四川、贵州、云南、陕西、甘肃、青海、宁夏、新疆	北京、上海
2011	天津、河北、山西、内蒙古、辽宁、吉林、黑龙江、江苏、浙江、安徽、福建、江西、山东、河南、湖北、湖南、广东、广西、海南、四川、贵州、云南、陕西、甘肃、青海、宁夏、新疆	北京、上海
2012	河北、山西、内蒙古、辽宁、吉林、黑龙江、江苏、浙江、安徽、福建、江西、山东、河南、湖北、湖南、广东、广西、海南、四川、贵州、云南、陕西、甘肃、青海、宁夏、新疆	北京、天津、上海

续 表

年份	“低吸收能力区域”(ABCA≤60.2641)	“高吸收能力区域”(ABCA>60.2641)
2013	河北、山西、内蒙古、辽宁、吉林、黑龙江、江苏、浙江、安徽、福建、江西、山东、河南、湖北、湖南、广东、广西、海南、四川、贵州、云南、陕西、甘肃、青海、宁夏、新疆	北京、天津、上海
2014	河北、山西、内蒙古、辽宁、吉林、黑龙江、江苏、浙江、安徽、福建、江西、山东、河南、湖北、湖南、广东、广西、海南、四川、贵州、云南、陕西、甘肃、青海、宁夏、新疆	北京、天津、上海

由表 7.5 可以看出，2003 年中国所有省市都处于“低吸收能力区域”内，即中国所有省市“吸收能力”未达到 OFDI 逆向技术溢出效应的最低门槛值，由于“技术资源获取能力”“技术资源直接利用能力”及“资源再配置及技术杠杆化环境”三个维度的原因，“吸收能力”过低，导致所有省市对于 OFDI 逆向技术溢出效应的吸收不够充分，在发达国家或者地区开展的对外直接投资活动并没有促进中国各地区技术水平的提升。2004 年，上海市“吸收能力”首次跨越 OFDI 逆向技术溢出效应最低门槛值，促使上海市成为中国第一个 OFDI 逆向技术溢出效应显著的地区，如此情况持续 3 年，一直到 2006 年中国都仅有上海市的“吸收能力”跨越最低门槛值，即只有上海市的 OFDI 逆向技术溢出效应显著。从 2007 年开始，随着“吸收能力”的不断提升，北京市进入了“高吸收能力区域”，此情况一直持续到 2011 年，即 2007—2011 年，中国 29 个省市中仅有上海市及北京市由于其跨越“吸收能力”门槛值，OFDI 逆向技术溢出效应在这两个直辖市显著为正。从 2012 年开始，由于天津市“吸收能力”的不断提升，使得“高吸收能力区域”地区数量增加到 3 个，此种情况持续到 2014 年，即截至本研究样本选择的最新时间点 2014 年，中国 29 个省市中仅有北京、上海及天津 3 个直辖市“吸收能力”跨越了门槛值，OFDI 逆向技术溢出效应显著且为正。

为了能够更加直观地观察 2003—2014 年中国“低吸收能力区域”及“高吸收能力区域”两个不同区域内省市数量的变化情况，本研究进一步绘制不同“吸收能力”区域内省市数量变化趋势图 7.2。

由图 7.2 可知：2003—2014 年间，虽然进入“高吸收能力区域”省市数量在不断增加，但是增速非常缓慢，截至 2014 年仅有东部地区北京、天津及上海

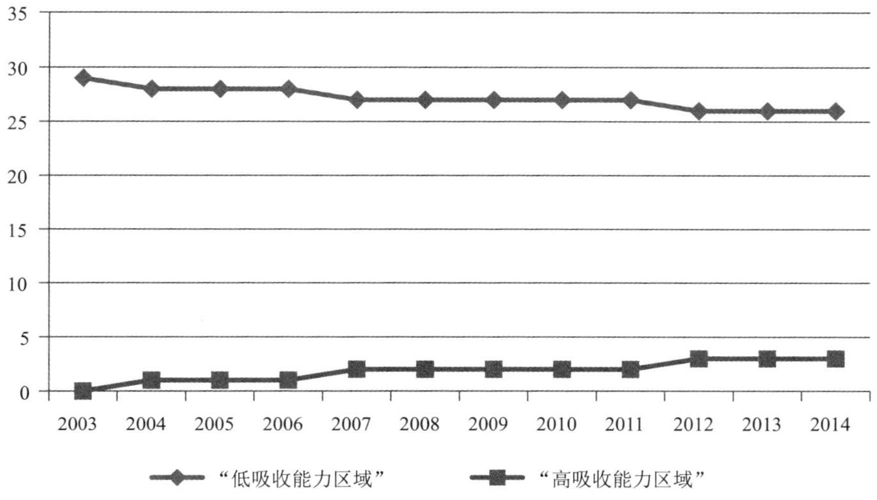

图 7.2 不同"吸收能力"区域内省份数量变化趋势

等几个省市，由于"吸收能力"总体指标指数得分跨越了门槛值，进入了"高吸收能力区域"，OFDI 逆向技术溢出效应在这些省市显著且为正；现阶段中国绝大多数省市的"吸收能力"总体指标指数得分并未跨越门槛值，较低的"吸收能力"严重地影响了各地区的对外直接投资逆向技术溢出效应的发挥。这样的实证结果充分地说明了：在发达国家纷纷通过"技术获取型"FDI 获取逆向技术溢出效应的同时，作为不具备"技术优势"的中国加快走出去的步伐，对技术先进国进行了大量的直接投资，但并未因此获取大量的逆向溢出效应，其重要原因在于：中国大多数的省市与技术先进国家相比，在"技术资源获取能力""技术资源直接利用能力"及"资源再配置及技术杠杆化环境"等方面依然存在较大缺陷，无法借助技术转移、示范—模仿、产业关联及人员培训等效应来促进各地区的技术进步。因此，现阶段中国政府加快走出去步伐的同时，也应特别重视各地区特别是中部地区及西部地区"吸收能力"的提高。

第五节 本章小结

为了从实证角度验证和探讨中国各地区 OFDI 逆向技术溢出效应区域异质性的原因，本章尝试在第六章对中国 OFDI 逆向技术溢出"吸收能力"重新界定、刻画及测度的基础上，实证研究“吸收能力”与中国各地区 OFDI 逆向技术溢出效应之间的具体影响机制。具体而言，本章通过借鉴 Hansen（1999）的静态门槛回归技术，分析本研究刻画的“吸收能力”与中国各地区 OFDI 逆向技术溢出效应之间的非线性关系。通过门槛效应检验、门槛值估计及模型参数估计，本章得出以下结论：中国的 OFDI 逆向技术溢出效应存在基于“吸收能力”的显著单门槛效应。与 IFDI 类似，吸收能力是影响一个地区 OFDI 逆向技术溢出效应的重要因素，“吸收能力”的区域差异是造成中国 OFDI 逆向技术溢出效应具有区域异质性的重要原因。中国各地区通过对美国等 11 个发达国家或地区开展对外直接投资活动来获取技术水平的提升并不是无条件的，需要各地区“吸收能力”跨越门槛值 60.2641，现阶段中国仅有北京、天津及上海等地“吸收能力”跨越了门槛值，绝大多数地区的“吸收能力”并未跨越门槛值，其对外直接投资并没有对技术进步产生显著的促进作用。

实证研究结论充分说明了，尽管对外直接投资逆向技术溢出是一国或地区技术进步的重要途径之一，然而对于中国这样的转型国家而言，显著的对外直接投资逆向技术溢出效应并非无条件，需要各地区具有足够的“吸收能力”才能实现，“吸收能力”的区域差异导致了中国对外直接投资逆向溢出效应的区域异质性。现阶段，由于中国中、西部地区乃至大部分东部地区省市对外开放程度、区域创新能力、人力资本、技术水平、市场化程度等多种因素的原因，导致“吸收能力”并未达到引发对外直接投资逆向溢出效应的门槛值，这些地区的对外直接投资还未对其技术进步产生显著的促进作用。因此，中国政府在继续加快实施“走出去”战略的同时，应该充分考虑中国各地区“吸收能力”的区域差异，制定差异化的“走出去”战略。对于北京、上海及天津等东部地区而言，应加快“走出去”步伐，通过加大对发达国家的直接投资，获取研发溢出效应，进而促进技术进步；其他地区，特别是中部及西部地区，应根据自身的具体情况，通过加大研发资本与人员的投入、加大教育资本及人员的投入、加强及完善基础设施建设、完善社会主义市场经济体系等多种途径，大力培育各地区的“吸收能力”，促使其跨越“门槛值”，最终促进中国各地区有效吸收对外直接投资逆向技术溢出效应。

第八章 “一带一路”倡议背景下制度距离对中国OFDI逆向技术溢出的影响研究

从理论上而言，发展中国家或者转型经济体向技术领先的发达国家开展“技术获取型”对外直接投资比较容易实现对其技术水平的促进作用，进而产生OFDI逆向技术溢出效应。鉴于此，本书第四章至第七章首先研究了中国向美国等11个发达国家或地区开展对外直接投资活动的逆向技术溢出效应，然而研究结论发现中国绝大部分地区对这些发达国家或地区的对外直接投资并未产生显著的逆向技术溢出效应，其中最为重要的原因在于，截至2014年中国绝大部分地区“吸收能力”还不够强，并不能很好地从这些发达国家吸收OFDI逆向技术溢出效应。然而，从本书第三章关于中国近些年对外直接投资活动区位选择的特点来看，中国对外直接投资并不仅仅集中于发达国家或者地区，随着2013年中国提出“一带一路”倡议后，“一带一路”引领中国企业“走出去”，中国各地区对于“一带一路”沿线国家的对外直接投资呈爆发式增长，投向“一带一路”沿线国家的OFDI是否也同投向发达国家或者地区的OFDI一样，没能很好地促进中国技术水平的提升？此外，随着2016年中国第三批“自由贸易试验区”（Free Trade Zone，以下简称“自贸区”）的批复，中国自贸区已经进入3.0时代，自贸区作为“一带一路”倡议的基础平台和重要节点，要全方位对接好“一带一路”倡议，关键是制度创新，因此制度因素在中国“走出去”“一带一路”及“自贸区”等战略中是一个无法忽视的重要因素。然而在OFDI逆向技术溢出效应相关研究中，制度因素却往往容易被忽视。鉴于以上原因，本章将从实证角度详细探讨制度因素与OFDI逆向技术溢出效应之间的关系。

第一节　前言

自党的十八大报告明确提出要“加快走出去步伐，增强企业国际化经营能力，培育一批世界水平的跨国公司”[①] 以来，中国各行各业大大小小的企业纷纷走出国门，对外直接投资（Outward Foreign Direct Investment，OFDI）规模连年提升。2013 年习近平总书记提出“一带一路”倡议后，“走出去”战略得到了更为彻底的落实，OFDI 呈爆发式增长。根据 2015 年《中国对外直接投资统计公报》数据显示：2015 年中国境内投资者共对全球 155 个国家或地区的 6532 家境外企业进行了非金融类直接投资，对外投资存量总额已累计达到 1180.2 亿美元，同比增长 14.7%，投资存量规模仅次于美国及日本，且已连续三年成为全球第三大对外投资存量国；此外，2015 年对外直接投资规模已高于同年吸引的外商直接投资规模。对外直接投资，特别是对“一带一路”沿线国家的投资发展更加迅猛。2015 年中国企业共对“一带一路”相关的 49 个国家开展了对外直接投资活动，投资额合计 148.2 亿美元，同比增长 18.2%，占总额的 12.6%。“十三五”规划明确提出“支持企业扩大对外投资，推动装备、技术、标准、服务走出去，深度融入全球产业链、价值链、物流链，建设一批大宗商品境外生产基地，培育一批跨国企业”以及“推进‘一带一路’建设”，对外投资步伐势必进一步加快，投资规模也将继续扩大。在中国“一带一路”重大战略政策支持与实际对外直接投资规模连年攀升的背景下，中国企业能否借由对“一带一路”沿线国家开展的对外直接投资活动而获得积极的逆向技术溢出？能否借由积极的逆向技术溢出促进企业国际竞争力的提升？这些都是当前我国推行“一带一路”发展战略过程中亟须考虑的问题。此外，与投资东道国 d 相比，作为具有五千多年深厚文化底蕴的四大文明古国之一，中国在风俗、习惯、礼仪、道德及宗教等方面与其他国家具有非常显著的差异；与此同时，作为具有中国特色的社会主义国家，中国在政治制度上与其他国家之间也存在着不同之处；再者，作为在短短数十年间经济体量巨幅提升，已跃居世界第二的经济体，具有中国特色的社会主义市场经济制度与其他国家势必也存在很大程度的差异。中国与其他国家在制度环境等方面的差异是否会影响到中国企业

---

① 胡锦涛：《胡锦涛在中国共产党第十八次全国代表大会上的报告》。

通过 OFDI 获取先进技术，又是如何影响中国企业 OFDI 逆向技术溢出？这都是当前全面深化改革，积极实施“走出去”战略过程中中国亟须考虑的问题。

根据前面几章对 OFDI 逆向技术溢出效应研究文献的回顾，不难发现国内关于 OFDI 逆向技术溢出效应的研究起步较晚，从 2012 年开始才日渐增多，但总体而言依然存在以下问题。

从研究视角来看，关于 OFDI 逆向技术溢出效应的研究大多从人力资本、研发水平及宏观经济环境等单一因素作为研究切入点，分析各种影响因素对 OFDI 逆向技术溢出效应的影响，往往强调某方面因素而忽视了其他因素，即使考虑了多种因素也没有注意其之间的协同性。这方面的问题，本书的第六章及第七章已经做了很好的补充。

从研究对象来看，国内现有关于 OFDI 逆向技术溢出效应的研究大多选择以发达国家或者地区作为目标国的 OFDI 活动进行研究，选择在发展中国家或者地区的 OFDI 活动作为研究对象的较少，关于对“一带一路”沿线国家的 OFDI 逆向技术溢出效应的研究更是少之又少。

从 OFDI 母国或地区及东道国或地区对比关系而言，现有国内研究大多仅仅考虑 OFDI 母国或地区相关因素对 OFDI 逆向技术溢出效应的影响，缺少分析 OFDI 母国或地区及东道国或地区对比关系因素对 OFDI 逆向技术溢出效应的影响。鉴于以上几方面问题，本章首先在对 OFDI 逆向技术溢出效应产生及传递机制进行分析的基础上提出相关研究假设；其次，从政治、经济及文化三个方面选择 22 个指标测度中国与“一带一路”沿线国家在制度因素方面的差异，即制度距离；最后，构建实证模型分析制度距离对 OFDI 逆向技术溢出效应的影响。

虽然本章内容同样是对中国 OFDI 逆向技术溢出效应的研究，但在当前我国推进“一带一路”倡议背景下依然具有重要的理论及现实意义，本章对本书前面部分乃至整个相关研究领域做出了以下几方面补充。

首先，是对中国投资于“一带一路”沿线国家 OFDI 逆向技术溢出效应研究的有益补充。现有关于中国 OFDI 逆向技术溢出效应的研究大都选择投资于发达国家或者地区的 OFDI 作为研究对象，缺少关于投资于“一带一路”沿线国家 OFDI 技术溢出效应的研究，因而当前中国推行“一带一路”倡议背景下，对于投资“一带一路”沿线国家的 OFDI 逆向技术溢出效应的研究显得更为重要，本章的研究是对该问题研究的一种有益补充。

其次，关于中国OFDI逆向技术溢出效应影响因素的研究，要么是分析中国国内相关因素的影响，要么是分析中国OFDI东道国或地区相关因素的影响，然而对于OFDI逆向技术溢出的国内外影响因素从来都不是各自独立对其产生影响的，需要结合或者对比母国或地区及东道国或地区的相关影响因素。本章就是开展对比中国与东道国或地区制度距离的影响因素的研究，因此对研究中国OFDI逆向技术溢出效应影响因素也是一种有益的补充。

再次，是对测度中国与“一带一路”沿线国家制度距离研究的有益补充。鉴于制度距离的难以量化性，国内目前关于制度距离的测度还不成体系，特别是鲜有研究专门测度中国与“一带一路”沿线国家的制度距离，本章分别从政治、经济及文化三个维度对中国与“一带一路”沿线国家的制度距离进行测度，并将其纳入实证模型分析对中国OFDI逆向技术溢出效应的影响，对相关领域的研究也无疑是一种有益的补充。

最后，是对中国在实施“走出去”“一带一路”“自贸区”等战略过程中开展制度创新研究的有益补充。本章实证分析了中国与“一带一路”沿线国家的总体制度距离、政治距离、经济距离与文化距离对中国投资于“一带一路”沿线国家OFDI逆向技术溢出效应的影响，并根据相关实证研究结果提出制度创新相关政策建议，因此对中国在实施“走出去”“一带一路”“自贸区”等战略过程中开展制度创新研究也是一种有益的补充。

第二节　OFDI逆向技术溢出机制及制度距离影响机制

本节首先试图通过分析OFDI、逆向技术溢出及技术进步三者之间的关系，来研究“一带一路”背景下OFDI逆向技术溢出的产生及传递机制。在此基础上，通过研究制度距离与OFDI逆向技术溢出效应之间的关系，探讨制度距离对逆向技术溢出带来的直接影响，并在此过程中提出相应的假设，为后续的实证研究打下一定的理论基础。

一　OFDI、逆向技术溢出与技术进步

Kogut和Chang（1991）认为，通过OFDI渠道获取的逆向技术溢出可以帮助母国或地区获得先进的技术以及更强的区域创新能力，该种逆向技术溢出不仅可以发生在发达国家对发达国家之间的OFDI之中，还可以发生在发展中国

家对发达国家的OFDI过程中。跨国公司作为经济全球化的产物，在OFDI过程中，通过逆向技术溢出效应获取了先进技术。具体来说，其逆向技术溢出的产生及传递机制如下。

（一）地区集聚溢出

集聚溢出作为OFDI逆向技术溢出产生的主要形式，主要以合作研发或竞争的方式表现出来。Potterie和Lichtenberg（2001）提出研发活动导致了溢出的产生。由于研发合作的存在或是研发成果的市场化表现，跨国公司可以通过OFDI来获取东道国或地区相对先进的生产技术，然后通过其自身渠道反馈至总部，由此带来母国或地区技术的进步。除跨国公司吸收东道国或地区先进技术以外，跨国公司也较易因外部竞争压力而增加研发资金、加强研发力度，这种自身研发投入的增加能够直接促进母国或地区技术的提升（陈菲琼，2003）。因此，在该种机制的作用下，中国企业可以通过对投资目标国高科技行业聚集地区进行OFDI活动，以此获取先进技术。虽然集聚溢出带来了主要的逆向技术溢出，然而该种方式却受到地理因素的制约，因此在对不同国家或不同地区进行OFDI之时，产生的溢出效应也不尽相同。

（二）行业模仿溢出

绝大多数先进技术的产生及运用能够用书面形式表达出来，该种情况下，同行业内部的先进技术可以通过口口相传或者书面表达的形式得到传播，投资母国可以通过学习或是模仿投资东道国或地区的先进技术，例如对东道国或地区技术先进企业产品的研究分析、对公司管理活动的学习，等等，以此促进本国技术的提升。然而还有一些先进技术并不能用文字来表达，例如微观企业层面的先进技术——先进的管理体系，该种先进技术的精髓并不能完全用文字来表达，且该种先进技术具有一定的适用性，随着时间的推移或是经济局势的转变会发生一定的变化，该种情况下，先进技术无法通过同行业之间的模仿竞争得到溢出，此时人员流动机制为该种溢出提供了可能。

（三）人员流动溢出

为了提高本公司的生产率，绝大多数跨国公司会对员工进行相应的培训。尽管由跨国公司组织的培训的数量和质量并不相同，但随着跨国公司劳动人口本土化程度的提升，越来越多的本土员工接受了管理培训。当受训员工为了更高的薪酬或更高的职务由外国公司向本土企业跳槽时，他们带来了在外国企业掌握的先进技术，这也是先进技术扩散最为重要的途径。该种劳动力的流动不仅促进了显性技术的扩散，同时也为隐性技术的扩散提供了条件，更进一步的知识构建也成为可能。

当投资母国或地区与东道国或地区具有一定的制度距离时，以上三种溢出机制都会受到一定的制约，下一小节将给出具体的分析。

二　制度距离对逆向技术溢出效应的影响机制分析

信息的不对称性极大地提高了企业进行对外直接投资时因为对投资东道国或地区认识不足而导致投资失败的可能性，制度因素即为信息不对称的表现之一，而另一方面，以明文形式存在的制度则能帮助企业规避部分风险，由此形成对企业 OFDI 的指导。本小节通过图 8.1 给出了 OFDI 逆向技术溢出效应产生的路径，以及制度距离对 OFDI 逆向技术溢出效应的影响路径。

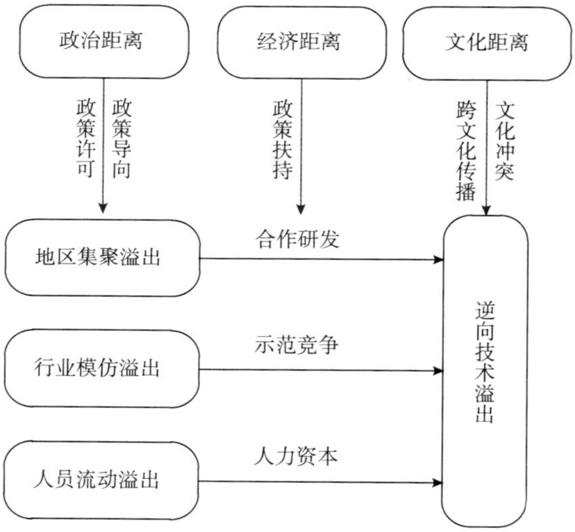

图 8.1　制度距离对 OFDI 逆向技术溢出效应影响路径

相对于国内企业仍然需要通过进军国际市场来获取逆向技术溢出而言，跨国公司在全世界范围内已有的经营活动、销售渠道以及与其他国家企业的研发合作帮助其更为便利地从投资东道国或地区获取先进知识，且在技术扩散速度方面也存在着一定的优势。但值得注意的是，跨国公司总部与子公司由于地理位置的不同及社会环境的不同，势必会产生一定的制度距离，且由于子公司位于不同的国家，因此制度环境的差异并不一定总是相似的（Kostova 和 Roth，2002），因此即使技术在投资东道国或地区已形成一定的规模可用于转移，由于使用技术的人及环境所具有的差异性，也可能导致该技术在跨国公司母国或地区运用的失败。即，在技术扩散过程中，由于制度距离的存在，可能导致跨国公司转移投资东道国或地区先进技术的失败或转移之后先进技术应用的失灵（Kostova，1999）。

首先，在政治制度方面，各国政治制度不同，势必会导致各国政治环境不同。当各国政治导向不同时，投资东道国或地区的子公司并不一定能够将其掌握到的先进技术反馈至母国或地区，在这种情况下，逆向技术溢出也就没有办法得到实现。当不同国家对某一行业或产品有着不同的政策及法规时，某国的先进技术在其本国制度下被视为合理的并不意味着该种先进技术在其他国家的制度下同样合理，此时，该种技术转移的可能性几乎为零，子公司所掌握的先进技术也并不一定能够在母国或地区得到许可。在这种情况下，即使产生了逆向技术溢出效应，该效应也是大打折扣的。

其次，在经济制度方面，不同的国家对于不同产业或企业的扶持力度不同。例如：在中国，有潜力获得新技术的对外直接投资项目通常能够获得较低的贷款利率支持等优惠政策。尤其是一些国有企业，相比其他民营企业，无论是在获取政府显性的支出规划还是行业相关的政策法规，或是隐性的准入门槛方面，都能够更加容易地获得政府的支持，这种补充对于国有企业本身技术的研发或在进军国际市场后通过逆向技术溢出获得先进技术都是一种帮助。

最后，在文化制度方面，由于文化差异所导致的跨国经营失败案例近些年层出不穷，文化距离也愈发得到人们的重视。人作为活动主体，在实际经营活动中不可避免地带有自身的文化烙印，反映在企业上则为企业文化的不同。在该种情况下，由于文化隔阂，子公司并不一定能够学习该行业典型企业的先进管理技术，逆向技术溢出也无法得到实现。通过人员流动这一渠道产生的逆向技术溢出也得到了一定的抑制。在不同的文化环境下，员工即使能够勉强运用转移得到的先进技术，该先进技术的效果也是大打折扣的，且从该种转移中得到的价值并不一定高于该员工作为熟练工所产生的价值（Kostova，1999）。

由上可知，制度对于对外直接投资具有一定的导向作用，制度能够间接地影响企业在进行 OFDI 活动时所作出的决策和制定的战略，制度因素在战略和实践上都对企业的 OFDI 决策产生直接或间接的影响。在制度的支持下，企业能够成功地为国际化建立坚实的资源基础，相反，如果没有这些支持，企业就有可能错过一些重要的机会，从而丧失竞争优势，而企业的 OFDI 活动必然影响到逆向技术溢出，因此可以说，制度距离在一定程度上影响了 OFDI 逆向技术溢出的产生与传递。基于此，本小节提出以下假设。

假设 1：制度距离越远，越不利于产生积极的 OFDI 逆向技术溢出效应。

相较于经济制度与文化制度，各国在政治制度方面的差异，跨国公司自身是无法克服、不易打擦边球的，且政策法规的不同多以明文的形式表现出来，即使部分政治制度属于非正式制度，该种制度差异也较易观察，因此一国政治因素，如该国的政治稳定性等，是跨国公司在进行 OFDI 区域选择时优先考虑的因素，这意味着在进行 OFDI 时，跨国公司会主动规避政治距离这一因素，因此政治距离对于逆向技术溢出的影响并不一定显著。经济制度的差异会直接导致各国在基础设施建设、知识产权保护力度等方面有着显著的不同，而上述差异所导致的 OFDI 逆向技术溢出效应的差异已在很多文献中得到证实，因此本小节提出第二个假设。

假设 2：经济差距对于逆向技术溢出的阻碍作用最大，而政治差距对于逆向技术溢出的阻碍作用并不一定显著。

为验证以上两个假设，本章后续研究将从实证角度分析制度距离对 OFDI 逆向技术溢出效应的影响。

第三节　中国与“一带一路”沿线国家制度距离的测度

本节首先根据 2015 年中国对相关国家的 OFDI 存量数据、相关国家经济体制差异及区域分布差异等筛选条件对“一带一路”沿线国家进行筛选；其次在总结归纳前人研究的基础之上，分别从政治、经济及文化这三个方面对制度距离进行刻画，并采用主成分分析法给予每一个指标相应的权重，由此得出最终的制度距离数据，为后续研究做相关数据支撑。

一　“一带一路”沿线国家的选取

“一带一路”沿线跨过多个大洲，其中包括东亚的蒙古国及东盟十国（新加坡、马来西亚、印度尼西亚、缅甸、泰国、老挝、柬埔寨、越南、文莱和菲律宾）；西亚十八国（伊朗、伊拉克、土耳其、叙利亚、约旦、黎巴嫩、以色列、巴勒斯坦、沙特阿拉伯、也门、阿曼、阿联酋、卡塔尔、科威特、巴林、希腊、塞浦路斯和埃及的西奈半岛)；南亚八国（印度、巴基斯坦、孟加拉国、阿富汗、斯里兰卡、马尔代夫、尼泊尔和不丹)；中亚五国（哈萨克斯坦、乌兹别克斯坦、土库曼斯坦、塔吉克斯坦和吉尔吉斯斯坦)；独联体七国（俄罗斯联邦、乌克兰、白俄罗斯、格鲁吉亚、阿塞拜疆、亚美尼亚和摩尔多瓦)；中东欧十六国（波兰、立陶宛、爱沙尼亚、拉脱维亚、捷克、斯洛伐克、匈牙利、斯洛文尼亚、克罗地亚、波黑、黑山、塞尔维亚、阿尔巴尼亚、罗马尼亚、保加利亚和马其顿)。“一带一路”发展战略涉及如此众多的沿线国家，将其全部纳入本研究样本不可能，也完全没有必要，因此本章首先需要对“一带一路”沿线国家进行筛选，筛选因素主要考虑中国对这些国家直接投资的流量及存量、国家经济体制差异及区域分布差异情况。表8.1报告了2015年中国对“一带一路”沿线国家进行直接投资的流量及存量数据。本书首先根据2015年中国对相关国家直接投资存量的位次情况，并结合相关数据的可获取性，将新加坡、俄罗斯联邦、印度尼西亚、巴基斯坦、印度、越南、伊朗、沙特阿拉伯、马来西亚及土耳其10个国家纳入本研究样本范围。

表8.1　　2015年中国企业对“一带一路”相关国家地区投资情况

单位：万美元

国家(地区)	2015年流量	2015年年底存量
合计	1,892,890	11,567,891
新加坡	1,045,248	3,198,491
俄罗斯联邦	296,086	1,401,963
印度尼西亚	145,057	812,514
哈萨克斯坦	-251,027	509,546
老挝	51,721	484,171
阿联酋	126,868	460,284
缅甸	33,172	425,873

续　表

国家(地区)	2015 年流量	2015 年年底存量
巴基斯坦	32,074	403,593
印度	70,525	377,047
蒙古国	-2,319	376,006
柬埔寨	41,968	367,586
泰国	40,724	344,012
越南	56,017	337,356
伊朗	-54,966	294,919
沙特阿拉伯	40,479	243,439
马来西亚	48,891	223,137
土耳其	62,831	132,884
吉尔吉斯斯坦	15,155	107,059
塔吉克斯坦	21,931	90,909
乌兹别克斯坦	12,789	88,204
斯里兰卡	1,747	77,251
菲律宾	-2,759	71,105
埃及	8,081	66,315
匈牙利	2,320	57,111
科威特	14,444	54,362
格鲁吉亚	4,398	53,375
白俄罗斯	5,421	47,589

续 表

国家(地区)	2015年流量	2015年年底存量
也门	-10,216	45,330
卡塔尔	14,085	44,993
阿富汗	-326	41,993
伊拉克	1,231	38,812
罗马尼亚	6,332	36,480
波兰	2,510	35,211
以色列	22,974	31,718
尼泊尔	7,888	29,193
保加利亚	5,916	23,597
捷克	-1,741	22,431
阿曼	1,095	20,077
孟加拉国	3,119	18,843
土库曼斯坦	-31,457	13,304
斯洛伐克	—	12,779
东帝汶	3,381	10,028
文莱	392	7,352
乌克兰	-76	6,890
阿塞拜疆	136	6,370
塞尔维亚	763	4,979
约旦	158	3,255

续 表

国家(地区)	2015 年流量	2015 年年底存量
立陶宛	—	1,248
克罗地亚	—	1,182
叙利亚	-356	1,100
波黑	162	775
亚美尼亚	—	751
阿尔巴尼亚	—	695
斯洛文尼亚	—	500
巴林	—	387
黎巴嫩	—	378
爱沙尼亚	—	350
马尔代夫	—	237
马其顿	-1	211
摩尔多瓦	—	211
拉脱维亚	45	94
黑山	—	32
巴勒斯坦	—	4

此外，为了兼顾中国 OFDI 投资东道国或地区与中国在制度方面的差异性，本研究将国家经济体差异（发达经济体、发展中经济体、转型经济体）以及区域分布差异（亚、非、欧）也纳入样本筛选条件之中，表 8.2 报告了“一带一路”沿线国家的分类情况。

表8.2 “一带一路”沿线国家分类

分类方式	类别	主要国家
经济体	发达经济体	波兰、捷克、斯洛伐克、匈牙利、斯洛文尼亚、克罗地亚、罗马尼亚、保加利亚、爱沙尼亚、立陶宛、拉脱维亚、以色列
	发展中经济体	土耳其、伊朗、叙利亚、伊拉克、阿联酋、沙特阿拉伯、卡塔尔、巴林、科威特、黎巴嫩、阿曼、也门、约旦、巴勒斯坦、越南、老挝、柬埔寨、泰国、马来西亚、新加坡、印度尼西亚、文莱、菲律宾、缅甸、东帝汶、印度、巴基斯坦、孟加拉国、阿富汗、尼泊尔、不丹、斯里兰卡、马尔代夫、蒙古、埃及
	转型经济体	塞尔维亚、黑山、马其顿、波黑、阿尔巴尼亚、白俄罗斯、摩尔多瓦、亚美尼亚、格鲁吉亚、阿塞拜疆、俄罗斯、乌克兰、哈萨克斯坦、吉尔吉斯斯坦、塔吉克斯坦、乌兹别克斯坦、土库曼斯坦
区域	蒙俄地区	蒙古、俄罗斯
	欧洲地区	波兰、捷克、斯洛伐克、匈牙利、斯洛文尼亚、克罗地亚、罗马尼亚、保加利亚、塞尔维亚、黑山、马其顿、波黑、阿尔巴尼亚、爱沙尼亚、立陶宛、拉脱维亚、乌克兰、白俄罗斯、摩尔多瓦
	亚洲	土耳其、伊朗、叙利亚、伊拉克、阿联酋、沙特阿拉伯、卡塔尔、巴林、科威特、黎巴嫩、阿曼、也门、约旦、以色列、巴勒斯坦、亚美尼亚、格鲁吉亚、阿塞拜疆、哈萨克斯坦、吉尔吉斯斯坦、塔吉克斯坦、乌兹别克斯坦、土库曼斯坦、越南、老挝、柬埔寨、泰国、马来西亚、新加坡、印度尼西亚、文莱、菲律宾、缅甸、东帝汶、印度、巴基斯坦、孟加拉国、阿富汗、尼泊尔、不丹、斯里兰卡、马尔代夫
	非洲地区	埃及

为了兼顾各种类型国家及数据的可获取性，本研究又将菲律宾、埃及、匈牙利、波兰及捷克纳入研究样本范围。至此，本研究最终选取了“一带一路”沿线 15 个国家作为研究的样本，这 15 个国家分别为：新加坡、俄罗斯联邦、埃及、印度尼西亚、巴基斯坦、伊朗、印度、越南、捷克、波兰、菲律宾、匈牙利、土耳其、沙特阿拉伯以及马来西亚。

二　制度距离维度的确定及分析

要确定制度距离的维度，首先需要了解制度概念的界定。North（1990）的研究认为，制度是一系列的“博弈规则”，根据其显性与隐性关系，可以将其分为正式制度与非正式制度，正式制度指的是由正式文字所表达的一系列政治法规，而非正式制度则为不易量化的道德、价值观等特定社会环境下人们固有的行为准则及评判标准。通过正式制度与非正式制度的划分，可以看出制度涉及一国的政治、法律、经济以及社会制度等诸多方面。而 Scott（1995）则将制度归纳为所有社会规范和规章的总和，包括管制、规范以及认知三大基础要素。其中，管制制度包括法律法规、相关制裁等强制限定了人们在日常生活中表现的制度规则，该种制度多以明文的形式呈现；规范制度是指受一国文化熏陶，为广大人民所共同接受的社会外部的价值观念、意识形态与社会习俗等“潜”规则；认知制度是一个组织内部，其成员习惯传承的共同信仰、共享逻辑。

Kostova 和 Zaheer（1999）首次对制度距离的概念进行了系统的阐述，该研究认为，制度距离是两个地区在制度环境上的差异，该概念提出后受到学术界的广泛重视，后续研究蓬勃开展，先后经历了二分法、三支柱、四象限、四维度及九距离等分类方式。

（一）二分法

二分法由 Estrin et al.（2010）提出，该研究参考了 North 对于制度的定义，提出了制度距离的正式定义。该研究将制度距离划分为两部分：一是影响到企业进行投资决策等一系列经济活动的，在法律法规方面的差异，被称为正式制度距离；二是不同国家的人们由于特定社会文化熏陶所导致的，在社会信仰、道德准则、行为习惯等潜在评价标准方面的差异，被称为非正式制度距离。

（二）三支柱

Kostova 从管制、规范和认知这三个方面对制度距离进行了诠释：将不同国家之间由政府出台进行限定的国家法律法规之间的差异归纳为管制距离；将不同社会的人们约定俗成的社会规范方面的差异归纳为规范距离；将组织内成员共享的信仰等之间的差异归纳为认知距离。该种分类方法借鉴了 Scott 对于制度距离三大基础要素的解释，由此构成三支柱这一划分方式。

（三）四象限

四象限的提出者 Phillips el al.（2009）认为，应根据制度环境差异大小及东道国或地区制度不确定性程度将制度距离划分为高制度距离、两类中等制度距离以及低制度距离。若不同国家之间的制度环境差异大且东道国或地区制度不确定性高，则为高制度距离；若不同国家之间的制度环境差异大以及东道国或地区制度不确定性高，则为中等制度距离，包括两类；若不同国家之间的制度环境差异小且东道国或地区制度不确定性低，则为低制度距离。该分类方法将制度不确定性纳入制度距离的概念之中，虽然制度距离的概念因此变得更加丰富饱满，但由于在测度方面缺乏实际操作性，因此采用该分类方式的研究并不多见。

（四）四维度

相较于之前的三种界定方式，四维度的分类方式受到了更多学者的关注。Wu（2009）在借鉴了 Scott 以及 Kostova 等三支柱的分类方法后，深入剖析了制度距离定义中的管制、规范和认知三大因素，提出可用政治距离、管制距离、经济距离、文化距离这四个更为具体的维度对制度距离进行分类，其中政治距离指代不同国家在政策法规方面的区别，以及在国家宏观治理能力等方面的区别；管制距离的界定与某些特定行业密切相关，它指代某些类型的行业在规章制度方面的差异；经济距离则指代国家对于交易方式的规定、对市场的导向、对于市场稳定性的维持，以及企业在其自身性质方面的差异；文化距离指代了定义最为简单却最不易衡量的不同国家之间文化的差异。从严格意义上说，该种分类方式并不完全符合 Kostova 对制度距离的定义，提出的四个维度也并没有完全涵盖管制、规范以及认知这三大因素，然而由于其在操作上的可行性，该种分类方式获得了较多的运用。

（五）九距离

Berry et al.（2010）以四维度的界定方式为基础，提出了九距离的划分方式。除去四维度中提到的四个维度，九距离的划分方式还将金融距离、人口统计距离、知识距离、全球联通距离、地理距离纳入其划分体系之中，其中金融距离、人口统计距离与地理距离的定义较为简单，分别指代以银行等为代表的金融部门发展方面的差异、以世界银行数据为代表的人口统计特征的差异，及以国家首都为中心来进行衡量的地理位置方面的差异；知识距离为专利和科学产出在数量上的不同；全球联通距离为旅游人次与网络使用量方面的差异。值得注意的是，虽然此研究沿用了之前四维度的划分方式，但在政治距离、管理距离、经济距离以及文化距离方面，Berry 则采用了更为具体的定义：政治距离为不同国家在政治稳定性、民主程度方面的差异，以及与其固有贸易伙伴之间的差异；管制距离为殖民关系、语言、宗教、法律体系的差异；经济距离指代经济发展与宏观经济特征的差异；文化距离则具体到不同国家的人在看待权力、信任、个性、工作以及家庭重要性方面的差异。

本研究参照 Kostova 对于制度距离的定义，考虑到管制、规范和认知三大因素，从政治、经济及文化三个方面将上述三大因素囊括其中。

政治距离为不同国家在一系列政策法规上的区别，具体包括话语权和问责（*VA*）、政治稳定性与无暴力（*PV*）、政府效率（*GE*）、政府监管水平（*RQ*）、法治程度（*RL*）以及腐败控制（*CC*）。其中，话语权和问责主要用于衡量公民选举权与被选举权以及在言论等个人权利方面的自由程度；政治稳定性用于刻画一国公民对于政府、政治稳定以及暴力事件的感知程度；政府效率囊括了一国政府提供的服务、政策的制定及政策的实施以及政府可信度；政府监管水平则为公民对于其颁布的一系列政策法规遵守程度的监管水平；法治程度衡量了一国公民对于本国政策法规的遵守程度；腐败控制则刻画了一国腐败情况。

经济距离为不同国家在经济制度上的差异，具体包括产权保护程度（*PR*）、廉洁程度（*FC*）、财政自由程度（*FF*）、政府开支（*GS*）、商业自由程度（*BF*）、劳工自由程度（*LF*）、货币自由程度（*MF*）、贸易自由程度（*TF*）、投资自由程度（*IF*）以及金融自由程度（*fF*）。

文化距离为不同国家在长期文化熏陶下所形成的价值观、道德观、行为习惯等方面的差异，具体包括权利距离（*PD*）、不确定性规避（*UA*）、个人主义与集体主义（*IC*）、男性化与女性化（*MVF*）、长期取向与短期取向（*LS*）以及自身放纵与约束（*IR*）。其中，权利距离指某一社会中人们对于不平等地位所抱有的态度，高权力距离国家的人们往往对于地位比自己高的人更加尊敬，且认为其在某些事物的选择权方面是优于自己的；而低权力距离国家的人们则认为应该人人平等，只有职位的高低，没有权力的不公。不确定性规避指一个国家的人们对于不确定事物的接纳程度，高不确定性规避国家的人们在遇到不可知事物时往往采取规避的态度，对他们而言，熟悉的环境及熟悉的事物是最为重要的；而低不确定性规避国家的人们在遇到不确定事物时，冒险精神往往是他们最好的代名词。个人主义与集体主义指某一社会总体在面对决策时，个人及集体的优先程度，集体主义国家的人们往往更具有牺牲精神以及团结精神。男性化与女性化指某一社会中男性品质与女性品质中何种品质所占比重更大，其中男性品质指代以“硬汉”“阳刚”等为代表的独立性、对于竞争的渴望性等；而女性品质代表以阴柔为美的对于他人的关怀或谦让等。长期取向与短期取向指在某种社会环境中，人们对于投资等具有反馈性的事物进行选择的倾向，具有长期取向的人往往愿意进行不断的付出以期得到最高的回报，风险对于他们来说是可以接受的；而短期取向的人们则认为掌握在自己手中的东西才是最重要的，未来并不可期。自身放纵与约束则指人们对于自身生活态度的选择，具有放纵精神的人们往往愿意及时行乐，而具有约束精神的人们则具有严肃刻板甚至不近人情的行事作风。

三 样本变量的选取与测算

（一）样本及变量的选取

本书选取政治指数（*PI*）、经济指数（*EI*）及文化指数（*CI*）作为一级指标对制度距离进行量化，具体指标见表8.3。

表8.3 制度指数各级指标合集

	一级指标	二级指标
制度指数(*II*)	政治指数(*PI*)	话语权和问责(VA)
		政治稳定性与无暴力(PV)
		政府效率(GE)
		政府监管水平(RQ)
		法治程度(RL)
		腐败控制(CC)

续 表

	一级指标	二级指标
制度指数(*II*)	经济指数(*EI*)	产权保护程度(*PR*)
		廉洁程度(*FC*)
		财政自由程度(*FF*)
		政府开支(*GS*)
		商业自由程度(*BF*)
		劳工自由程度(*LF*)
		货币自由程度(*MF*)
		贸易自由程度(*TF*)
		投资自由程度(*IF*)
		金融自由程度(*fF*)
	文化指数(*CI*)	权利距离(*PD*)
		不确定性规避(*UA*)
		个人主义与集体主义(*IC*)
		男性化与女性化(*MVF*)
		长期取向与短期取向(*LS*)
		自身放纵与约束(*IR*)

在政治指数（*PI*）方面，本书采用 2003—2015 年的全球治理指数（World wide Governance Indicators，WGI）来对其进行量化。该指标的创立者 Kaufmann 等利用第三方数据，抽取 32 个数据源，对 200 多个国家在话语权和问责（*VA*）、政治稳定性与无暴力（*PV*）、政府效率（*GE*）、政府监管水平（*RQ*）、法治程度（*RL*）以及腐败控制（*CC*）这六个方面进行了统计学上的指标估算，上述六大指标均以 -2.5 至 2.5 为得分区间，得分越高则程度越高，由此构成了全球治理指数。本书中 2003—2015 年的全球治理指数 6 个二级指标的原始数据都源自世界银行官网。

在经济指数（*EI*）方面，本书采用 2003—2015 年经济自由度指数（Index of Economic Freedom，EFI）来对其进行量化。该指标由《华尔街日报》以及美国传统基金会发布，涵盖了 150 十多个国家。该指标由产权保护程度（*PR*）、廉洁程度（*FC*）、财政自由程度（*FF*）、政府开支（*GS*）、商业自由程度（*BF*）、劳工自由程度（*LF*）、货币自由程度（*MF*）、贸易自由程度（*TF*）、投资自由程度（*IF*）以及金融自由程度（*fF*）十大指标构成，每一指标下均有不同的详细指标对其进行衡量，十大指标得分均处于 0 至 100 之间，得分越高则经济自由程度越高。

在文化指数（*CI*）方面，本书直接采用霍夫斯泰德的“文化维度理论”来对其进行量化。霍夫斯泰德（1980）出版的《文化影响力：价值、行为、体制和组织的跨国比较》，最终在采纳彭克麦等学者对其理论补充的基础上，总结出文化差异的六个维度，主要包括权利距离（*PD*）、不确定性规避（*UA*）、个人主义与集体主义（*IC*）、男性化与女性化（*MVF*）、长期取向与短期取向（*LS*）以及自身放纵与约束（*IR*），以上六维度的相关数据通过世界范围内的问卷调查得到并进行指数化得分处理，该得分处于 0 至 100 区间范围内，得分越高则表示相应的程度越高，相关原始数据均源自霍夫斯泰德官方网站。此外，关于文化维度的相关数据，霍夫斯泰德官方网站只公布了截面数据，并没有相关国家的时间序列数据，加之文化的六个维度往往固化于一个国家长期文明发展中，短时间内并不会有过多的变化，因此本书 2003—2015 年文化指数都采用霍夫斯泰德官方网站中国家的相关截面数据。

（二）测算方法及权重的选择

本书首先选择 WGI 六大指标、EFI 十大指标以及文化维度六大指标共计 22 个二级指标对“一带一路”及中国的制度水平进行测度。由于上述 22 个指标均以得分方式呈现，而其得分的取值范围并不相同，因此本书首先对该 22 个指标进行了归一化处理，处理方式如下：

$$国家 i 在第 t 年在每一指标上的得分 = \frac{V_{it} - V_{min}}{V_{max} - V_{min}} \times 100 \tag{8.1}$$

其中V_{it}为国家 i 在第 t 年的原始数据，V_{min}为 2003—2015 年间所有原始二级指标数据中的最小值，V_{max}为 2003—2015 年间所有原始二级指标数据中的最大值，通过此种方式得到可用于比较的二级指标分数，然后利用主成分分析法确定每一个二级指标相应权重，由此得到相应的一级指标分数，再由主成分分析法确定每一个一级指标权重，由此得到每一个国家的制度指数（*II*）。在测度出 16 个国家的制度指数之后，本书取中国的制度指数与其他各个国家制度指数差值的绝对值形成最终的制度距离指标（*ID*），处理方式如下：

$$ID_{cit} = |II_{ct} - II_{it}| \tag{8.2}$$

其中，ID_{cit}表示中国与国家 i 在第 t 年的制度距离，II_{ct}为中国在第 t 年的制度指数，II_{it}为国家 i 在第 t 年的制度指数，由两者差值的绝对值得出中国与各个国家之间的制度距离（*ID*）。

为了对制度距离的不同维度进行更进一步的分析，取中国的政治指数与其他各个国家政治指数差值的绝对值形成政治距离（*PD*），取中国的经济指数与其他各个国家经济指数差值的绝对值形成最终的经济距离指标（*ED*），取中国的文化指数与其他各个国家文化指数差值的绝对值形成文化距离指标（*CD*），处理方式分别如下所示：

$$PD_{cit} = |PI_{ct} - PI_{it}| \tag{8.3}$$

$$ED_{cit} = |EI_{ct} - EI_{it}| \tag{8.4}$$

$$CD_{cit} = |CI_{ct} - CI_{it}| \tag{8.5}$$

其中PD_{cit}、ED_{cit}、CD_{cit}分别表示中国与国家 i 在第 t 年的政治距离、经济距离与文化距离，PI_{ct}、EI_{ct}、CI_{ct}分别为中国在第 t 年的政治指数、经济指数与文化指数，PI_{it}、EI_{it}、CI_{it}分别代表国家 i 在第 t 年的政治指数、经济指数与文化指数。为了避免权重选择的主观性，本书同样采用主成分分析法确定各级指标的权重，权重确定的结果报告于表 8.4。

表8.4　　　　制度指数各级指标权重

	一级指标权重	一级指标	二级指标权重	二级指标
制度指数（II）	0.416	政治指数（PI）	0.111	话语权和问责（VA）
			0.161	政治稳定性与无暴力（PV）
			0.182	政府效率（GE）
			0.183	政府监管水平（RQ）
			0.185	法治程度（RL）
			0.178	腐败控制（CC）
	0.431	经济指数（EI）	0.133	产权保护程度（PR）
			0.125	廉洁程度（FC）
			0.031	财政自由程度（FF）
			0.058	政府开支（GS）
			0.099	商业自由程度（BF）
			0.095	劳工自由程度（LF）
			0.103	货币自由程度（MF）
			0.109	贸易自由程度（TF）
			0.127	投资自由程度（IF）
			0.120	金融自由程度（fF）
	0.153	文化指数（CI）	0.198	权利距离（PD）
			0.223	不确定性规避（UA）
			0.293	个人主义与集体主义（IC）
			0.223	男性化与女性化（MVF）
			0.018	长期取向与短期取向（LS）
			0.045	自身放纵与约束（IR）

由表 8.4 中三个维度指数权重可知，总体来说由于经济距离以及政治距离与企业的经营活动息息相关，且经济、政策、法律及法规等方面的差异多数可用书面形式得到表达，该部分的差异较易得到重视，故两者对于制度距离的贡献率较高；值得注意的是，文化距离对于制度指数也带来了一定的影响，这充分说明在跨国经营当中不仅需要注意当地的法律法规或是经济政策，文化导致的差异也应当受到重视。

四　制度距离测度结果及分析

在指标权重确定之后，便可根据前文介绍的计算方法测算中国与“一带一路”沿线十五国 2003—2015 年的制度指数，具体测算结果报告于附录 8.1。在对 16 个国家的制度指数测度完毕后，可以通过式（8.2）计算中国与“一带一路”沿线 15 个国家的制度差距，每间隔一年的测算结果报告于表 8.5（完整测算结果见附录 8.2），图 8.2 为制度距离变化趋势图。此外，为了能够更加直观地对比“一带一路”沿线不同国家与中国之间制度距离的差异，表 8.6 报告了每间隔一年中国与“一带一路”沿线 15 个国家之间的制度距离由小到大的排序情况（完整排序情况见附录 8.3），图 8.3 为中国与“一带一路”沿线 15 个国家之间的制度距离排序变化趋势。

表 8.5　2003—2015 年中国与“一带一路”沿线 15 个国家之间的制度距离

	2003	2005	2007	2009	2011	2013	2015
埃及	3.17	3.13	1.30	3.67	1.61	2.30	3.60
巴基斯坦	3.26	5.84	3.84	6.45	6.93	6.28	6.44
波兰	22.43	20.33	19.46	22.34	26.12	27.56	26.70
俄罗斯	0.51	1.66	0.60	2.03	1.28	0.35	2.20
菲律宾	6.32	3.04	3.16	2.19	3.66	6.43	7.37
捷克	26.89	26.35	26.80	27.66	29.26	28.78	28.85
马来西亚	16.38	17.15	17.23	14.73	17.66	18.81	19.29
沙特阿拉伯	9.89	8.82	8.22	9.40	9.53	9.81	8.50

续 表

	2003	2005	2007	2009	2011	2013	2015
土耳其	7.58	7.89	10.97	11.43	13.88	13.43	10.18
新加坡	38.70	40.80	40.34	39.40	40.54	41.71	41.21
匈牙利	15.79	17.47	18.12	18.40	19.22	18.89	22.80
伊朗	6.71	5.88	9.75	12.61	12.12	11.47	11.98
印度	3.69	5.76	5.96	4.53	4.99	4.77	4.31
印度尼西亚	2.71	2.44	0.31	0.89	2.02	4.91	2.63
越南	4.43	3.15	2.74	2.99	2.01	1.93	2.23

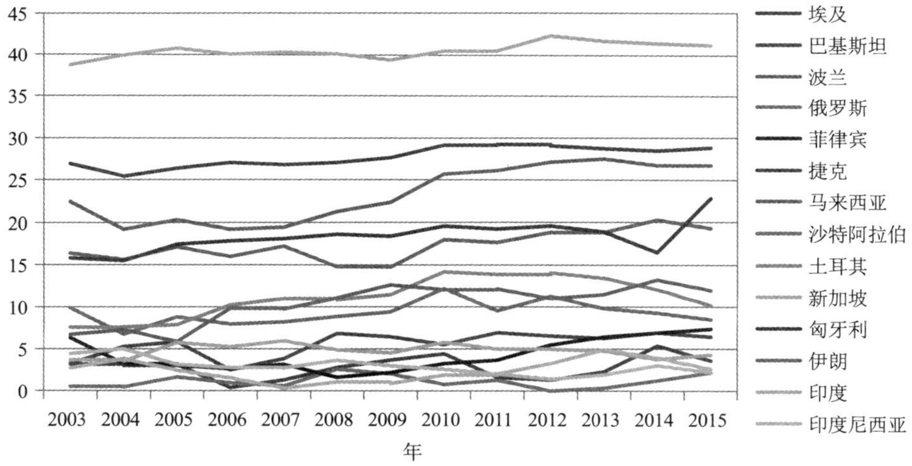

图 8.2 2003—2015 年中国与“一带一路”沿线 15 个国家之间的制度距离

表 8.6 2003—2015 年中国与“一带一路”沿线 15 个国家之间的制度距离排序

	2003 排序	2005 排序	2007 排序	2009 排序	2011 排序	2013 排序	2015 排序	平均排序
俄罗斯	1	1	2	2	1	1	1	1
印度尼西亚	2	2	1	1	4	5	3	2
埃及	3	4	3	5	2	3	4	3

续 表

	2003 排序	2005 排序	2007 排序	2009 排序	2011 排序	2013 排序	2015 排序	平均 排序
越南	6	5	4	4	3	2	2	4
菲律宾	7	3	5	3	5	7	7	5
印度	5	6	7	6	6	4	5	6
巴基斯坦	4	7	6	7	7	6	6	7
沙特阿拉伯	10	10	8	8	8	8	8	8
伊朗	8	8	9	10	9	9	10	9
土耳其	9	9	10	9	10	10	9	10
马来西亚	12	11	11	11	11	11	11	11
匈牙利	11	12	12	12	12	12	12	12
波兰	13	13	13	13	13	13	13	13
捷克	14	14	14	14	14	14	14	14
新加坡	15	15	15	15	15	15	15	15

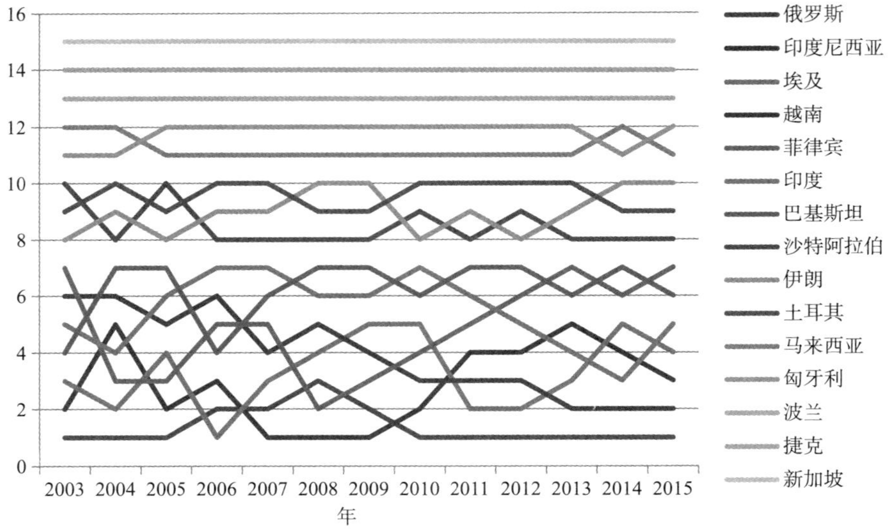

图 8.3　2003—2015 年中国与“一带一路”沿线 15 个国家之间的制度距离排序变化趋势

结合表 8.5 至表 8.6、图 8.2 及图 8.3 不难看出：

第一，就时间维度而言，2003—2015 年中国与“一带一路”沿线 15 个国家之间的制度距离变化并没有明显的时间趋势，中国与每个国家之间的制度距离都呈现不断波动趋势，这充分说明，中国与“一带一路”沿线这 15 个国家之间的制度距离并没有持续缩小或者持续扩大的趋势。

第二，就截面维度而言，2003—2015 年中国与不同国家之间的制度距离有明显的国别差异，新加坡与中国之间的制度距离远超其他国家与中国之间的制度距离，基本维持在 40 左右；捷克、波兰、匈牙利及马来西亚 4 个国家与中国的制度距离处于中间水平，制度距离基本都处于 15—30 范围内；俄罗斯、印度尼西亚、埃及、越南、菲律宾、印度、巴基斯坦、沙特阿拉伯、伊朗及土耳其 10 个国家与中国的制度距离较小，基本在 15 以下。

第三，2003—2015 年中国与“一带一路”沿线 15 个国家之间的制度距离排序变化趋势图能够更加直观地证实制度距离的国别差异：首先，新加坡、捷克及波兰 3 个国家与中国制度距离最大，并且 13 年间排序无任何变化；其次，匈牙利、马来西亚、土耳其、伊朗及沙特阿拉伯 5 个国家与中国制度距离较大，13 年间 5 个国家的制度距离排序稳定处于 8—12 位；最后，巴基斯坦、印度、菲律宾、越南、埃及、印度尼西亚及俄罗斯 7 个国家与中国制度距离较小，13 年间 7 个国家的制度排序稳定处于 1—7 位。

为了能够从政治、经济及文化三方面分析中国与“一带一路”沿线 15 个国家之间的制度距离存在国别差异的原因，本书通过公式（8.3）至公式（8.5）分别计算出中国与“一带一路”沿线 15 个国家之间的政治距离、经济距离及文化距离，表 8.7 至表 8.9 分别报告了每间隔一年中国与“一带一路”沿线 15 个国家之间的政治距离、经济距离及文化距离的测度结果（完整测度结果分别见于附录 8.4 至附录 8.6），并同时分别绘制了 2003—2015 年中国与“一带一路”沿线 15 个国家之间的政治距离、经济距离变化趋势图 8.4、图 8.5。

表 8.7 2003—2015 年中国与“一带一路”沿线 15 个国家之间的政治距离

国家	2003	2005	2007	2009	2011	2013	2015	平均政治距离
越南	1.47	2.26	0.62	1.51	0.87	0.36	0.29	1.28
菲律宾	2.83	3.88	0.36	2.08	1.07	5.38	3.80	2.61

续 表

国家	2003	2005	2007	2009	2011	2013	2015	平均政治距离
印度尼西亚	8.09	3.21	0.61	1.34	1.95	7.68	1.59	3.25
埃及	1.66	2.29	0.80	1.51	6.36	10.69	12.71	4.71
沙特阿拉伯	8.07	6.66	5.50	5.79	2.59	8.18	5.01	6.17
印度	6.69	9.94	8.72	5.82	5.41	4.53	4.85	6.42
俄罗斯	4.97	6.58	7.46	8.25	7.21	4.12	9.93	6.93
土耳其	11.23	15.46	13.86	12.65	14.27	13.68	5.98	12.54
匈牙利	11.23	15.46	13.86	12.65	14.27	13.68	24.58	13.97
伊朗	6.91	9.56	14.67	20.31	17.29	16.99	14.92	14.70
巴基斯坦	9.85	11.89	13.52	18.03	18.57	16.89	17.57	15.33
马来西亚	29.43	30.40	26.34	20.72	24.61	27.25	23.86	26.14
波兰	32.08	29.83	28.36	33.19	36.84	38.09	34.77	33.04
捷克	39.58	39.67	37.40	38.78	40.70	39.04	37.91	38.84
新加坡	58.41	60.87	60.07	58.95	60.24	61.76	60.28	60.42

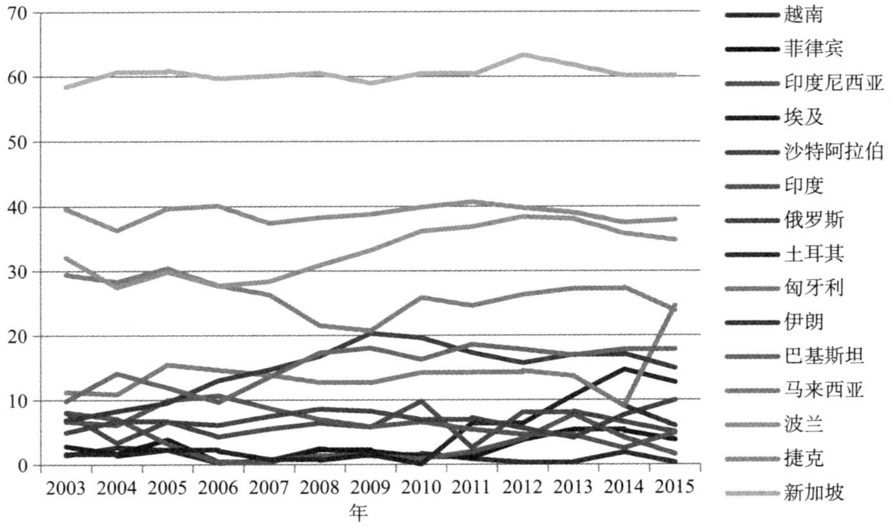

图 8.4　2003—2015 年中国与“一带一路”沿线 15 个国家之间的政治距离

表8.8 2003—2015年中国与“一带一路”沿线15个国家之间的经济距离

国家	2003	2005	2007	2009	2011	2013	2015	平均经济距离
俄罗斯	1.93	3.03	0.27	2.28	1.54	0.75	1.06	1.37
印度	0.40	1.27	2.92	2.39	3.87	4.20	2.82	2.60
印度尼西亚	2.37	1.72	0.71	0.08	3.65	4.83	5.42	2.89
巴基斯坦	3.04	0.96	5.23	3.52	2.94	2.81	3.10	3.06
越南	6.09	6.72	2.99	2.71	1.05	1.36	2.12	3.14
埃及	4.46	3.76	2.51	5.78	8.59	3.70	2.63	4.64
菲律宾	8.84	0.24	3.91	4.01	4.37	6.64	10.34	5.34
土耳其	3.13	0.23	8.44	10.69	14.82	14.33	14.21	10.08
沙特阿拉伯	9.98	8.86	8.58	11.05	14.43	9.69	9.71	10.36
伊朗	9.80	5.32	9.35	10.56	12.32	11.11	14.29	10.79
马来西亚	8.13	8.98	13.07	12.70	15.72	15.84	20.23	13.39
波兰	13.17	10.48	9.87	11.90	17.13	19.27	20.48	14.51
匈牙利	16.16	15.99	19.03	20.85	21.20	21.00	19.55	19.41
捷克	19.11	17.77	21.00	21.67	23.51	24.01	25.26	21.84
新加坡	36.69	39.18	38.89	37.78	39.19	40.43	40.70	39.03

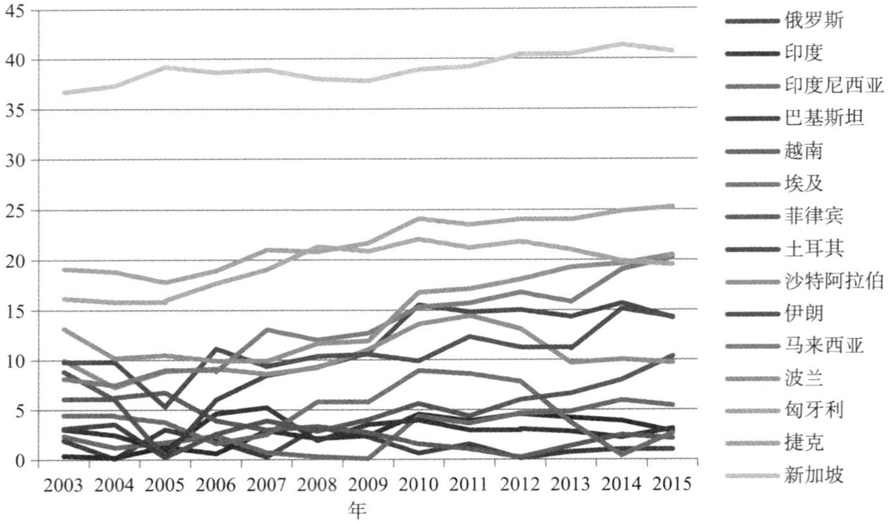

图 8.5　2003—2015 年中国与“一带一路”沿线 15 个国家之间的经济距离

表 8.9　　2003—2015 年中国与“一带一路”沿线 15 个国家之间的文化距离

	2003	2005	2007	2009	2011	2013	2015	平均文化距离
印度尼西亚	2.41	2.41	2.41	2.41	2.41	2.41	2.41	2.41
伊朗	2.56	2.56	2.56	2.56	2.56	2.56	2.56	2.56
巴基斯坦	3.10	3.10	3.10	3.10	3.10	3.10	3.10	3.10
埃及	3.61	3.61	3.61	3.61	3.61	3.61	3.61	3.61
马来西亚	4.15	4.15	4.15	4.15	4.15	4.15	4.15	4.15
印度	7.05	7.05	7.05	7.05	7.05	7.05	7.05	7.05
越南	7.81	7.81	7.81	7.81	7.81	7.81	7.81	7.81
菲律宾	8.70	8.70	8.70	8.70	8.70	8.70	8.70	8.70
新加坡	9.37	9.37	9.37	9.37	9.37	9.37	9.37	9.37
土耳其	10.20	10.20	10.20	10.20	10.20	10.20	10.20	10.20
捷克	14.31	14.31	14.31	14.31	14.31	14.31	14.31	14.31
沙特阿拉伯	14.60	14.60	14.60	14.60	14.60	14.60	14.60	14.60

续 表

	2003	2005	2007	2009	2011	2013	2015	平均文化距离
俄罗斯	15.65	15.65	15.65	15.65	15.65	15.65	15.65	15.65
波兰	22.30	22.30	22.30	22.30	22.30	22.30	22.30	22.30
匈牙利	27.16	27.16	27.16	27.16	27.16	27.16	27.16	27.16

综合表 8.5 至表 8.9 及图 8.2 至图 8.5 相关信息可知：

就俄罗斯而言，在 2003—2015 年这 13 年间，无论是从各年分别排序还是平均排序都可知，与中国毗邻的俄罗斯与中国的制度距离最小，在 2012 年两国制度距离值甚至为 0（见附表 8.2）。从俄罗斯与中国的政治距离、经济距离及文化距离三方面来看，虽然由于俄罗斯与中国在政治制度开放性及文化包容性等方面的较大差异导致了俄罗斯与中国的政治距离及文化距离并不小，但是俄罗斯与中国经济制度的相似性导致其与中国经济距离最小，并且最终决定了俄罗斯与中国的制度距离最小。

就印度尼西亚、埃及与越南 3 个国家而言，在 2003—2015 年这 13 年间，这 3 个国家与中国的制度距离也保持在较小的差异范围内，其中越南与中国的制度距离差异呈逐年变小的趋势。

就新加坡、捷克以及波兰 3 个国家而言，在 2003—2015 年这 13 年间，这 3 个国家与中国的制度距离最大。新加坡与中国的制度距离一直保持在 40 左右，在 2015 年这一数值达到了 41.21。实际上新加坡是一个移民国家，其华人人口众多，华人文化在新加坡得以传承，这使得新加坡与中国文化差距较小，平均文化差距仅为 9.37。但较小的文化差距并没有缩小中国与新加坡的制度距离，究其原因主要在于新加坡的议会共和制以及多元、发达的经济社会导致其在政治开放性及经济开放性方面高于中国，其与中国的政治距离及经济距离均值分别高达 60.42 以及 39.03，比捷克要高出近 50%。2003—2015 年间捷克与中国的平均制度距离保持在 28 左右，与新加坡类似，虽然捷克与中国之间的平均文化距离只有 14.31，但 38.84 的政治距离与 21.84 的经济距离都证明了捷克作为发达经济体其政治以及经济的开放性都要远不同于中国。在 2015 年波兰与中国的制度距离达到了 26.7，其中贡献率较高的是政治距离（与中国的平均政治距离为 33.04）以及文化距离（与中国的平均文化距离为 22.30），不同于制度距离最大的新加坡以及排名第二的捷克，波兰与中国的经济距离并没有前两者那么大。

第四节　制度距离对中国 OFDI 逆向技术溢出的影响研究

本节首先在借鉴沙文兵（2014）模型思想的基础上将制度距离变量纳入计量经济学模型，重点分析中国与“一带一路”沿线 15 个国家的制度距离对中国 OFDI 逆向技术溢出效应的直接影响；然后进一步将制度距离分解为政治距离、经济距离及文化距离，将制度距离这些方面因素同时纳入计量经济学模型分析各自对 OFDI 逆向技术溢出效应的影响。

一　实证模型的设定

为了能够提高本章构建的计量经济学模型的科学性及客观性，本书需要先对国内相关研究文献进行分析及总结。首先，2017 年 8 月 5 日，本书在中国知网数据库中，以“文献”为检索范围选择“篇名 = 逆向技术溢出”作为检索对象进行检索，共计检索到 255 条相关记录。通过观察 2008—2017 年每一年中相关文献的数量不难发现，国内关于“逆向技术溢出”研究的文献数量从 2008 年开始呈现不断增长的趋势，相关文献数量变化情况如图 8. 6 所示。

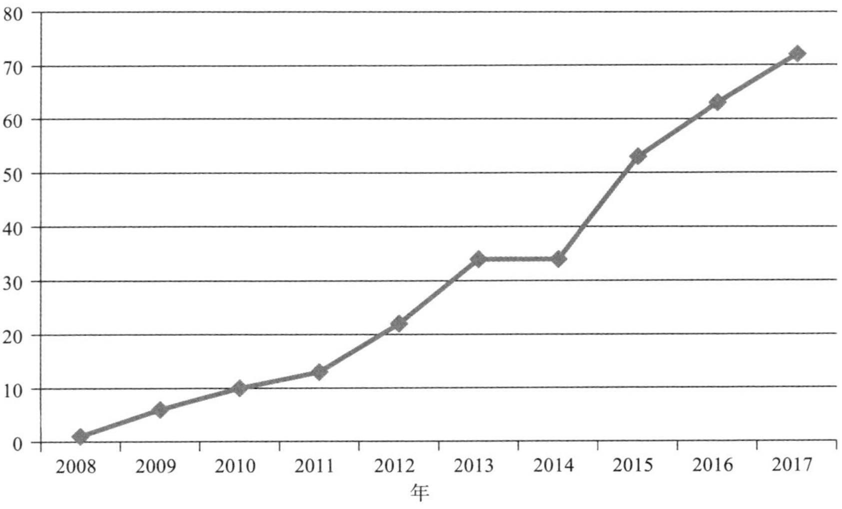

图 8. 6　2008—2017 年“逆向技术溢出”相关文献数量变化情况

为了对该领域相关研究文献中使用的计量经济学模型进行分析及总结，笔者从中国知网数据库中下载了 33 篇相关实证研究文献。这 33 篇文献中，有 32 篇从宏观角度利用宏观数据构建计量经济学模型开展实证研究，1 篇从微观企业角度利用微观企业数据构建计量经济学模型开展实证研究。对 33 篇文献实证研究中具体构建模型形式进行总结可知，关于 OFDI 逆向技术溢出效应的计量经济学模型中的解释变量主要包括两种：一是以通过 OFDI 获取的其他国家研发溢出效应作为解释变量；二是以技术水平或者经济产出作为解释变量。

通过对于实证研究模型构建形式的总结，为了实证探讨中国与“一带一路”沿线 15 个国家之间的制度距离对 OFDI 逆向技术溢出效应的影响，本书在 Coe 和 Helpman（1995）国际 R&D 溢出效应理论的基础上，参照沙文兵（2014）研究东道国或地区特征对中国 OFDI 逆向技术溢出效应的影响时使用的模型，构建基本计量模型如下：

$$S_{it}^{ofdi} = \alpha_0 + \alpha_1 ID_{it} + \alpha_2 H_{it} + \alpha_3 FDI_{it} + \alpha_4 TD_{it} + u_i + \varepsilon_{it} \qquad (8.6)$$

其中 i 代表国家或地区，t 代表年份，S_{it}^{ofdi} 为中国通过 OFDI 获得的国外研发资本存量，本章按照沙文兵（2014）的处理方式将其直接视为中国获取的 OFDI 逆向技术溢出效应。ID_{it} 为中国对 i 国在 t 时间的制度距离；H_{it}、FDI_{it}、TD_{it} 作为控制变量，分别表示各国人力资本水平、历年中国对 i 国的 OFDI 流量占该国当年 FDI 流量的比例以及中国与国家 i 之间的技术差距；u_i 为虚拟变量；ε_{it} 为随机干扰项。

为了进一步分析制度距离中政治距离、经济距离和文化距离分别会对 OFDI 逆向技术溢出效应造成何种影响，本书将上述三个变量加入模型之中，由此得到改进的计量模型如下所示：

$$\begin{aligned} S_{it}^{ofdi} = & \beta_0 + \beta_1 PD_{it} + \beta_2 ED_{it} + \beta_3 CD_{it} + \beta_4 H_{it} + \beta_5 FDI_{it} \\ & + \beta_6 TD_{it} + u_i + \varepsilon_{it} \end{aligned} \qquad (8.7)$$

其中，仍然以 i 指代国家或地区，t 指代时间，PD_{it} 表示中国与 i 国在 t 时间的政治距离，ED_{it} 表示中国与 i 国在 t 时间的经济距离，CD_{it} 表示中国与 i 国在 t 时间的文化距离，其他变量同式（8.6）。

二　数据来源及变量说明

在对制度距离进行测度时，本书的样本包括“一带一路”沿线 15 个国家与中国，样本时间范围选择 2003—2015 年；但实证研究制度距离对 OFDI 逆向技术溢出效应的影响时，又涉及诸多其他控制变量，然而由于越南、巴基斯坦、印度尼西亚以及菲律宾 4 个国家 R&D 的相关数据严重缺失，因此这 4 个国家从样本中删除，且将时间范围缩短为 2003—2014 年。考虑到在制度距离指标体系的构建过程中，所采用的样本越大，各级指标的权重越接近真实值，因而此处仍然直接采用之前制度距离测度结果的相关数据。关于政治距离、经济距离及文化距离的测度方法、数据来源已经在前文做过详细介绍，此处着重解释其他变量的测度方法及原始数据来源。

（一）被解释变量 S_{it}^{ofdi}

S_{it}^{ofdi} 为中国通过 OFDI 获取的外国研发资本存量。欧阳艳艳（2010）认为，中国通过 OFDI 获取的外国研发资本存量可以直接用来衡量中国对外直接投资逆向技术溢出效应的大小。有鉴于此，本书同样采用中国通过 OFDI 获取的外国研发资本存量作为被解释变量，并采用 CH—LP 模型对其进行计算，具体计算方法如下：

$$S_{it}^{ofdi} = \sum \frac{OFDI_{it}}{Y_{it}} * S_{it}^{d} \tag{8.8}$$

其中，S_{it}^{d} 表示在 t 时期 i 国的国内研发资本存量，$OFDI_{it}$ 表示在 t 时期中国对 i 国的 $OFDI$ 存量，Y_{it} 表示在 t 时期 i 国的 GDP。变量 S_{it}^{d} 并没有现成原始数据，同样需要根据相关数据进行测算，具体测算方式为：①从世界银行数据库中获得 2003—2015 年各国 R&D 研发支出占 GDP 的比重，据此估算出各国历年 R&D 支出流量；②利用世界银行 WDI 数据库中的消费价格指数将各国(地区)的 R&D 支出折算为 2003 年不变价格的历年研发支出流量；③按照永续盘存法计算出各国(地区)2003—2015 年的研发资本存量，所采用的公式为：

$$S_{it}^{d} = (1 - \delta) S_{it-1}^{d} + RD_{it} \tag{8.9}$$

其中 i 代表国家，t 代表时间，S_{it}^{d} 为 i 国在 t 年的国内研发资本存量，δ 为折旧率，本书参照韩玉军(2015)的研究，取折旧率为 5%。S_{it-1}^{d} 为上一期 i 国国内研发资本存量，RD_{it} 为以 2003 年为基期折算的 i 国国内研发资本流量。在计算基期存量时，采用以下公式：

$$S_{i2003}^{d} = RD_{i2003}/(g + \delta) \tag{8.10}$$

其中，S_{i2003}^{d} 为 2003 年 i 国研发资本存量，RD_{i2003} 为 2003 年 i 国实际研发资本

支出流量(以2003年不变价格度量,单位为美元),g 为每年研发支出流量的算术平均增长率,δ 为R&D折算率,按惯例取5%水平。

(二)控制变量H_{it}、FDI_{it}、TD_{it}

首选,诸多研究包括本书前面部分的研究都证明人力资本对一个国家或者地区获取OFDI逆向技术溢出效应的重要性,一个国家人力资本越高,往往能够更好地获取OFDI逆向技术溢出效应。不同文献关于人力资本的测算有着不同方式,本书此处采用联合国《人类发展报告》中的平均受教育年限来进行计算。其次,中国通过OFDI获取的逆向技术溢出效应与中国对投资东道国或地区的历年OFDI流量密切相关,故此处参照沙文兵(2014)的做法,将 t 年中国对 i 国的OFDI流量占该国当年FDI流量的比重作为控制变量加入模型之中,这一部分的数据来源于中国历年《对外直接投资统计公报》以及联合国历年《人类发展报告》。此外,已有不少文献证实中国与投资东道国或地区的技术差距直接影响到中国通过OFDI获取的逆向技术溢出效应,故此处也将技术差距TD_{it}作为控制变量纳入实证模型,技术差距的计算方法参照韩玉军(2015)的研究,具体计算方法如下:

$$TD_{it} = \frac{\dfrac{GDP_{ct}}{L_{ct}}}{\dfrac{GDP_{it}}{L_{it}}} \tag{8.11}$$

其中仍然以i表示国家,t 表示年份,GDP_{ct}为中国 t 年国民生产总值,L_{ct}为中国 t 年劳动力总数,GDP_{it}、L_{it}则分别代表 i 国在 t 年的国民生产总值以及劳动力总数,以上变量原始数据均来源于世界银行数据库。

三 实证结果及分析

(一)实证结果

利用2003—2014年11个国家的面板数据,利用Eviews 8.0对式(8.6)及式(8.7)进行系数估计,Hausman检验结果显示应该采用固定效应模型对上述两个模型进行实证估计,[①]具体估计结果报告于表8.10。

① 在对式(8.7)进行参数估计的过程中产生了奇异矩阵的现象,对其进行Hausman检验后发现,文化距离这一变量没有产生任何检验结果,考虑到文化距离变量时间维度上的稳定性,故在删除文化距离这一变量后对式(8.7)进行了重新估计。

表 8.10　　式(8.6)及式(8.7)回归结果

变量	系数估计值	
	式(8.7)	式(8.8)
C	-1.974***	-2.074***
	(-6.136)	(-6.090)
ID	-0.024*	
	(-1.898)	
PD		-0.008
		(-1.158)
ED		-0.015*
		(-1.872)
TG	-0.627*	-0.500*
	(-1.959)	(-1.555)
H	0.304***	0.310***
	(6.550)	(6.648)
FDI	-0.007	-0.006
	(-1.180)	(-0.928)
F值	13.916***	13.075***
R^2	0.6248	0.6284

说明：括号内为t值，***、**和*分别表示在1%、5%以及10%水平下显著。

（二）实证结果分析

就制度距离对OFDI逆向技术溢出效应的影响而言：制度距离阻碍了中国从“一带一路”沿线国家获取OFDI逆向技术溢出效应，这样的回归结果也充分证实了本章研究的假设1。从表8.10的回归结果可以看出，制度距离变量回归系数显著为负，这表明中国与投资东道国或地区之间的制度距离越大，中国通过OFDI获取的逆向技术溢出越小，制度距离的存在使得OFDI逆向技术溢出的产生及传递受到了较大的影响，其影响机制已在本章第二节详细阐述过，此处不予赘述。

就政治距离、经济距离及文化距离对 OFDI 逆向技术溢出效应的影响而言：经济距离显著阻碍了中国从“一带一路”沿线国家获取 OFDI 逆向技术溢出效应，而政治距离对 OFDI 逆向技术溢出效应的影响作用并不显著。从表 8.10 可以看出，政治距离对于 OFDI 逆向技术溢出效应的影响为负，但并不显著，究其原因可能在于中国与“一带一路”沿线国家之间的政治距离多为显性因素，例如一个国家与中国在政治稳定性、政府效率、政府监管水平、法制程度及腐败化程度等方面的差异，中方跨国公司比较容易察觉，此后跨国公司便可以调整公司战略以减小不利影响，并最终规避由于政治距离过大导致的负面影响。经济距离的系数估计值显著为负，当经济距离每扩大 1%，OFDI 逆向技术溢出效应将会下降 0.015%，当中国与投资东道国或地区在经济制度方面存在较大差异时，无论是经济政策的导向性不同、经济政策的扶持力度不同还是经济政策的宽松程度不同，皆有可能影响先进技术在母国或地区的吸收。进一步分析，当制度距离每扩大 1% 时，OFDI 逆向技术溢出效应将会下降 0.024%，也就是说，经济距离的阻碍作用小于制度距离的阻碍作用，这可能是因为未能测度出的文化距离对 OFDI 逆向技术溢出效应存在抑制作用，文化距离作为隐性制度距离，并不能以规则条款的形式显现出来，无论是先进技术本身、先进技术的传播，还是运用先进技术的人，都具有其自身的文化特性，该种文化特性在某种程度上甚至是互相排斥的，因此当文化距离过大时，不利于中国与投资东道国或地区之间进行技术交流或传播，由此造成了 OFDI 对逆向技术溢出的阻碍。

就控制变量的影响而言。人力资本对中国从“一带一路”沿线国家获取 OFDI 逆向技术溢出效应的促进作用十分显著。由表 8.10 可知，人力资本的估计系数达到了 0.3 左右，且显著为正，以平均受教育年限衡量的人力资本被现存文献视为逆向技术溢出吸收能力的代理指标，其高低直接决定了 OFDI 逆向技术溢出效应的大小。与人力资本的促进作用相反，技术差距不利于逆向技术溢出的产生及传递。由表 8.10 可知，技术差距的估计系数显著为负，这可能是因为当中国与投资东道国或地区之间技术差距过大时，不利于中国对于先进技术的吸收。式（8.8）所采用的三个控制变量中，中国对某一国家的 OFDI 占该国当年 FDI 的比例这一因素对于 OFDI 逆向技术溢出效应的影响并不显著，这可能是因为每年中国对于“一带一路”沿线国家的 OFDI 总体看来仍然偏低。

第五节　本章小结

本章首先在 OFDI 逆向技术溢出效应产生及传递机制的基础上提出相关研究假设；其次，从政治、经济及文化三个方面选择 22 个指标测度中国与“一带一路”沿线 15 个国家在制度因素方面的差异，即制度距离，并分别对政治距离、经济距离及文化距离的国别差异及变化趋势进行分析；最后，将中国与“一带一路”沿线 11 个国家的制度距离纳入实证模型，分析其对 OFDI 逆向技术溢出效应的影响，并且对比分析政治距离、经济距离以及文化距离对中国 OFDI 逆向技术溢出效应的影响，为中国企业在“一带一路”背景下实施“走出去”战略提供一定的政策参考，具体如下。

第一，制度距离指标体系的构建及各国制度距离的比较。本章在总结国内外文献的基础上，利用主成分分析法，从政治、经济、文化这三个方面选取了 22 个二级指标对制度体系进行了构建，研究结果表明：对于制度距离这一变量，经济距离对制度距离的影响最大，其次为政治距离，而文化距离对于制度距离的贡献率较小。总体来看，中国的政治开放性与经济开放性在选取的“一带一路”沿线 15 个国家中处于中等偏下的水平，与新加坡等发达国家之间具有一定的差距。具体来说，通过对中国与其他各国制度距离的分析可以得知，中国与俄罗斯的制度距离最小，与新加坡的制度距离最大；而在政治距离这一层面，中国与同属于社会主义国家的越南之间差距最小，与新加坡之间的差距最大；在经济距离这一层面，中国与同样进行了经济体制改革的俄罗斯之间差距最小，仍然与新加坡之间的差距最大；在文化距离这一层面，中国与印度尼西亚之间的差距最小，与匈牙利之间的差距最大。

第二，制度距离对于中国 OFDI 逆向技术溢出的影响。通过将制度距离纳入计量模型之中，本章得到了制度距离过大会阻碍逆向技术溢出的结论。通过将制度距离进一步分解为政治距离、经济距离以及文化距离后分别纳入计量模型之中，研究发现，经济距离、文化距离均阻碍了逆向技术溢出效应，但政治距离的阻碍作用并不显著。

第三，各控制变量对中国 OFDI 逆向技术溢出的影响各不相同。本章将技术差距、人力资本以及中国对某一国家的 OFDI 占该国当年 FDI 的比例这三个变量作为控制变量纳入模型之中，得到的实证结果表明，技术差距越大越不利于逆向技术溢出的产生及传递，人力资本显著促进了逆向技术溢出效应的提升，而中国对某一国家的 OFDI 占该国当年 FDI 的比例对于逆向技术溢出效应的影响并不显著。

根据以上研究及其结论，可得出以下政策启示：

第一，从总体上看，中国通过 OFDI 获得了国外研发资本，即存在着逆向技术溢出效应，这表明中国通过对“一带一路”沿线国家的直接投资，技术水平得到了一定程度的提升。基于此，政府可以采取相关措施，扩大 OFDI 总额，特别是对“一带一路”沿线国家的 OFDI，以此获得相应的逆向技术溢出效应。

第二，从制度距离的影响来看，制度距离对于 OFDI 逆向技术溢出具有一定的阻碍作用，这表明，在进行 OFDI 区位选择时，制度距离应该成为中国企业作出投资决策的重要因素之一。在进行 OFDI 活动时，选择在制度距离较小的国家进行投资可以在一定程度上避免制度距离对 OFDI 逆向技术溢出效应的阻碍作用，在其他条件相近的情况下，“一带一路”沿线国家中的俄罗斯、印度尼西亚、埃及等国可以成为优先考虑的投资目标国。

第三，从制度距离的角度来看，虽然政治距离、经济距离、文化距离均阻碍了逆向技术溢出的吸收，但由于其阻碍程度的不同，使得我们在选择投资东道国或地区时，有一定的选择标准。由于政治距离的阻碍作用并不显著，因此可以优先考虑与中国经济距离以及文化距离较小的国家，例如巴基斯坦、印度尼西亚等国。而在经济距离相差不大的情况下，可以优先考虑伊朗、马来西亚、印度尼西亚等国。

第四，从控制变量的影响来看，由于人力资本具有较为显著的促进作用，因此对于波兰、马来西亚、俄罗斯、捷克、匈牙利、新加坡等国的对外直接投资可以获取较多的逆向技术溢出；由于技术差距的阻碍作用，中国政府和企业应避免对技术差距较大的国家——埃及、印度进行直接投资；在其他条件相似的情况下，对于新加坡、沙特阿拉伯等国的投资能够最大限度规避技术差距对于逆向技术溢出的阻碍作用。

虽然本章从吸收角度研究了制度距离对 OFDI 逆向技术溢出的影响机制与影响结果，但是仍然在以下方面存在一定的不足。

第一，是制度距离维度的确定与度量。本章从政治、经济、文化三个角度对制度距离进行了测度，但由于部分数据的不可获得性，很多指标都未能得到体现，造成了制度距离的维度并没有得到完整的刻画，这是制度距离研究的一大难点，同时也是重点。与此同时，在制度距离度量方法上，国内大多数文献仅仅采用了取二者差值的绝对值这一方式，而本章利用计量分析软件确定了各指标的权重，相较于简单的差值处理方法具有一定的科学性，但对于制度距离的测度方法，仍然有可以进步的空间。

第二，是文化距离对于逆向技术溢出的影响未能得到直接证实。文化作为人们长期创造形成的产物，是一国社会历史的积淀，因此文化具有相对的稳定性，反映在数据上则为经年不变的一串阿拉伯数字，由此导致估计过程中出现了奇异矩阵的现象，也因此文化距离对逆向技术溢出的影响并没有得到直接的实证研究，这是本章的一大遗憾，如何更好地量化文化这一因素更是今后进行相关研究的一大努力方向。

第三，是未对投资于不同国家的 OFDI 逆向技术溢出效应的国别差异进行实证验证。从本章对中国与“一带一路”沿线 15 个国家的经济距离、政治距离及文化距离的测度结果分析可以明显看出，经济距离、政治距离及文化距离有明显的国别差异，而这种国别差异很有可能导致中国投资于不同目标国的 OFDI 逆向技术溢出效应存在一定的国别差异，而本章研究未对投资于不同国家的 OFDI 逆向技术溢出效应的国别差异进行实证验证，因此，检验 OFDI 逆向技术溢效应出国别差异的存在性及其形成的原因是未来相关研究的一个努力方向。

第四，是 OFDI 逆向技术溢出的滞后性并未得到考虑。由于对外直接投资是一个连续过程，且技术进步的实现具有一定的时间滞后性，而现存的文献关于 OFDI 逆向技术溢出效应的研究并没有对该种滞后性进行考量，本章也没有将 OFDI 逆向技术溢出的滞后性纳入模型之中进行分析，从严格意义上说，该种研究是不完美的。

第九章　相关政策分析及建议

社坐科学领域的诸多研究都是利用来自社会实践活动中的资料、数据、素材及方法来开展的，但是如果相关研究仅仅停留在总结研究结论的阶段，就失去了其“指导实践”的重要意义。本书确实就“吸收能力视角的OFDI逆向溢出效应研究”选题展开了一系列系统的理论研究，但是要实现“社会实践→理论研究→指导实践”的完美循环，如何结合相关研究结论进行政策分析并给出极具针对性的政策建议显得尤为重要。有鉴于此，本章将在对本书各板块主要研究结论进行总结分析的基础上，针对中国各省市开展对外直接投资活动并借由其获取逆向技术溢出效应提出极具针对性的建议，以期能够为政府决策提供一定的参考。此处需要特别说明：本书的第二板块确实通过理论模型的构建对发展中国家“吸收能力”与OFDI逆向技术溢出效应之间的关系开展了系统的理论研究，也得出了诸多有益的研究结论，但由于理论研究结论具有高度概括性，难以据此提出强操作性的政策建议及相关措施。因此，后文不单独就本书第二板块研究结论给出政策建议，将其融合到第三板块的政策建议当中。

第一节　本书第一板块政策分析及建议

本书第一板块分别从发展历程、流量、存量、区位结构、行业结构、投资主体结构及地区分布七个方面对中国对外直接投资及发展趋势展开了系统的分析。其研究结论主要包括以下几点。

第一，中国OFDI经历了1978—1991年的起步、1992—2004年的曲折发展、2005—2013年的快速发展及2014年以后的稳步发展四个阶段。

第二，中国OFDI流量高速增长且位居世界前列，但占全球比重极低，且其存量仍较低。

第三，中国 OFDI 区位分布虽然比较多元化，但其集中度过高，盲目扎堆，多投向亚洲、拉丁美洲及非洲的发展中国家或地区，对欧美国家和地区投资明显很少。

第四，中国 OFDI 的行业覆盖面广，但又相对集中，说明境外投资动机多元化程度高，但其主要动机属于市场获取型及资源获取型，中国企业海外投资技术获取型动机不够强烈。

第五，中国 OFDI 的投资主体类型分布广泛，但其主体是国有企业，而非国有经济份额极小，中国 OFDI 具有很强的政策推动性。

第六，中国 OFDI 存在显著的地区分布差异，宏观上而言，中国对外直接投资在地区分布上呈现明显的“东、西、中部地区依次递减”格局；就具体省份情况而言，主要集中于北京、上海、广东、山东、福建及江苏等东部地区，全国其他地区对外直接投资占比极低。

针对以上研究结论，以下首先对其进行原因分析，然后提出相关政策建议。

一方面，开展对外直接投资活动确实对于企业、产业，乃至整个母国或地区都有诸多好处，但当今世界国际市场环境纷繁复杂，投资目标国在政治、经济、文化、法律、民俗及宗教等方面的不确定因素给中国企业带来了诸多风险，而大多理性企业为风险厌恶型企业，这便导致各类企业，特别是非国有企业对外投资热情不高，中国企业在全球对外直接投资中分量不高。另一方面，由于中国与亚洲、拉丁美洲及非洲大多发展中国家在经济环境上的相似性及企业集群效应，加之自然资源丰富及劳动力价格低廉，导致中国企业更愿意前往亚洲、拉丁美洲及非洲等发展中国家开展“资源获取型”对外直接投资；而由于欧美等发达国家对中国的投资准入要求比较严格，保护主义倾向太强，导致中国企业在欧美发达国家开展的“技术获取型”对外直接投资不够多。

鉴于以上原因，本书提出以下建议。

一　中国政府积极开拓多种途径为企业提供金融及财税支持

第一，建立多种形式的“促进高新技术产业对外投资专项资金”（以下简称“促高投专项资金”）。投资于欧美发达国家的“技术获取型”对外直接投资往往投向于高、精、尖等行业，因此具有极强的技术密集性，为了鼓励我国企业前往欧美发达国家开展“技术获取型”对外投资，中国政府可以通过设立

“促高投专项资金”为其提供充足的资金保障，特别对于具有战略意义的对外直接投资领域，应该给予特别专项资助。实际上，早在2005年由中国基金论坛、北京民生商联国际能源顾问公司、海湾阿拉伯国家经济投资署、沙特阿拉伯国家投资总局协商形成“中国石油业国际产业投资联盟”，酝酿发起设立了“中石油产业投资基金”；商务部设立的“外经贸发展专项资金项目”中就包括“对外投资合作部分”。此外，中国各地也有诸多产业导向基金，例如：2017年年初中石油集团与厦门市合作发起设立“海峡能源产业基金”，总规模达到100亿元。可以参考这些专项基金及产业引导基金的做法，中央部委各相关部门会同各省、自治区及直辖市政府建立多种形式的“促高投专项资金”。

第二，建立以市场机制为主要导向的金融服务及支撑体系。从本书的现状研究部分可知，虽然中国对外直接投资在全球份额不高，但从绝对量而言，中国每年对外直接投资流量可达千亿美元的级别，一般金额较大的投资项目资金规模也可以达到千万甚至数亿美元的量级。因此，对于中国对外直接投资而言，完全依靠政府的政策性金融体系是不可能的，政府只能起到一个引导作用，更多还是需要政府建立一个良好的金融服务及支撑体系，由市场提供相应资金。一方面，政府应该加快推进“金融创新”步伐，促进融资市场化运作机制的形成。无论是哪一个领域的投资，都无法打破“高收益高风险”这一亘古不变的规则，因此往往大规模的对外直接投资预期收益高，但风险也很高，这就需要政府允许商业银行上调利率以调动商业银行对OFDI提供融资支持的积极性。实际上，美国硅谷银行在为科技型企业提供融资时，便可以上调利率2%—5%，且拥有贷款期限内对贷款对象股权的优先认购权，从而实现了既能很好地为科技型企业提供融资服务，又能保障商业银行自身利益的局面。中国政府可以借鉴美国做法，积极探索“金融创新”方式促进我国融资市场的市场化发展。另一方面，适度放宽并开拓民间融资渠道，积极解决中小企业对外直接投资过程中的融资问题。众所周知，由于商业银行的“惜贷性”，中小企业无论是国内经营还是境外投资，融资困难都成为制约其发展的最大障碍。与此同时，中国万亿量级的民间资本又不能合法进入资本市场。因此，中国政府应该适度放宽并开拓多种民间融资渠道，更好地服务于中国的“走出去”战略。最后，中国政府还应结合“互联网”技术，积极开拓新型“互联网金融”融资渠道。随着全球互联网技术的快速发展，“互联网金融”已经成为一种不可回避的趋势，中国政府应该借力“互联网金融”，推进中国企业对外直接投资活动。实际上，在这一方面地方政府已经做了一些有益尝试，例如：深圳前海蛇口自贸片区“微众银行”通过“微业贷”为广大中、小、微企业提供线上流动资金贷款服务，这个产品为结合大数据分析及互联网技术的一款金融创新产品，客户从申请至提款全部在线完成；无须抵押，额度立等可见；资金分钟到账；按日计息，随借随还。中国政府可以借鉴这些成功经验，尝试拓展新型“互联网金融”融资渠道。

第三，积极开拓境内外融合的多种新型融资模式。我国对外直接投资资金来源主要依靠自有资金及本国境内各种融资渠道，这样的融资渠道已经无法满足快速增长的对外直接投资需求，而与此同时由于某些政策原因，境外各种机构依然存在大量闲置资本，因此中国政府应该积极开拓境内外融合的多种新型融资模式。一方面，可以通过财税优惠政策鼓励境内金融机构走出国门开展国际业务，为中国企业海外投资提供优质的融资服务；另一方面，中国企业可以通过到境外上市及申请海外金融机构贷款等多种直接及间接融资方式获取资金，中国政府可以设立专业机构为中国企业开展海外融资提供各种相关服务。具体可以采取的措施包括：向中国商业金融机构的境外贷款服务提供保险及担保，降低境内商业金融机构的业务经营风险；设立政策性担保公司为中国企业境外融资提供担保服务，增强其境外融资能力；适度放松我国外汇管理制度，为中国企业在境外实现自由汇兑提供便利。

第四，通过多种形式及渠道为中国企业境外投资提供财税支持。无论对于在境内还是境外经营的企业，税收都是不小的经营成本。中国政府应该会同税务部门制定详细的财税支持政策，降低开展境外投资的中国企业的经营成本。实际上，关于财税支持无论是境内还是境外都有大量可以参考的做法。例如：针对对外投资企业的税收豁免、税收抵免、延期纳税及海外投资亏损准备金等方式。参照这些财税支持方式，中国政府可以具体实施的措施包括：对于投资于符合国家重大发展战略的行业，直接采取税收豁免的方式减免其企业经营所得税；来源于境外的经营所得，若已在境外缴纳相应税款，企业可抵扣已缴纳税款后再计税；针对来源于的境外经营所得，同样可以采取对此部分所得延期纳税的方式，鼓励其进行再投资；鼓励企业根据实际需要提取一定比例的境外投资准备金，企业可以扣除这部分准备金后再计税。

二　中国政府积极推进制度创新，建立和完善对外直接投资政策支撑体系

中国企业到境外开展直接投资活动，获取逆向技术溢出效应，实际上会面临诸多由境内外政策不确定性导致的政策风险，因此，政府应该积极推进制度创新，建立和完善对外投资政策支撑体系。

第一，积极推进中国对外直接投资法律体系的构建。国内相关法律法规的不健全已经严重制约中国对外直接投资的快速健康发展。实际上，中国现有法律体系中的“反垄断法”“反不正当竞争法”及“税法”都有涉及对外直接投资的部分，但相对不成体系。此外，国家发展改革委员会、商务部、国家外汇局等部委已经在对外直接投资相关政策法规的制定上开展了诸多有益尝试，例如：国家发展改革委员会制定施行的《境外投资项目核准和备案管理办法》《大陆企业赴台湾地区投资管理办法》《国家发展和改革委员会办公厅关于启用全国境外投资项目备案管理网络系统的通知》（发改办外资〔2014〕1386 号）等；商务部制定并施行的《境外投资管理办法》《规范对外投资合作领域竞争行为的规定》《对外投资合作境外安全风险预警和信息通报制度》等；国家外汇管理局制定并施行的《境内机构境外直接投资外汇管理规定》《跨境担保外汇管理规定》《国家外汇管理局关于加强外汇业务管理有关问题的通知》等。这些相关政策法规的制定初步构建了中国对外投资政策法律体系，但缺乏针对中国企业对外直接投资的权威法案，因此中国政府应该积极探索与推进《对外直接投资法》的制定与施行，构建起一套能够与世界接轨且行之有效的对外直接投资法律体系。

第二，积极推进中国对外直接投资管理机构及体系改革。鉴于对外直接投资对中国企业、产业乃至整个国家的重要性，中国众多职能部门都希望在其职能范围内对中国对外直接投资活动实施一定的监督及管理，但最终造成的局面便是典型的“多头管理”。例如：商务部负责审核中国境外投资开办企业；国家发展改革委员会负责审核境外投资项目；而中国人民银行、财政部及国家外汇管理局则负责融资、外汇及财税等方面的事务。然而中国企业开展对外直接投资活动涉及的诸多事务并不是完全独立的，势必会造成其开展相关事务程序的繁杂性及流程的冗长性，大大降低了中国企业对外投资的积极性。因此，如何协调各部委及相关职能部门，将对中国企业对外投资活

动进行管理的职能从诸多职能部门抽离出来，积极推进中国对外直接投资管理体系改革，并建立全国性专业管理机构负责管理涉及中国企业境外投资的全部事务，可称其为“中国促进对外投资及对外投资管理委员会”（简称“中国促外投及管理委员会”）。

第三，积极推进中国对外直接投资服务体系的构建。当今世界国际市场环境纷繁复杂，投资目标国在政治、经济、文化、法律、民俗及宗教等方面的不确定因素给中国企业带来了诸多风险，而这些风险的规避完全依赖于法律体系及管理机构是行不通的，还需要依赖于专业营利机构或者非营利机构构成完整的服务体系。因此，一方面，允许具有丰富海外投资经验，熟悉东道国或地区相关法律、法规、政策、行业情况、风土人情、宗教信仰等的专业人士或者专业机构提供有偿投资咨询服务，帮助相关企业有效降低海外投资风险。另一方面，政府应该鼓励相关行业、企业及相关人士成立各种对外投资行业协会，定期举办行业对外投资交流会，为已经开展海外投资活动或者即将开展海外投资活动的企业提供经验交流、信息互通、资源共享等服务平台，解决或者帮助相关企业开展海外投资活动。

三　中国政府积极引导中国企业前往欧美发达国家开展“技术获取型”对外直接投资

一方面，中国现阶段对外直接投资大部分流向亚洲、拉丁美洲及非洲发展中国家，选择欧美国家作为投资目标国的对外直接投资活动比重较小；另一方面，中国现阶段对外直接投资动机多元，其中“技术获取型”对外直接投资少于“市场获取型”及“资源获取型”对外直接投资。因此，中国政府应该积极引导中国企业前往欧美发达国家开展“技术获取型”对外直接投资。

第一，中国政府及相关职能部门应积极筹办欧美发达国家投资洽谈会。相对而言，流向欧美发达国家的对外直接投资规模较小，究其原因可能在于：一方面，欧美等发达国家的投资准入要求比较严格；另一方面，中国企业缺乏投资于欧美发达国家的信心。因此，中国政府及相关职能部门应积极筹办欧美发达国家投资洽谈会，借由其让更多的中国跨国企业有接触欧美发达国家投资领域的机会，也可以为中国企业与欧美发达国家搭建投资合作桥梁。

第二，中国政府应该对投资于欧美发达国家的中国企业在政策上给予财税支持。中国政府应该专门针对投资于欧美发达国家的对外直接投资制定《对欧美发达国家的投资产业正面清单》，针对进入正面清单的产业，中国政府给予相对投资于其他国家、其他产业更高的财税支持力度，主要支持手段包括税收豁免、税收抵免、延期纳税等。

第三，中国政府积极引导中国企业开展“技术获取型”对外直接投资。现阶段中国对外直接投资以“市场获取型”及“资源获取型”为主要动机，“技术获取型”对外直接投资较少。中国政府应该转移扶持重点，将“技术获取型”对外直接投资作为未来政府扶持重点，在资源及政策上给予“技术获取型”对外直接投资更多的倾斜，并就“技术获取型”对外直接投资制定详细的产业引导目录，供国内企业进行参考。

四　中国政府应该积极培育具有强竞争力的非国有企业成为新的投资主体

中国现阶段对外直接投资主体依然以国有企业作为主体，对外直接投资活动表面呈现出较强的政策导向性，实际上一般而言，中国国有企业由于其规模大、资金雄厚，决定了其在国际市场上更具竞争优势。东道国或地区也往往仅看到中国企业背后的政府背景，认为中国企业的市场化程度过低，并因此给中国企业设置诸多障碍。有鉴于此，中国政府应该积极培育具有强竞争力的非国有企业成为新的投资主体，以降低东道国或地区对中国企业的偏见程度。

第一，中国政府及相关职能部门应该积极完善对非国有企业的境外投资服务体系。相对于国有企业而言，非国有企业普遍存在融资困难、信息匮乏、人才短缺的问题，这导致其长期在夹缝中求生存。但是非国有企业在实际运营过程中又在管理模式、用人机制、产品研发及市场营销等方面具有很大灵活性；此外，非国有企业经营者的“主人翁”意识决定了其在经营过程中具有吃苦耐劳、敢闯敢拼、头脑灵活、快速反应等特点。但与非国有企业这些优势形成鲜明对比的是：非国有企业在“走出去”的过程中，缺乏完善的境外投资服务体系，对于东道国或地区政治、经济、文化、风俗及宗教的不熟悉，大大降低了境外投资积极性。因此，中国政府应该积极完善针对非国有企业境外投资的服务体系，构建信息平台为非国有企业提供相关信息服务，引导非国有企业了解并熟悉东道国或地区相关政策及法规，积极为非国有企业提供各种信息咨询、法律服务等相关服务，努力为其打造良好的营商环境。

第二，中国政府应该尽快消除政策差异，努力提升对非国有企业在财税等方面的扶持力度。对内而言，实际上中国国有及非国有企业在政策待遇上确实存在较大的差异，这些政策上的差异导致那些具有境外投资能力及潜力的非国有企业，在“走出去”的过程中，不敢大步向前。因此，中国政府应该尽快消除国有及非国有企业之间的政策差异，在保证非国有企业在财税、融资、外汇等方面的同等待遇的基础上，努力加大对其在财税、融资、外汇及对外投资合作等方面的政策扶持力度，鼓励并培育更多有能力也有潜力的非国有企业“走出去”开展境外投资活动，降低东道国或地区对中国市场化程度低的误解程度。

第二节　本书第二、三板块政策分析及建议

总体而言，本书第二、三板块研究内容从理论及实证角度都证明了“吸收能力”对于中国 OFDI 逆向技术溢出效应的重要性。具体而言包括以下几点。

第一，现阶段，中国大部分省份并没有通过对美国等 11 个发达国家或地区开展的对外直接投资活动获取明显的逆向技术溢出效应，仅有东部地区获取了显著的 OFDI 逆向技术溢出效应，因此中国的 OFDI 逆向技术溢出效应存在显著的区域异质性。

第二，本书构建的“吸收能力”总体指标体系及“技术资源获取能力”“技术资源直接利用能力”“资源再配置及技术杠杆化环境”三个维度指标体系，都能够很好地从时间维度及截面维度刻画中国各地区“吸收能力”的变化趋势及区域差异，2003—2014 年各地区“吸收能力”呈现平稳上升的趋势，并且总体呈现东部地区、中部地区及西部地区逐次降低的趋势。

第三，将“吸收能力”指标纳入门槛模型开展的实证研究证实，中国的 OFDI 逆向技术溢出效应存在基于“吸收能力”的显著单门槛效应，“吸收能力”的区域差异是造成中国 OFDI 逆向技术溢出存在区域异质性的重要原因之一。中国各地区对美国等 11 个发达国家或地区开展对外直接投资活动来获取技术水平的提升并不是无条件的，需要各地区“吸收能力”跨越门槛值 60.2641，现阶段中国仅有北京、天津及上海等地的“吸收能力”跨越了门槛值，绝大多

数地区的“吸收能力”并未跨越门槛值，其对外直接投资并没有对技术进步产生显著的促进作用。

为了能够根据以上研究结论，结合现阶段各省份“吸收能力”各维度指标的具体情况提出可操作的政策建议，以下需要首先分析2014年各省份“吸收能力”不高的主要影响因素。实际上2014年河北、山西、内蒙古、辽宁、吉林、黑龙江、江苏、浙江、安徽、福建、江西、山东、河南、湖北、湖南、广东、广西、海南、四川、贵州、云南、陕西、甘肃、青海、宁夏及新疆共26个省、自治区的“吸收能力”未跨越门槛值，是由这些地区“吸收能力”三个维度指标不够高导致的共同结果，但是，要想对于不同地区提出有针对性的政策建议，就需要找出“吸收能力”未跨越门槛值的最为重要的影响维度，即是该省份需要迫切改进的方向。本书将2014年末通过对美国等11个发达国家或地区开展对外直接投资活动来获取逆向技术溢出效应各省份“吸收能力”不同维度的位次情况报告于表9.1，三个维度指标中最靠后的问题便是迫切需要提升的维度，也即迫切需要改进的方向。

表9.1　2014年OFDI逆向技术溢出效应不显著26个省份“吸收能力”三个维度指标的位次情况

地区	技术资源获取能力	技术资源直接利用能力	资源再配置及技术杠杆化环境
广东	4	7	3
江苏	5	4	6
福建	8	12	5
浙江	7	6	4
海南	6	15	7
辽宁	10	5	10
山东	9	11	9
新疆	20	21	28

续 表

地区	技术资源获取能力	技术资源直接利用能力	资源再配置及技术杠杆化环境
吉林	19	9	21
黑龙江	14	17	26
内蒙古	25	8	24
河北	16	18	15
宁夏	27	19	19
青海	28	25	22
山西	26	13	25
陕西	23	10	27
湖北	17	14	17
江西	15	26	12
四川	11	23	14
河南	12	20	13
湖南	21	22	18
安徽	13	16	11
云南	18	29	20
广西	22	24	16
甘肃	24	27	29
贵州	29	28	23

注：灰色标注出来的是每个省份的“吸收能力”三个维度中位次相对靠后的维度位次。

从表9.1不难看出：现阶段提升“技术资源获取能力”更为迫切的省份主要包括贵州、辽宁、内蒙古、宁夏、青海、山西、湖北及浙江8个省份；现阶段提升“技术资源直接利用能力”更为迫切的省份主要包括广东、福建、海南、山东、河北、江西、四川、河南、湖南、安徽、云南及广西12个省份；现阶段改善“资源再配置及技术杠杆化环境”更为迫切的省份主要包括江苏、辽宁、新疆、吉林、黑龙江、陕西、湖北及甘肃8个省份。

鉴于“吸收能力”对OFDI逆向技术溢出效应具有重要性的这一研究结论，结合以上分析结果及“吸收能力”各维度的影响因素，现阶段中国不同的省份迫切需要通过不同渠道提升其“吸收能力”，促进OFDI逆向技术溢出效应的有效吸收，其具体建议如下。

首先，对于贵州、辽宁、内蒙古、宁夏、青海、山西、湖北及浙江8个省份，迫切需要通过多种途径提升其“技术资源获取能力”，进而促进“吸收能力”的大幅提升，最终实现对OFDI逆向技术溢出效应的有效吸收。从本书对“吸收能力”的刻画维度，可以清晰地知道，要提升一个地区的“技术资源获取能力”，进一步提高对外开放程度、产业集聚程度及技术差距都是未来可以努力的方向。具体措施主要包括以下几点。

第一，贵州等8个省份需要通过更有力的举措进一步提升对外开放程度。具体举措主要包括：①积极响应国家“一带一路”倡议，把握好各省份在“一带一路”倡议中的重要地位，加强与“一带一路”相关国家的贸易往来及产业合作；②继续坚持“引进来”及“走出去”并重的开放策略，积极吸引并利用来自发达国家的外资，同时也鼓励有能力及潜力的各类企业前往发达国家开展“技术获取型”对外直接投资；④继续巩固与发达国家之间的产业合作，增强各地区产业在经济全球化中的市场竞争力；⑤进一步加强与新兴经济体的产业合作，特别是在基础设施建设领域的合作，有效化解中国现阶段产能过剩的压力。

第二，贵州等8个省份需要通过多种举措积极提升其产业集聚程度。具体措施主要包括：①根据各地产业布局现状，明确产业发展优势，制定切实可行的产业发展规划，引导产业优化布局；②根据各地区所处地理位置，积极主动且有针对性地对接全球相关优势产业；③培育各地区有能力或者潜力的企业成为龙头企业，引导并带动相关产业快速发展；④完善相关优势产业发展的软硬环境，营造合理营商环境。

第三，贵州等 8 个省份需要借助各种方式扩大技术差距，进而扩大技术学习及模仿的空间。实际上，中国与其他国家之间的技术差距，可以是由于中国技术水平低于其他国家技术水平而形成的，也可以是由于其他国家低于中国而形成的，但就本书第二、三板块的研究对象而言，是指中国对发达国家的对外直接投资，因此很显然本书衡量的技术差距是指由于中国技术水平低于发达国家而形成的。技术差距越大，说明中国境外投资的东道国或地区技术水平越高。有鉴于此，要扩大技术差距，进而扩大技术学习及模仿的空间，具体可以通过以下方式实现：①各地区积极对接世界高标准经贸投资规则，促进中国与其他发达国家之间的经贸及投资往来；②各地区根据自身优势产业发展特点，结合商务部每年公布的《对外投资合作国别（地区）指南》，选择欧美发达国家的合理产业进行境外投资；③各地政府积极开展产业技术水平测评，鼓励有发展潜力且对各地区发展具有战略意义的低技术水平企业尝试前往发达国家开展境外投资活动。

其次，对于广东、福建、海南、山东、河北、江西、四川、河南、湖南、安徽、云南及广西 12 个省份，迫切需要通过多种途径提升其“技术资源直接利用能力”，进而促进“吸收能力”的大幅提升，最终实现对 OFDI 逆向技术溢出效应的有效吸收。从本书对“吸收能力”的刻画维度，可以清晰地知道，要提升一个地区的“技术资源直接利用能力”，进一步提高区域创新能力、人力资本水平及完善公共基础设施都是未来可以努力的方向。具体措施主要包括以下几点。

第一，广东等 12 个省份应积极开拓多种渠道进一步提升各自的区域创新能力。具体举措包括：①实际上，从绝对量来讲中国很多地区研发投入并不低，但是与发达国家的研发投资强度相比差距依然很大，因此各地区政府应该大力加强研发投入力度，其中就包括提高研发人员待遇、完善研发相关软硬件设施，等等；②各地区政府及相关职能部门应该充分发挥其职能作用，完善企业、行业以及整个区域内的创新激励机制；③各地政府应该在企业之间、企业与科研院所及高校之间搭建合理平台或桥梁，鼓励和引导它们逐渐实现技术合作、知识共享及产学研结合的创新体系；④重视知识产权保护对各类创新活动的激励作用，努力完善各地区知识产权保护政策。

第二，广东等 12 个省份应积极通过多种方式提升各自的人力资本水平。本书衡量人力资本水平的指标是人均受教育年限，因此提升人力资本水平的最直接方式便是增加各地区人均受教育年限，其具体措施包括：①各地区政府增加基础教育投入，特别是云南及广西等地的基础教育投入，努力提高各地区的毛入学率；②各地区政府可以根据实际需求，逐渐将九年义务教育向十二年义务教育过渡；③同时重视职业教育、成人教育、网络教育、在职教育等多种形式教育对人力资本水平提升的重要性，大力推行多种非学历教育形式；④增加高校办学经费的投入，也可以根据产业发展的需要，新建相关专业性高校，提升专业人力资本水平；⑤树立终身教育新理念，政府相关部门应该积极推进制定面向各地区甚至全国的相关条例，从政策、法规等角度界定各教育相关部门的职责。

第三，广东等 12 个省份应积极通过多种方式进一步完善其公共基础设施体系。一个国家或者地区公共基础设施的完善程度直接影响着境外投资企业能否有效地将技术及知识回传到母国或地区，进而影响着 OFDI 逆向技术溢出效应的吸收程度，因此广东等 12 个省份应该积极通过多种方式进一步完善其公共基础设施体系，其具体措施包括：①各地区政府积极组织开展基础设施体系完善程度的测评工作，客观评价各地区基础设施体系的完善程度及其存在的问题；②根据基础设施体系完善程度测评结果，结合国家相关战略、政策、法规以及各地自身特色制定基础设施完善工程规划；③根据制定的相关规划情况，各地政府加大对相关领域基础设施建设的人力、物力及资金的投入；④进入第四次工业革命时代的人类社会，信息及网络技术对任何地区都具有非常重要的意义，因此各地政府应该特别加大相关基础设施建设投入并加快其建设步伐。

最后，对于江苏、辽宁、新疆、吉林、黑龙江、陕西、湖北及甘肃 8 个省份，迫切需要通过多种途径改善其“资源再配置及技术杠杆化环境”，进而促进“吸收能力”的大幅提升，最终实现对 OFDI 逆向技术溢出效应的有效吸收。从本书对“吸收能力”的刻画维度，可以清晰地知道，要改善一个地区“资源再配置及技术杠杆化环境”，进一步提升金融市场发展程度、市场化程度及市场竞争程度都是未来可以努力的方向。具体措施主要包括以下几点。

第一，江苏等 8 个省份应积极通过多种方式促进各自金融发展程度的提升。跨国公司子公司学习并传回母国或地区的技术、知识及经验，都需要良好的金融政策环境才能真正转化成劳动生产率，因此各地区应该尝试通过多种方式提升各自的金融发展程度，促进对 OFDI 逆向技术溢出效应的吸收，具体措施包括：①根据各地区长期发展定位，制定当地金融业发展的中长期战略发展规划，提升金融业发展地位；②各地政府应该积极推进金融、工商、税务、海关、质检及公安等多个职能部门信息资源的系统整合，加快完善征信体系的建设；③各地政府应该充分发挥其引导作用，积极鼓励并引导银行、保险、证券及信托等金融企业开展金融创新活动；④各地政府应该重新配置资源，整合各金融机构、科研院所、金融监管部门及各地相关智库，进而设立金融发展相关咨询部门，为各地区金融发展提供专业咨询服务；⑤各大商业银行应完善风险评级制度，依据共同信贷标准为非国有企业提供相关融资服务。

第二，江苏等 8 个省份应积极通过多种方式促进各自市场化及市场竞争程度的提升。无论是微观企业还是宏观区域，良好的市场自由度及充分的市场竞争程度，能够促使其根据市场原则进行资源再配置，并在此基础上进行技术杠杆化，最终便会影响到逆向技术溢出效应。有鉴于此，江苏等 8 个省份应积极通过多种方式促进各自市场化及市场竞争程度的提升，其具体措施包括：①各地政府及相关职能部门应积极推进市场经济相关法律体系的构建，营造良好的市场化法制环境；②各地政府应该充分发挥其“弥补市场失灵”的职能，深入推进国有企业改革，对于某些不涉及国计民生的行业，可以充分引入市场机制；③各地政府应该大胆放开一般领域的市场准入限制，逐渐取消行政垄断特权，充分发挥社会主义市场机制的作用；④各地政府应充分重视非国有经济在社会经济发展过程中的重要性，努力在行政服务、金融服务等方面给予其与国有经济同等待遇。

第三节　本书第四板块政策分析及建议

本书第四板块研究表明：

首先，对于中国与“一带一路”沿线 15 个国家的制度距离而言，经济距离对制度距离的影响最大，其次为政治距离，而文化距离对于制度距离的贡献率最小。

其次，制度距离指标体系能够较好地刻画中国与“一带一路”沿线 15 个国家之间制度距离的时间变化趋势及国别差异，中国与俄罗斯的制度距离最小，与新加坡的制度距离最大；而在政治距离这一层面，中国与同属于社会主义国家的越南之间差距最小，与新加坡之间的差距最大；在经济距离这一层面，中国与同样进行了经济体制改革的俄罗斯之间差距最小，仍然与新加坡之间的差距最大；在文化距离这一层面，中国与印度尼西亚之间的差距最小，与匈牙利之间的差距最大。

再次，中国通过对“一带一路”沿线15个国家的对外直接投资显著地获取了各国的研发溢出效应，即中国对“一带一路”沿线国家的直接投资存在显著的逆向技术溢出效应。

最后，制度距离过大会阻碍中国获取投资于“一带一路”沿线国家的OFDI逆向技术溢出效应，而三个维度的制度距离中，经济距离及文化距离均阻碍了逆向技术溢出效应的获取，但政治距离的阻碍作用并不显著。

针对以上研究结论，以下首先对其进行原因分析，然后提出相关政策建议。

第一，国家之间的经济距离、政治距离及文化距离确实都与企业的经营活动息息相关，但由于经济、政策、法律及法规等方面的差异多数可以用显性形式进行表达，经济距离及政治距离比较容易引起企业及政府的重视，因此经济距离对制度距离的影响最大，政治距离次之。由于文化距离往往以隐性形式存在，容易被企业及政府部门忽视，因此文化距离对制度距离的贡献最小，但依然存在一定程度的影响。

第二，由于经济结构、政治体制及文化体系的差异会直接影响到不同国家之间的经济距离、政治距离及文化距离的大小。因此，中国与俄罗斯的制度距离最小，与新加坡的制度距离最大；而中国与越南的政治距离最小，与新加坡的政治距离最大；中国与印度尼西亚的文化距离最小，与匈牙利的文化距离最大。

第三，政治距离对于OFDI逆向技术溢出效应的影响为负，但并不显著，究其原因可能在于中国与“一带一路”沿线国家之间的政治距离多为显性因素，例如一个国家与中国在政治稳定性、政府效率、政府监管水平、法制程度及腐败化程度等方面的差异，中方跨国公司比较容易察觉，此后跨国公司便可以调整公司战略以减小不利影响，并最终规避由于政治距离过大导致的负面影响。

第四，未能测度出的文化距离对OFDI逆向技术溢出效应具有抑制作用。文化距离作为隐性制度距离，并不能以规则条款的形式显现出来，无论是先进技术本身、先进技术的传播还是运用先进技术的人，都具有其自身的文化特性，该种文化特性在某种程度上甚至是互相排斥的，因此当文化距离过大时，不利于中国与投资东道国或地区之间进行技术交流或传播，由此造成了对OFDI逆向技术溢出的阻碍。

鉴于以上研究结论，本书提出以下建议。

第一，投向“一带一路”沿线国家的对外直接投资确实可以促进中国技术水平的进步。因此，中国政府应该坚持“一带一路”倡议，通过建立专项基金、提供财税支持及完善相关服务体系等多种措施鼓励中国各类型企业前往“一带一路”相关国家开展境外投资活动，并最终通过获取其逆向技术溢出效应促进中国技术水平的提升。

第二，有鉴于制度距离对 OFDI 逆向技术溢出效应的显著阻碍作用，中国企业对“一带一路”沿线国家开展对外直接投资活动，需要将与东道国或地区之间的制度距离作为投资的重要参考因素，选择在制度距离较小的国家进行境外投资活动可以在一定程度上避免制度距离对 OFDI 逆向技术效应的阻碍作用。在其他条件相近的情况下，“一带一路”沿线国家中的俄罗斯、印度尼西亚、埃及等国可以成为优先考虑的目标。

第三，从制度距离具体的角度来看，虽然政治距离、经济距离、文化距离均阻碍了逆向技术溢出的吸收，但由于其阻碍程度不同，使得我们在选择投资东道国或地区时，有一定的选择标准。由于政治距离的阻碍作用并不显著，因此可以优先考虑与中国经济距离以及文化距离较小的国家，例如巴基斯坦、印度尼西亚等国。而在经济距离相差不大的情况下，可以优先考虑伊朗、马来西亚、印度尼西亚等国。

第四，从控制变量的影响来看，由于人力资本具有较为显著的促进作用，因此对于波兰、马来西亚、俄罗斯、捷克、匈牙利、新加坡等国的对外直接投资可以获取较多的技术溢出；由于技术差距的阻碍作用，中国政府和企业应避免对技术差距较大的国家——埃及、印度进行直接投资；在其他条件相似的情况下，对于新加坡、沙特阿拉伯等国的投资能够最大限度规避技术差距对于逆向技术溢出的阻碍作用。

第十章　研究结论、局限性及展望

第一节　研究的结论

在当前中国研发投入强度仍旧有限，而IFDI技术溢出效应又不尽如人意的大背景下，中国企业通过开展“技术获取型”对外直接投资推动技术进步显得尤为重要，也正是由于意识到其重要性，中国政府通过多种方式促成对外直接投资呈现爆发式增长。而融入对外直接投资热潮的中国企业是否能够通过对不同国家开展对外直接投资活动获取逆向技术溢出效应？这种逆向技术溢出效应在中国是否存在区域异质性？如若存在区域异质性，又是哪些因素导致的，具体作用机制是什么？这些问题是当前中国推进“一带一路”“走出去”及“全面深化改革”等战略过程中亟须考虑的重要问题。有鉴于此，本书选择“吸收能力视角的OFDI逆向溢出效应研究”作为选题，尝试通过五个板块内容的研究，回答以上诸多重要问题，其具体研究结论如下。

第一板块：中国对外直接投资现状及发展趋势研究，即本书第三章内容。

首先，在研读相关文献的基础上，首先借助Dunning的投资发展周期理论对中国对外投资进行阶段划分，以此清晰地揭示中国对外直接投资近40年的发展历程；其次，分别选择中国对外直接投资的流量、存量、区域结构、行业结构、投资主体结构及地区分布结构进行现状分析，以期可以总结和归纳中国对外直接投资各方面的特点及存在的问题，为后续相关研究奠定基础。

详细的现状研究表明：①中国OFDI经历了1978—1991年的起步、1992—2004年的曲折发展、2005—2013年的快速发展及2014年以后的稳步发展四个阶段。②中国OFDI流量高速增长且位居世界前列，但占全球比重极低，且其存量仍处于较低发展阶段。③中国OFDI区位分布虽然比较多元化，但其集中度过高，盲目扎堆，多投向亚洲、拉丁美洲及非洲的发展中国家或地区，对欧美的国家和地区投资明显很少。④中国OFDI的行业覆盖面广，但又相对集中，说明境外投资动机多元化程度高，但其主要动机是市场获取型及资源获取型，中国企业海外投资技术获取型动机不够强烈。⑤中国OFDI的投资主体类型分布广泛，但其主体是国有企业，而非国有经济份额极小，中国OFDI具有很强的政策推动性。⑥中国OFDI存在显著的地区分布差异，宏观上而言中国对外直接投资在地区分布上呈现明显的“东、西、中部地区依次递减”格局；就具体省份情况而言，主要集中于北京、上海、广东、山东、福建及江苏等东部地区，全国其他地区对外直接投资占比极低。

第二板块：发展中国家广义吸收能力与OFDI逆向技术溢出的理论研究，即本书第四章研究内容。

在对相关理论进行回顾与综述的基础上，以不具备所有权优势的发展中国家跨国公司的对外直接投资活动作为研究对象，在借鉴徐磊和刘怡（2014）模型思想基础上，增加考虑企业自身研发创新对企业技术水平的促进作用，构建三阶段古诺模型，从理论角度分析了发展中国家对外投资过程中的学习能力、学习机会与对外直接投资逆向技术溢出之间的关系。希望通过该板块严密的理论推导，明晰发展中国家跨国公司吸收能力对OFDI逆向技术溢出效应的一般作用机理，客观地解释吸收能力与OFDI逆向技术溢出关系实证研究结果的差异性。

规范的理论研究表明：发展中国家的母国企业通过开展“技术获取型”对外直接投资来获取逆向技术溢出效应并不是无条件的，需要母国企业的学习能力及学习机会处于合理范围，OFDI逆向技术溢出效应存在基于学习能力及学习机会的双门槛效应。具体而言：①就母国跨国公司的学习能力而言，若学习能力未跨越最低门槛值，母国跨国公司不会考虑前往东道国或地区开展对外直接投资活动，更无法获取逆向技术溢出效应；若学习机会处于最低门槛值及高门槛值之间，母国跨国公司能够从对外投资过程中获取逆向技术溢出效应，而且随着学习能力的不断提升，母国跨国公司愿意增加费用 g，跨国公司愿意减少费用 p，均衡逆向技术溢出率 s^* 会逐渐增大；学习能力跨越更高门槛值后，随着母国企业学习能力的提升，母国企业支付的费用 g、东道国企业支付的费用 p 以及均衡逆向技术溢出率的变化方向都无法确定。②就母国跨国公司的学习机会而言，若学习机会未跨越最低门槛值，母国跨国公司会由于学习空间太小不考虑前往东道国或地区开展对外直接投资活动，更无法获取逆向技术溢出效应；若学习机会处于最低门槛值及高门槛值之间，母国跨国公司能够从对外投资过程中获取逆向技术溢出效应，而且随着学习机会即技术差距的不断缩小，母国跨国公司愿意增加费用 g，跨国公司愿意减少费用 p，均衡逆向技术溢出率 s^* 会逐渐增大；学习机会跨越高门槛值之后，母国跨国公司技术水平已达到一个新高度，随着学习机会即技术差距的变化，无法确定母国企业愿意支付的费用 g 和东道国企业愿意支付的费用 p 以及均衡逆向技术溢出率 s^*。如此研究结论很好地从理论视角解释了 OFDI 逆向技术溢出效应实证研究结果的差异性，为后续实证研究的开题提供了方向。

第三板块：以投资于发达国家的 OFDI 作为研究对象，实证分析中国吸收能力与 OFDI 逆向技术溢出效应之间的关系，即本书第五章至第七章研究内容。

首先，在对中国各省份通过进口贸易、吸引外商直接投资及对外直接投资三个途径获取的国外研发资本存量进行估算的基础上，尝试借鉴 Huang，Liu et al.（2012）的模型思想，实证检验中国投资于发达国家 OFDI 逆向技术溢出效应的存在性及其各省份的区域异质性。其次，在对中国 OFDI 逆向技术溢出效应"吸收能力"重新刻画的基础上，从"技术资源获取能力""技术资源直接利用能力"及"资源再配置及技术杠杆化环境"三个维度选择 21 个二级测度指标对中国各省市 2003—2014 年 OFDI 逆向技术溢出"吸收能力"进行定量测度，并对"吸收能力"总体指标指数得分及三个维度指标指数得分进行变化趋势分析，以期客观度量中国 OFDI 的影响因素的情况，并为实证分析中国吸收能力与 OFDI 逆向技术溢出效应的关系奠定基础。最后，在客观度量中国各省市 OFDI 逆向技术溢出"吸收能力"的基础上，将"吸收能力"指标作为"门槛变量"引入"门槛模型"，实证分析中国吸收能力与 OFDI 逆向技术溢出效应的关系。希望通过对门槛效应的检验、对具体门槛值及参数的估计，深入剖析中国 OFDI 逆向技术溢出效应产生的条件及其区域异质性产生的原因。

系统的实证研究表明：①现阶段，中国大部分省份并没有通过对美国等 11 个发达国家或地区开展的对外直接投资活动获取明显的逆向技术溢出效应，仅有东部地区获取了显著的 OFDI 逆向技术溢出效应，因此中国的 OFDI 逆向技术溢出效应存在显著的区域异质性。②本书构建的"吸收能力"总体指标体系及"技术资源获取能力""技术资源直接利用能力"及"资源再配置及技术杠杆化环境"三个维度指标体系，都能够很好地从时间维度及截面维度刻画中国各地区“吸收能力”的变化趋势及区域差异。2003—2014 年中各国各地区“吸收能力”呈现平稳上升的趋势，并且总体呈现东部地区、中部地区及西部地区逐次降低的趋势。③将“吸收能力”指标纳入门槛模型开展的实证研究证实，中国的 OFDI 逆向技术溢出效应存在基于“吸收能力”的显著单门槛效应，“吸收能力”的区域差异是造成中国 OFDI 逆向技术溢出具有区域异质性的重要原因之一。中国各地区要通过对美国等 11 个发达国家或地区开展对外直接投资活动来获取技术水平的提升并不是无条件的，需要各地区“吸收能力”跨越门槛值 60.2641，现阶段中国仅有北京、天津及上海等地的“吸收能力”跨越了门槛值，绝大多数地区的“吸收能力”并未跨越门槛值，其对外直接投资并没有对技术进步产生显著的促进作用。

第四板块：以投资于“一带一路”沿线国家的 OFDI 作为研究对象，实证分析制度距离对 OFDI 逆向技术溢出效应的影响，即本书第八章研究内容。

首先在借鉴 Kostova 对于制度距离的定义的基础上，从政治、经济及文化三方面制度因素选择 22 个二级指标，对中国与“一带一路”沿线 15 个国家之间的制度距离进行客观度量；然后在此基础上，构建实证模型分析制度距离对流向“一带一路”沿线国家的 OFDI 逆向技术溢出效应的影响，期望通过该部分研究明晰在“一带一路”倡议背景下，中国对 OFDI 逆向技术溢出效应的影响。

系统的实证研究表明：第一，对于中国与“一带一路”沿线 15 个国家的制度距离而言，经济距离对制度距离的影响最大，其次为政治距离，而文化距离对于制度距离的贡献率最小。第二，制度距离指标体系能够较好地刻画中国与“一带一路”沿线 15 个国家之间制度距离的时间变化趋势及国别差异，中国与俄罗斯的制度距离最小，与新加坡的制度距离最大；而在政治距离这一层面，中国与同属于社会主义国家的越南之间差距最小，与新加坡之间的差距最大；在经济距离这一层面，中国与同样进行了经济体制改革的俄罗斯之间差距最小，仍然与新加坡之间的差距最大；在文化距离这一层面，中国与印度尼西亚之间的差距最小，与匈牙利之间的差距最大。第三，中国通过对“一带一路”沿线国家的对外直接投资显著地获取了各国的逆向技术溢出效应，即中国通过对“一带一路”国家的对外直接投资存在显著的逆向技术溢出效应。第四，制度距离过大会阻碍中国获取投资于“一带一路”沿线国家的 OFDI 逆向技术溢出效应，而三个维度的制度距离中，经济距离及文化距离均阻碍了逆向技术溢出效应，但政治距离的阻碍作用并不显著。

第五板块：促进中国 OFDI 逆向技术溢出效应充分吸收和利用的政策建议，即本书的第九章内容。

在前面第一至第四板块的理论及实证分析基础上，分别针对中国对外直接投资的特征及存在的问题，以及如何有效吸收投资于发达国家及“一带一路”沿线国家 OFDI 逆向技术溢出效应提出相关政策建议，为国家在准确把握“引进来”“走出去”两者关系的基础上加快实施“走出去”战略提供一定的决策参考依据。

第二节　研究的局限性及展望

本书选择“吸收能力的 OFDI 逆向溢出技术效应研究”差异作为研究主题。首先，对中国对外直接投资发展历程进行归纳及总结，并分别对中国对外直接投资的区位选择、行业分布、地区分布及投资主体差异性特征进行分析；然后构建三阶段古诺模型，从理论角度分析了发展中国家对外投资过程中的广义吸收能力与对外直接投资逆向技术溢出效应之间的关系。其次，以投资于发达国家的 OFDI 作为研究对象，实证分析中国吸收能力与 OFDI 逆向技术溢出效应之间的关系。再次，以投资于发达国家及“一带一路”沿线国家的 OFDI 作为研究对象，实证分析制度距离对 OFDI 逆向技术溢出效应的影响。最后，分别针对如何有效吸收投资于发达国家及“一带一路”沿线国家的 OFDI 逆向技术溢出效应提出相关政策建议。虽然以上研究无论是在研究对象，还是在研究视角及研究方法等方面都具有一定的创新性，对现有相关研究做出了一定的积极贡献，但依然在以下几方面存在一定的局限性与不足，是后续研究可以努力改进的方向。

第一，本书对于发展中国家广义吸收能力与 OFDI 逆向技术溢出关系的理论研究，主要选择从“广义吸收能力”的学习机会及学习能力两方面因素分析其对 OFDI 逆向技术溢出的影响，而这两方面影响因素更多地体现了发展中国家跨国公司自身的某些能力，忽视了发展中国家跨国公司母公司在母国或地区运用先进技术的外部制度环境对其产生的影响，这些被忽视的外部制度环境主要包括科技扶持、教育扶持、金融扶持、政策开放度和知识产权保护等方面。实际上，徐磊（2009）在对于“广义吸收能力”的界定中也曾提到企业运用先进技术的外部制度环境的重要性，因此对于该领域的理论研究而言，从“技术运用外部环境”角度对“广义吸收能力”与发展中国家对外直接投资逆向技术溢出效应之间的关系进行理论分析是今后可以努力的方向。

第二，本书对于投资于发达国家的 OFDI 逆向技术溢出效应的实证研究，主要是在实证验证中国对外直接投资逆向技术溢出效应的区域异质性基础上，从吸收能力区域差异视角分析其产生的原因及它们之间的相互影响机制。实际上，根据本书现状分析部分的结论可知，中国的对外直接投资不仅存在区域分布差异性，而且在投资目标国、行业分布及投资主体等方面同样存在一定的差异性，而这些方面的差异性很有可能导致对外直接投资逆向技术溢出效应在不同投资目标国、不同行业及不同投资主体之间的差异性。因此，关于对外直接投资逆向技术溢出效应的实证研究，探讨和验证 OFDI 逆向技术溢出效应的投资目标国差异性、行业差异性及投资主体差异性，并从吸收能力视角探讨这些差异性形成的原因是相关研究未来可以努力的方向。

第三，本书关于投资于“一带一路”沿线国家的 OFDI 逆向技术溢出效应的实证研究，主要是在对中国与“一带一路”沿线 15 个国家制度距离进行测度的基础上，分析制度距离对投资于“一带一路”沿线国家 OFDI 逆向技术溢出效应的影响。在此过程中对于制度距离的测算十分重要，但对于制度距离中的文化距离，本书直接采用霍夫斯泰德官方网站当中的截面数据，并不能客观测度各国文化维度的时间变化趋势，因此如何制定合理指标体系客观测度中国与其他国家之间的文化距离、国别差异及时间变化趋势是未来相关领域的努力方向。此外，从对中国与“一带一路”沿线 15 个国家的制度距离、经济距离、政治距离及文化距离的测度结果分析可以明显看出，制度距离、经济距离及政治距离有明显的国别差异，而这种国别差异很有可能导致中国投资于不同目标国的 OFDI 逆向技术溢出效应存在一定的国别差异，而本书研究未对投资于不同国家的 OFDI 逆向技术溢出效应的国别差异进行实证验证，因此，检验 OFDI 逆向技术溢出效应国别差异的存在性及其形成的原因是未来相关研究的另一个努力方向。

参考文献

中文参考文献

陈菲琼：《关系资本在企业知识联盟中的作用》，《科研管理》2003 年第 5 期。

蔡虹、张永林：《我国区域间外溢技术知识存量的测度及其经济效果研究》，《管理学报》2008 年第 4 期。

程宏：《利用外资促进我国产业结构升级的新思路——外资技术溢出对我国产业结构高度化作用的思考》，《南方经济》2001 年第 4 期。

陈岩：《中国对外投资逆向技术溢出效应实证研究：基于吸收能力的分析视角》，《中国软科学》2011 年第 10 期。

顾国达、郭爱美：《国际贸易对我国区际经济效率的作用差异分析——基于技术溢出和技术收敛“双效应”的实证研究》，《商业经济与管理》2013 年第 10 期。

高大伟、周德群、王群伟：《国际贸易、R&D 技术溢出及其对中国全要素能源效率的影响》，《管理评论》2010 年第 8 期。

高敏雪：《对外直接投资统计基础读本》，经济科学出版社 2005 年版。

何洁：《外国直接投资对中国工业部门外溢效应的进一步精确量化》，《世界经济》2000 年第 12 期。

何洁、许罗丹：《中国工业部门引进外国直接投资外溢效应的实证研究》，《世界经济文汇》1999 年第 2 期。

黄凌云、吴维：《FDI 技术外溢与技术差距的门槛效应——基于中国工业企业的实证研究》，《财经科学》2013 年第 3 期。

黄凌云、徐磊、冉茂盛：《金融发展、外商直接投资与技术进步——基于中国省际面板数据的门槛模型分析》，《管理工程学报》2009 年第 3 期。

黄凌云、范艳霞、刘夏明：《基于东道国吸收能力的 FDI 技术溢出效应》，《中国软科学》2007 年第 3 期。
景劲松、陈劲、吴沧澜：《我国企业 R&D 国际化的现状、特点及模式》，《研究与发展管理》2003 年第 4 期。
江小涓、冯远：《合意性、一致性与政策作用空间：外商投资高新技术企业的行为分析》，《管理世界》2000 年第 3 期。
阚放：《推进中国在全球价值链分工中地位升级的路径研究》，博士学位论文，辽宁大学，2016 年。
阚大学：《对外直接投资的反向技术溢出效应——基于吸收能力的实证研究》，《商业经济与管理》2010 年第 6 期。
刘朝明、韦海鸣：《对外开放的度量方法与模型分析》，《财经科学》2001 年第 2 期。
李烁、王峰、王启云：《中国企业海外 R&D 投资的思考》，《重庆邮电大学学报（社会科学版）》2005 年第 4 期。
李梅、谭力文：《FDI 对我国技术创新能力溢出的地区差异和门槛效应检验》，《世界经济研究》2009 年第 3 期。
刘金钵、朱晓明：《跨国直接投资技术溢出效应实证研究》，《世界经济研究》2004 年第 8 期。
李梅：《中国对外直接投资逆向技术溢出的理论和实证研究》，科学出版社 2014 年版。
李梅、金照林：《国际 R&D、吸收能力与对外直接投资逆向技术溢出——基于我国省际面板数据的实证研究》，《国际贸易问题》2011 年第 10 期。
林青、陈湛匀：《中国技术寻求型跨国投资战略：理论与实证研究——基于主要 10 个国家 FDI 反向溢出效应模型的测度》，《财经研究》2008 年第 6 期。
刘和东：《国际贸易与 FDI 技术溢出效应的实证研究——基于吸收能力与门槛效应的分析视角》，《科学学与科学技术管理》2012 年第 2 期。
刘明霞、王学军：《中国对外直接投资的逆向技术溢出效应研究》，《世界经济研究》2009 年第 9 期。
刘明霞：《中国对外直接投资的逆向技术溢出效应——基于技术差距的影响分析》，《中南财经政法大学学报》2010 年第 3 期。
李小平、朱钟棣：《国际贸易、R&D 溢出和生产率增长》，《经济研究》2006 年第 2 期。

李燕、韩伯棠、张庆普：《FDI 溢出、门槛效应与我国区域技术进步——基于全国 29 个省市面板数据的实证研究》，《中国科技论坛》2011 年第 3 期。

李翀：《我国对外开放程度的度量与比较》，《经济研究》1998 年第 1 期。

马亚明、张岩贵：《技术优势与对外直接投资：一个关于技术扩散的分析框架》，《南开经济研究》2003 年第 4 期。

孟执芳、陈梦媛、刘楠：《跨国并购后知识获取影响因素探析》，《山东社会科学》2011 年第 8 期。

鲁桐：《评“多边投资协定”谈判》，《世界经济》1999 年第 7 期。

欧阳艳艳：《中国对外直接投资逆向技术溢出的影响因素分析》，《世界经济研究》2010 年第 4 期。

潘文卿：《外商投资对中国工业部门的外溢效应：基于面板数据的分析》，《世界经济》2003 年第 6 期。

秦晓钟、胡志宝：《外商对华直接投资技术外溢效应的实证分析》，《现代经济探讨》1998 年第 4 期。

沈坤荣、耿强：《外国直接投资、技术外溢与内生经济增长——中国数据的计量检验与实证分析 》，《中国社会科学》2001 年第 5 期。

宋艳丽、王九云：《隐性技术、贸易溢出和模仿策略》，《运筹与管理》2011 年第 3 期。

宋艳丽、王九云、成立为：《中间品技术溢出双门槛效应分析——基于中低技术产业公司规模的视角》，《科技进步与对策》2012 年第 15 期。

沈飞、吴解生、王会龙：《FDI 技术溢出的区域差异及吸收门槛效应研究——基于 bootstrap 的内生门槛效应测算及回归检验》，《工业技术经济》2014 年第 9 期。

王向阳、卢艳秋、赵英鑫：《技术溢出与技术差距：线性关系还是二次非线性关系》，《科研管理》2011 年第 8 期。

王志鹏、李子奈：《外商直接投资、外溢效应与内生经济增长》，《世界经济文汇》2004 年第 3 期。

王林生：《入世与利用外资的新方向》，《中国经济周刊》2002 年第 9 期。.

王福重、董蕊：《我国进口贸易技术溢出研究》，《经济研究导刊》2007 年第 7 期。

王飞：《山西省外商直接投资影响因素实证分析及政策建议》，《科技创新与生产力》2011年第3期。
吴先明：《中国企业对发达国家的逆向投资：创造性资产的分析视角》，《经济理论与经济管理》2007年第9期。
王英、刘思峰：《国际技术外溢渠道的实证研究》，《数量经济技术经济研究》2008年第4期。
万丽娟、彭小兵、李敬：《中国对外直接投资宏观绩效的实证》，《重庆大学学报（自然科学版）》2007年第5期。
汪锋：《中国的制度变迁与经济发展不平衡：1978—2005》，博士学位论文，重庆大学，2008年。
王剑武、李宗植：《人力资本对我国外商直接投资吸收能力的影响》，《科学管理研究》2007年第2期。
项本武：《中国对外直接投资决定因素的实证研究》，《投资研究》2006年第3期。
徐磊：《基于吸收能力视角的FDI技术溢出门槛模式研究》，博士学位论文，重庆大学，2009年。
徐圆：《国际R&D溢出、产业间贸易流与中国制造业生产率》，《经济科学》2009年第3期。
许和连、栾永玉：《出口贸易的技术外溢效应：基于三部门模型的实证研究》，《数量经济技术经济研究》2005年第9期。
徐磊、刘怡：《发展中国家吸收能力与跨国公司技术溢出效应》，《财经论丛（浙江财经大学学报）》2014年第2期。
徐卫武、王河流：《中国高新技术企业对外直接投资的动因分析》，《经济与管理》2005年第2期。
徐雪、谢玉鹏：《我国对外直接投资区位选择影响因素的实证分析》，《管理世界》2008年第4期。
冼国明、严兵：《FDI对中国创新能力的溢出效应》，《世界经济》2005年第10期。
余长林、王瑞芳：《发展中国家的知识产权保护与技术创新：只是线性关系吗?》，《当代经济科学》2009年第3期。
姚利民、孙春媛：《中国逆向型FDI决定因素的实证分析》，《国际贸易问题》2007年第4期。

杨飞、程瑶：《南北贸易、产权保护与技能偏向性技术进步——论产权保护是否存在门槛效应》，《财经研究》2014 年第 10 期。

张婧：《加工贸易对我国产业结构升级的推动作用》，《统计与决策》2004 年第 4 期。

赵伟、汪全立：《人力资本与技术溢出：基于进口传导机制的实证研究》，《中国软科学》2006 年第 4 期。

张海洋：《外资技术扩散与湖北高新技术产业的发展——以武汉光通信产业为例》，《科学学研究》2006 年第 1 期。

赵伟、吕盛行、管汉晖：《知识产权保护与外国直接投资——基于中国的实证检验》，《价格理论与实践》2005 年第 3 期。

曾剑云、刘海云、符安平：《交换威胁、技术寻求与无技术优势企业对外直接投资》，《世界经济研究》2008 年第 2 期。

周晔：《我国对外直接投资的宏观影响因素研究》，《企业经济》2005 年第 6 期。

张为付：《中国对外直接投资与经济发展水平关系的实证研究》，《南京大学学报（哲学·人文科学·社会科学）》2008 年第 2 期。

张宇：《制度约束、外资依赖与 FDI 的技术溢出》，《管理世界》2009 年第 9 期。

赵伟、古广东、何元庆：《外向 FDI 与中国技术进步：机理分析与尝试性实证》，《管理世界》2006 年第 7 期。

邹玉娟、陈漓高：《我国对外直接投资与技术提升的实证研究》，《世界经济研究》2008 年第 5 期。

周春应：《对外直接投资逆向技术溢出效应吸收能力研究》，《山西财经大学学报》2009 年第 8 期。

张建华、欧阳轶雯：《外商直接投资、技术外溢与经济增长——对广东数据的实证分析》，《经济学》2003 年第 3 期。

张军、吴桂英、张吉鹏：《中国省际物质资本存量估算：1952—2000》，《经济研究》2004 年第 10 期。

张军、金煜：《中国的金融深化和生产率关系的再检测：1987—2001》，《经济研究》2005 年第 11 期。

赵奇伟、张诚：《金融深化、FDI 溢出效应与区域经济增长：基于 1997—2004 年省际面板数据分析》，《数量经济技术经济研究》2007 年第 6 期。

英文参考文献

Aw, B. Y. , Chung S. and Roberts M. J. , "Productivity and Turnover in the Export Market: Micro – Level Evidence from the Republic of Korea and Taiwan (China) ", *World Bank Economic Review*, Vol. 14, No. 1, 2000.

Aw, B. Y. , Chung S. and Roberts, M. J. , "Productivity, Output, and Failure: a Comparison of Taiwanese and Korean Manufacturers", *Economic Journal*, Vol. 113, No. 491, 2003.

Aitken, B. J. and Harrison, A. E. , "Do domestic firms benefit from direct foreign investment? Evidence from Venezuela", *American economic review*, Vol. 89, No. 3, 1999.

Altomonte, C. , and Pennings, E. , "Testing for Marginal Spillovers from Foreign Direct Investment", *Tinbergen Institute Discussion Paper*, No. 2005—101/4, 2005.

Abramowitz, S. I. , "Psychosocial Outcomes of Sex Reassignment Surgery", *Journal of Consulting & Clinical Psychology*, Vol. 54, No. 2, 1986.

Azman – Saini, W. N. W. , Law, S. H. and Ahmad, A. H. , "FDI and economic growth: New evidence on the role of financial markets", *Economics Letters*, Vol. 107, No. 2, 2010.

Alfaro, L. , Chanda, A. , Kalemli – Ozcan, S. and Sayek S. , "FDI and economic growth: the role of local financial markets", *Journal of international economics*, Vol. 64, No. 1, 2004.

Asteriou, D. and Moudatsou, A. , "FDI, Finance and Growth: Further Empirical Evidence from a Panel of 73 Countries", *Applied Economics and Finance*, Vol. 1, No. 2, 2014.

Argote, L. , McEvily, B. and Reagans, R. , "Managing knowledge in organizations: An integrative framework and review of emerging themes", *Management science*, Vol. 49, No. 4, 2003.

Acs, Z. J. , Anselin, L. and Varga, A. , "Patents and innovation counts as measures of regional production of new knowledge", *Research Policy*, Vol. 31, No. 7, 2002.

Aschauer, D. , "Is public expenditure productive? Journal of Monetary Economics 23: 177", *Journal of Monetary Economics*, Vol. 23, No. 89, 1989.

Azman – Saini, W. N. W. , Baharumshah A. Z. and Law, S. H. , "Foreign direct investment, economic freedom and economic growth: International evidence", *Economic*

Modelling, Vol. 27, No. 5, 2010.

Bernard, A. B. and Jensen J. B. , "Exporting and Productivity in the USA", *Oxford Review of Economic Policy*, Vol. 20, No. 3, 2004.

Boisot, M. H. , "Is your firm a creative destroyer? Competitive learning and knowledge flows in the technological strategies of firms", *Research policy*, Vol. 24, No. 4, 1995.

Borensztein, E. , De Gregorio J. and Lee J. W. , "How Does Foreign Direct Investment Affect Economic Growth?", *Journal of international Economics*, Vol. 45, No. 1, 1998.

Blomström, M. and Wolff, E. N. , "Multinational Corporations and Productivity Convergence in Mexico", *NBER Working Paper December*, No. 3141, 1994.

Bwalya, S. M. , "Foreign Direct Investment and Technology Spillovers: Evidence from Panel Data Analysis of Manufacturing Firms in Zambia". *Journal of Development Economics*, Vol. 81, No. 2, 2006.

Braunerhjelm, P. and Svensson, R. , "Host Country Characteristics and Agglomeration in Foreign Direct Investment", *Applied Economics*, Vol. 28, No. 7, 1996.

Bjorvatn, K. , and Eckel, C. , "Technology Sourcing and Strategic Foreign Direct Investment", *Review of International Economics*, Vol. 14, No. 4, 2006.

Barro, R. J. and Sala – i – Martin X. , "Technological Diffusion, Convergence, and Growth", *NBER Working Paper*, No. w5151, 1995.

Bitzer, J. and Görg, H. , "Foreign Direct Investment, Competition and Industry Performance", *World Economy*, Vol. 32, No. 2, 2009.

Buckley, P. J. andCasson, M. , "A Long – run Theory of the Multinational Enterprise, The Future of the Multinational Enterprise", *Palgrave Macmillan UK*, 1976.

BarbaNavaretti, G. and Castellani, D. , "Investments Abroad and Performance at Home: Evidence from Italian Multinationals", *CEPR Discussion Papers*, No. 4284, 2004.

Bitzer, J. and Kerekes, M. , "Does Foreign Direct Investment Transfer Technology Across Borders? New Evidence", *Economics Letters*, Vol. 100, No. 3, 2008.

Benhabib, J. and Spiegel, M. M. , "The Role of Human Capital in Economic Development Evidence from Aggregate Cross – country Data", *Journal of Monetary economics*, Vol. 34, No. 2, 1994.

Bettis, R. A. and Prahalad, C. K. , "The Dominant Logic: Retrospective and Extension", *Strategic Management Journal*, Vol. 16, No. 1, 1995.

Bosch, F. A. J. V. D. , Volberda, H. W. and Boer, M. D. , "Co – evolution of Firm Absorptive Capacity and Knowledge Environment: Organizational Forms and Combinative Capabilities", *Organization Science*, Vol. 10, No. 5, 1999.

Bronzini, R. and Piselli, P. , "Determinants of long – run regional productivity with geographical spillovers: The role of R&D, human capital and public infrastructure", *Regional Science & Urban Economics*, Vol. 39, No. 2, 2009.

Barro, R. J. , Sala – i – Martin, X. , *Economic growth*, New York: McGraw – Hill, 1995.

Blalock, G. and Gertler, P. J. , "How firm capabilities affect who benefits from foreign technology", *Journal of Development Economics*, Vol. 90, No. 2, 2009.

Bengoa, M. and Sanchez – Robles, B. , "Foreign direct investment, economic freedom and growth: new evidence from Latin America", *European journal of political economy*, Vol. 19, No. 3, 2003.

Branstetter, L. G. , "Are knowledge spillovers international or intranational in scope?: Microeconometric evidence from the U. S. and Japan", *Journal of International Economics*, Vol. 53, No. 1, 2001.

Blomström, M. , Kokko, A. and Zejan, M. , "Host country competition, labor skills, and technology transfer by multinationals", *Review of World Economic*, Vol. 130, No. 3, 1994.

Balasubramanyam, V. N. , Salisu, M. and Sapsford, D. , "Foreign Direct Investment and Growth in EP and is Countries", *The Economic Journal*, Vol. 106, No. 434, 1996.

Branstetter, L. G. , Fisman, R. and Foley, C. F. , "Do Stronger Intellectual Property Rights Increase International Technology Transfer? Empirical Evidence from U. S. Firm – Level Panel Data", *Quarterly Journal of Economics*, Vol. 121, No. 1, 2006.

Braconier, H. , Ekholm, K. and Knarvik, K. H. M. , "In search of FDI—transmitted R&D spillovers: A study based on Swedish data", *Review of World Economics*, Vol. 137, No. 4, 2001.

Berry, H. , Guillén M. F. and Zhou, N. , "An institutional approach to cross – national distance", *Journal of International Business Studies*, Vol. 41, No. 9, 2010.

Coe, D. T. , Helpman E. and Hoffmaister A. W. , "North – South R & D Spillovers", *E-*

conomic Journal, Vol. 107, No. 440, 1997.

Coe, D. T. and Helpman, E. , "International R&D spillovers", *European Economic Review*, Vol. 39, No. 5, 1995.

Clerides, S. K. , Lach, S. and Tybout, J. R. , "Is Learning by Exporting Important? Micro – Dynamic Evidence from Colombia, Mexico, and Morocco", *Quarterly Journal of Economics*, Vol. 113, No. 3, 1998.

Caves, R. E. , "Multinational firms, competition, and productivity in host – country markets", *Economica*, Vol. 41, No. 162, 1974.

Ciruelos, A. and Wang, M. , "International Technology Diffusion: Effects of Trade and FDI" *Atlantic Economic Journal*, Vol. 33, No. 4, 2005.

Cantwell, J. , "The Globalisation of Technology: What Remains of the Product Cycle Model?", *Cambridge journal of economics*, Vol. 19, No. 1, 1995.

Criscuolo, P. and Narula, R. , "A Novel Approach to National Technological Accumulation and Absorptive Capacity: Aggregating Cohen and Levinthal", *The European Journal of Development Research*, Vol. 20, No. 1, 2008.

Cohen, W. M. andLevinthal, D. A. , "Absorptive capacity: a new perspective on learning and innovation", *Administrative science quarterly*, 1990.

Chen, C. J. , "The effects of knowledge attribute, alliance characteristics, and absorptive capacity on knowledge transfer performance", *R&D Management*, Vol. 34, No. 3, 2004.

Caragliu, A. and Nijkamp, P. , "The impact of regional absorptive capacity on spatial knowledge spillovers: the Cohen and Levinthal model revisited", *Applied Economics*, Vol. 44, No. 11, 2012.

Criscuolo, P. , "Inter – firm reverse technology transfer: the home country effect of R&D internationalization", *Industrial and Corporate Change*, Vol. 18, No. 5, 2009.

Canning, D. and Pedroni, P. , "The Effect of Infrastructure on Long Run Economic Growth", *Department of Economics Working Papers*, 2004.

Caselli, F. and Coleman, W. J. , "Cross—Country Technology Diffusion: The Case of Computers", *The American Economic Review*, Vol. 91, No. 2, 2001.

Coe, D. T. , Helpman, E. and Hoffmaister, A. W. , "International R&D Spillovers and Institutions", *European Economic Review*, Vol. 53, No. 7, 2008.

Driffield, N. , "The Impact on Domestic Productivity of Inward Investment in the UK", *The Manchester School*, Vol. 69, No. 1, 2001.

De LaPotterie, B. V. P. and Lichtenberg, F. , "Does Foreign Direct Investment Transfer Technology across Borders?", *Review of Economics and Statistics*, Vol. 83, No. 3, 2001.

Driffield, N. , Love, J. H. , and Taylor, K. , "Productivity and Labour Demand Effects of Inward and Outward Foreign Direct Investment on UK Industry", *The Manchester School*, Vol. 77, No. 2, 2009.

Dijksterhuis, M. S. , Bosch, F. A. J. V. D. and Volberda, H. W. , "Where Do New Organizational Forms Come From? Management Logics as a Source of Coevolution", *Organization Science*, Vol. 10, No. 5, 1999.

Durham, J. B. , "Absorptive capacity and the effects of foreign direct investment and equity foreign portfolio investment on economic growth", *European Economic Review*, Vol. 48, No. 2, 2004.

Driffield, N. , "Regional and Industry Level Spillovers from FDI in the UK", *NIESR Conference on Inward Investment, Technological Change and Growth*, September 1999.

Driffield, N, and Love, J. H. , "Foreign direct investment, technology sourcing and reverse spillovers", *The Manchester School*, Vol. 71, No. 6, 2003.

Driffield, N. and Love J. H. , "Who Gains From Whom? Spillovers, competition and technology sourcing in the foreign – owned sector of UK manufacturing", *Scottish Journal of Political Economy*, Vol. 52, No. 5, 2005.

Estrin, S. , Baghdasaryan, D. and Meyer, K. E. , "The Impact of Institutional and Human Resource Distance on International Entry Strategies", *Journal of Management Studies*, Vol. 46, No. 7, 2010.

Eaton, J. and Kortum, S. , "Measuring Technology Diffusion and the International Sources of Growth", *Eastern Economic Journal*, Vol. 22, No. 4, 1996.

Everaert, G. and Heylen, F. , "Public capital and productivity growth: evidence for Belgium, 1953—1996", *Economic Modelling*, Vol. 18, No. 1, 2001.

Funk M. , "Trade and International R&D Spillovers among OECD Countries", *Southern Economic Journal*, Vol. 67, No. 3, 2001.

Feder, G., "On Export and Economic Growth", *Journal of Development Economics*, Vol. 12, No. 1—2, 1983.

Fosfuri, A., and Motta, M., "Multinationals without Advantages", *The Scandinavian Journal of Economics*, Vol. 101, No. 4, 1999.

Fosfuri, A., Motta, M., and Rønde, T., "Foreign Direct Investment and Spillovers through Workers' Mobility", *Journal of international economics*, Vol. 53, No. 1, 2001.

Falvey, R., Foster, N. and Greenaway, D., "Relative Backwardness, Absorptive Capacity and Knowledge Spillovers", *Economics Letters*, Vol. 97, No. 3, 2007.

Foss, N. J., "Knowledge and Organization in the Theory of the Multinational Corporation: Some Foundational Issues", *Journal of Management & Governance*, Vol. 10, No. 1, 2006.

Findlay, R., "Relative backwardness, direct foreign investment, and the transfer of technology: a simple dynamic model", *The Quarterly Journal of Economics*, 1978.

Fernald, J. G., "Roads to Prosperity? Assessing the Link between Public Capital and Productivity", *American Economic Review*, Vol. 89, No. 3, 1999.

Furman, J. L., Porter, M. E. and Stern, S., "The determinants of national innovative capacity", *Research policy*, Vol. 31, No. 6, 2002.

Globerman, S., "Foreign Direct Investment and Spillover Eficiency Benefits in Canadian Manufacturing Industries", *Canadian journal of economics*, Vol. 21, No. 2, 1979.

Grossman, G. M. and Helpman, E., "Trade, Knowledge Spillovers, and Growth", *European economic review*, Vol. 35, No. 2—3, 1991.

Griffith, R., Redding, S. and Van Reenen, J., "Mapping the Two Faces of R&D: Productivity Growth in a Panel of OECD Industries", *Review of Economics and Statistics*, Vol. 86, No. 4, 2004.

Grant, R. M., "Toward a Knowledge - based Theory of the Firm", *Strategic Management Journal*, Vol. 17, No. S2, 1996.

Glass, A. J. and Saggi, K., "International technology transfer and the technology gap", *Journal of development economics*, Vol. 55, No. 2, 1998.

Girma, S., "Absorptive capacity and productivity spillovers from FDI: A threshold regression analysis", *Oxford bulletin of Economics and Statistics*, Vol. 67, No. 3, 2005.

Gupta, A. K. and Govindarajan, V., "Knowledge flows within multinational corporations", *Strategic management journal*, Vol. 21, No. 4, 2000.

Griliches, Z., "Patent Statistics as Economic Indicators: A Survey", *Journal of Economic Literature*, Vol. 28, No. 4, 1990.

Green, S., Melnyk, A. and Powers, D., "Is economic freedom necessary for technology diffusion?", *Applied Economics Letters*, Vol. 9, No. 14, 2002.

Giroud A. and Scott – Kennel J., "MNE linkages in international business: A framework for analysis", *International Business Review*, Vol. 18, No. 6, 2009.

Görg, H., and Greenaway, D., "Much ado about nothing? Do domestic firms really benefit from foreign direct investment?", *World Bank Research Observer*, Vol. 19, No. 2, 2004.

Goldsmith, P. D. and Sporleder, T. L., "Analyzing Foreign Direct Investment Decisions by Food and everage Firms: An Empirical Model of Transaction Theory", *Canadian Journal of Agricultural Economics/revue Canadienne Dagroeconomie*, Vol. 46, No. 3, 2010.

Hahn, C., "Exporting and Performance of Plants: Evidence from Korean Manufacturing", *NBER Working Papers*, 2004.

Hagedoorn, J., "Strategic technology partnering during the 1980s: trends, networks and corporate patterns in non – core technologies", *Research Policy*, Vol. 24, No. 2, 1995.

Haddad, M., and Harrison, A., "Are There Positive Spillovers from Direct Foreign Investment?: Evidence from Panel Data for Morocco", *Journal of development economics*, Vol. 42, No. 1, 1993.

Herzer, D., "Outward FDI and Economic Growth", *Journal of Economic Studies*, Vol. 37, No. 5, 2010.

Hansen, B. E., "Threshold Effects in Non – dynamic Panels: Estimation, Testing and Inference", *Journal of Econometrics*, Vol. 93, No. 2, 1999.

Huang, L., Liu, X. and Xu, L., "Regional Innovation and Spillover Effects of Foreign Direct Investment in China: a Threshold Approach", *Regional Studies*, Vol. 46,

No. 5, 2012.

Harrison, A. , "Openness and growth: A time – series, cross – country analysis for developing countries", *Journal of development Economics*, Vol. 48, No. 2, 1996.

Head, K, Ries, J. and Swenson, D. , "Agglomeration benefits and location choice: Evidence from Japanese manufacturing investments in the United States", *Journal of international economics*, Vol. 38, No. 3, 1995.

Hermes, N. , Lensink, R. , "Foreign direct investment, financial development and economic growth", *Journal of Development Studies*, Vol. 40, No. 1, 2003.

Hansen, B. E. , "Sample splitting and threshold estimation", *Econometrica*, Vol. 68, No. 3, 2000.

Iwasa, T. and Odagiri, H. , "Overseas R&D, Knowledge Sourcing, and Patenting: an Empirical Study of Japanese R&D Investment in the US", *Research Policy*, Vol. 33, No. 5, 2004.

Imbriani, C. and Reganati, F. , "International Efficiency Spillovers into the Italian Manufacturing Sector. With English summary", *Economia Internazionale*, Vol. 50, No. 4, 1997.

Javorcik, B. S. , "Does Foreign Direct Investment Increase the Productivity of Domestic Firms? In Search of Spillovers through Backward Linkages", *American Economic Review*, Vol. 94, No. 6, 2004.

Kostova, T. and Roth, K. , "Adoption of an Organizational Practice by Subsidiaries of Multinational Corporations: Institutional and Relational Effects", *Academy of Management Journal*, Vol. 45, No. 1, 2002.

Kostova, T. , "Transnational Transfer of Strategic Organizational Practices: A Contextual Perspective", *Academy of Management Review*, Vol. 24, No. 2, 1999.

Kostova, T. and Zaheer, S. , "Organizational Legitimacy under Conditions of Complexity: The Case of the Multinational Enterprise", *Academy of Management Review*, Vol. 24, No. 1, 1999.

Kojima, K. , "A Macroeconomic Approach to Foreign Direct Investment", *Hitotsubashi Journal of Economics*, Vol. 14, No. 1, 1973.

Keller, W. , "International Technology Diffusion", *Journal of Economic Literature*, Vol. 42, No. 3, 2004.

Keller, W. , "Geographic Localization of International Technology Diffusion", *American Economic Review*, Vol. 92, No. 1, 2002.

Keller, W. , "Do Trade Patterns and Technology Flows Affect Productivity Growth?", *The World Bank Economic Review*, Vol. 14, No. 1, 2000.

Klibanoff, P. and Morduch, J. , "Decentralization, externalities, and efficiency", *The Review of Economic Studies*, Vol. 62, No. 2, 1995.

Kokko, A. , Tansini, R. and Zejan, M. C. , "Local Technological Capability and Productivity Spillovers from FDI in the Uruguayan Manufacturing Sector", *The Journal of Development Studies*, Vol. 32, No. 4, 1996.

Kogut, B. and Chang, S. J. , "Technological Capabilities and Japanese Foreign Direct Investment in the United States", *The Review of Economics and Statistics*, Vol. 73, No. 3, 1991.

Kogut, B. and Zander, U. , "Knowledge of the Firm, Combinative Capabilities, and the Replication of Technology", *Organization Science*, Vol. 3, No. 3, 1992.

Kneller, R. , "Frontier Technology, Absorptive Capacity and Distance", *Oxford Bulletin of Economics & Statistics*, Vol. 67, No. 1, 2005.

Kneller, R. A. and Stevens, P. A. , "Frontier Technology and Absorptive Capacity: Evidence from OECD Manufacturing Industries", *Oxford Bulletin of Economics and Statistics*, Vol. 68, No. 1, 2006.

Kinoshita, Y. , "R&D and Technology Spillovers via FDI: Innovation and Absorptive Capacity", *William Davidson Institute Working Paper*, No. 349, 2000.

Lumenga – Neso, O. , Olarreaga, M. and Schiff, M. , "On `indirect´ trade – related R&D spillovers", *European Economic Review*, Vol. 49, No. 7, 2005.

Levinsohn. J. , Petrin A. , "Estimating Production Functions Using Inputs to Control for Unobservables", *The Review of Economic Studies*, Vol. 70, No. 2, 2003.

Lane, P. J. and Lubatkin, M. , "Absorptive capacity and interorganizational learning", *Strategic Management Journal*, Vol. 19, No. 5, 2015.

Lucas, R. E. , "On the Mechanics of Economic Development", *Journal of Monetary Economics*, Vol. 22, No. 1, 1988.

Liu, X, and Buck, T. , "Innovation performance and channels for international technology spillovers: Evidence from Chinese high—tech industries", *Research Policy*,

Vol. 36, No. 3, 2007.

Liu, X. , Siler, P. , Wang, C. , and Wei, Y. , "Productivity spillovers from foreign direct investment: evidence from UK industry level panel data", *Journal of International Business Studies*, Vol. 31, No. 3, 2000.

Lai, M. , Wang, H. and Zhu, S. , "Double – edged effects of the technology gap and technology spillovers: Evidence from the Chinese industrial sector", *China Economic Review*, Vol. 20, No. 3, 2009.

Mac Dougall, G. D. A. , "The benefits and costs of private investment from abroad: A theoretical approach", *Oxford Bulletin of Economics and Statistics*, Vol. 22, No. 3, 1960.

Minbaeva, D. , Pedersen, T. , Björkman, I. , Fey, C. F. and Park, H. J. , "MNC Knowledge Transfer, Subsidiary Absorptive Capacity, and HRM", *Journal of International Business Studies*, Vol. 34, 2003.

Neven, D. and Siotis, G. , "Foreign Direct Investment in the European Community: Some Policy Issues", *Oxford Review of Economic Policy*, Vol. 9, No. 2, 1993.

Neven, D. and Siotis, G. , "Technology Sourcing and FDI in the EC: An empirical Evaluation", *International Journal of Industrial Organization*, Vol. 14, No. 5, 1996.

Nicholls – Nixon, C. , "Absorptive capacity and technological sourcing: Implications for the responsiveness of established firms", *Purdue University*, 1993.

Park, J. H. , "The New Regionalism and Third World Development", *Journal of Development Societies*, Vol. 11, 1995.

Parente, S. L. and Prescott, E. C. , "Barriers to technology adoption and development", *Journal of political Economy*, Vol. 102, No. 2, 1994.

Pradhan, J. P. and Singh, N. , "Outward FDI and Knowledge Flows: a Study of the Indian Automotive Sector", *International Journal of Institutions and Economies*, Vol. 1, No. 1, 2008.

Patrick, L. , Marcelo, O. and Javier, S. , "Does Globalization cause a higher Concentration of International Trade and Investment flow?", *WTO Staff working paper*, No. ERAD – 98 – 08, 1998.

Perri, A. , Andersson, U. , Nell, P. C. and Santangelo, G. D. , "Balancing the trade – off between learning prospects and spillover risks: MNC subsidiaries'vertical linkage patterns in developed countries", *Journal of World Business*, Vol. 48, No. 4, 2013.

Phillips, N. , Karra, N. , and Tracey, P. , "Rethinking institutional distance: using neo—institutional theory to inform international management", *Academy of Management Annual Meeting Proceedings*, Vol. 2007, No. 1, 2007.

Riverabatiz, L. A. and Romer, P. M. , "Economic Integration and Endogenous Growth", *Quarterly Journal of Economics*, Vol. 106, No. 2, 1991.

Robert, G. K. and Ross, L. , "Capital Fundamentalism Economic Development and Economic Growth", *Carnegie – Rochester Conference Series on Public Policy*, Vol. 40, 1994.

Rosenkopf, L. and Almeida, P. , "Overcoming Local Search through Alliances and Mobility", *Management Science*, Vol. 49, No. 6, 2003.

Romer, P. M. , "Endogenous Technological Change", *The Journal of Political Economy*, Vol 98, No. 5, 1990.

Siotis, G. , "Foreign Direct Investment Strategies and Firms' Capabilities", *Journal of Economics & Management Strategy*, Vol. 8, No. 2, 1999.

Starbuck, W. H. , "Learning by Knowledge—intensve Firms", *Journal of Management Studies*, Vol. 29, No. 6, 1992.

Stern, N. , "The Determinants of Growth", *The Economic Journal*, Vol. 101, No. 404, 1991.

Sergio, D. and Vania, S. , "Public capital and total factor productivity: New evidence from the Italian regions, 1970—98", *Regional Studies*, Vol. 39, No. 5, 2005.

Sjöholm, F. , "Productivity Growth in Indonesia: The Role of Regional Characteristics and Direct Foreign Investment", *Economic Development and Cultural Change*, Vol. 47, No. 3, 1999.

Sjöholm, F. , "International Transfer of Knowledge: The Role of International Trade and Geographic Proximity", *Weltwirtschaftliches Archiv*, Vol. 132, No. 1, 1996.

Verspagen, B. , "A new Empirical Approach to Catching up or Falling behind", *Structural Change & Economic Dynamics*, Vol. 2, No. 2, 1991.

Vasudeva, G. and Anand, J. , "Unpacking absorptive capacity: A study of knowledge utilization from alliance portfolios", *Academy of Management Journal*, Vol. 54, No. 3, 2011.

Vinish, K. , "Productivity spillovers from technology transfer to Indian manufacturing firms", *Journal of International Development*, Vol. 12, No. 3, 2000.

Vahter, P. and Masso, J. , "Home versus Host Country Effects of FDI: Searching for New Evidence of Productivity Spillovers ", *SSRN Electronic Journal*, Vol. 53, No. 2, 2007.

Wu Y. , "New Institutionalism Politics: Integration of Old Institutionalism and Other Methodologies", *Asian Social Science*, Vol. 5, No. 9, 2009.

Wesson, T. , "A Model of Asset – seeking Foreign Direct Investment Driven by Demand Conditions", *Canadian Journal of Administrative Sciences/Revue Canadienne des Sciences de l'Administration*, Vol. 16, No. 1, 1999.

Wang, J. Y. and Blomström M. , "Foreign investment and technology transfer: A simple model", *European economic review*, Vol. 36, No. 1, 1992.

Xu, B. , "Multinational enterprises, technology diffusion, and host country productivity growth", *Journal of Development Economics*, Vol. 62, No. 2, 2000.

Yamawaki, H. , "Technological Advantage, International Competitiveness and Entry of Multinational Firms ", *Rivista Internazionale Di Scienze Sociali*, Vol. 101, No. 3, 1993.

Zahra, S. A. and George, G. , "Absorptive capacity: A review, reconceptualization, and extension", *Academy of management review*, Vol. 27, No. 2, 2002.

附　　录

附录6.1：中国各地区OFDI逆向技术溢出“吸收能力”总体指数得分值（2003—2014年）

地区	2003	2004	2005	2006	2007	2008	2009	2010	2011	2012	2013	2014
北京	51.31	53.42	55.84	59.55	60.65	60.26	60.88	65.22	67.57	68.80	71.70	73.95
天津	42.43	45.77	46.10	49.79	50.10	49.42	50.83	52.48	56.99	60.37	62.93	65.78
河北	20.13	21.32	21.91	24.04	25.31	27.00	28.05	28.30	30.91	32.59	33.65	35.10
山西	17.96	19.13	18.98	21.50	23.42	23.27	24.00	24.99	27.28	29.16	29.03	30.40
内蒙古	14.03	16.52	18.07	20.86	22.43	23.55	25.27	26.60	29.20	30.66	32.99	35.16
辽宁	27.89	29.49	29.69	32.24	33.54	34.58	36.91	37.93	39.88	41.83	44.26	46.33
吉林	20.20	22.03	21.81	24.57	26.42	28.06	29.48	30.52	32.56	33.48	35.02	36.26
黑龙江	16.32	17.32	17.25	18.96	20.12	20.75	22.29	23.06	24.78	26.70	27.94	29.69
上海	59.24	62.70	60.88	65.11	66.12	65.17	65.80	73.39	77.19	80.23	82.34	84.98
江苏	31.22	35.44	37.93	41.39	43.94	44.86	45.46	47.97	50.50	52.56	54.77	57.02
浙江	30.42	33.81	35.00	39.42	41.31	42.87	44.53	46.25	48.15	50.30	51.47	53.31

续 表

地区	2003	2004	2005	2006	2007	2008	2009	2010	2011	2012	2013	2014
安徽	13.76	15.08	15.72	19.26	20.61	22.30	23.99	25.56	28.58	30.82	35.08	38.21
福建	34.80	36.96	37.13	38.93	39.23	39.46	40.69	42.13	44.26	43.82	45.87	47.09
江西	13.98	15.70	16.46	19.02	22.43	24.40	26.62	26.51	29.70	31.20	32.91	34.41
山东	24.33	26.43	28.77	32.00	33.32	33.97	35.32	36.32	38.49	40.17	41.48	43.26
河南	14.77	16.97	18.12	21.69	23.68	25.37	27.25	27.95	30.78	32.34	33.84	35.49
湖北	16.88	19.07	20.04	22.59	23.48	24.62	26.34	27.96	30.60	32.15	33.65	35.49
湖南	12.57	13.95	16.05	18.55	20.63	22.28	23.69	24.98	27.89	28.87	30.70	32.51
广东	41.69	42.69	43.51	45.59	47.47	46.69	46.17	47.01	50.19	52.18	53.30	54.42
广西	11.43	13.51	15.02	18.28	20.05	21.54	23.35	24.20	27.33	28.87	30.66	32.73
海南	24.87	27.26	23.53	26.66	30.13	31.38	31.52	33.76	37.03	39.85	43.00	46.07
四川	14.80	16.02	16.64	19.20	21.65	22.90	25.01	25.70	28.72	30.67	32.26	34.15
贵州	4.62	6.26	7.06	10.68	14.05	14.91	16.42	17.57	20.21	21.97	23.61	25.28
云南	8.09	10.86	11.63	13.05	15.33	17.01	18.12	19.51	22.66	24.62	25.73	27.56
陕西	14.01	15.29	15.69	17.90	19.49	20.42	22.63	23.95	26.06	27.44	29.33	31.18
甘肃	4.53	5.47	7.18	9.07	10.67	12.63	13.44	14.58	16.95	19.94	21.23	23.49
青海	11.00	13.15	14.38	14.71	16.93	18.15	19.38	20.65	22.35	23.73	26.05	27.87
宁夏	17.52	20.57	19.85	22.23	24.22	24.07	25.86	26.87	28.00	30.44	31.07	32.19
新疆	16.71	17.51	17.47	17.72	19.87	20.30	20.97	21.66	24.78	24.79	26.46	28.06

附录 6.2：中国各地区“技术资源获取能力”维度指标指数得分值（2003—2014 年）

地区	2003	2004	2005	2006	2007	2008	2009	2010	2011	2012	2013	2014
北京	43.77	45.37	47.64	49.09	49.62	51.11	48.09	50.81	52.06	51.98	53.10	53.94
天津	46.89	48.92	49.83	51.10	50.39	49.44	48.72	51.03	53.08	55.17	55.68	56.19
河北	20.05	21.71	23.03	24.53	26.01	27.89	28.37	29.49	30.51	31.10	31.91	32.59
山西	18.22	19.99	21.29	22.92	25.02	26.26	26.85	27.72	28.60	29.28	30.03	30.79
内蒙古	19.22	21.78	24.28	26.17	27.62	28.57	29.11	29.64	30.04	30.47	30.89	31.31
辽宁	29.47	31.09	31.88	33.23	34.37	34.31	34.57	35.92	36.42	37.41	38.38	39.35
吉林	20.90	21.71	23.07	25.20	27.12	28.72	29.39	30.26	30.78	31.22	31.66	32.11
黑龙江	21.77	22.33	23.41	25.01	26.48	28.07	28.32	29.30	30.26	30.83	31.87	32.92
上海	66.97	72.75	71.29	75.12	75.34	75.16	73.50	80.46	82.36	84.57	84.89	86.68
江苏	36.53	39.58	41.33	43.10	44.07	43.98	42.86	44.77	45.36	45.82	46.53	47.24
浙江	30.76	33.22	34.79	36.57	37.58	38.39	37.97	39.87	40.59	40.84	41.62	42.32
安徽	9.47	11.63	13.22	16.39	19.24	22.00	23.11	25.41	27.32	29.07	31.32	33.58
福建	33.96	35.61	36.53	37.32	37.94	38.33	37.97	38.86	39.38	39.82	40.32	40.83
江西	12.27	15.32	17.80	20.56	22.93	25.06	26.19	27.79	29.36	30.38	31.64	32.80

续 表

地区	2003	2004	2005	2006	2007	2008	2009	2010	2011	2012	2013	2014
山东	25.77	27.86	29.38	31.13	32.48	33.64	33.80	35.39	36.75	37.56	38.71	39.86
河南	9.32	11.69	14.56	17.86	21.04	24.01	25.66	27.33	29.14	30.76	32.38	34.00
湖北	16.74	18.15	19.74	21.73	23.55	25.52	26.35	27.68	29.17	30.04	31.31	32.57
湖南	9.52	11.57	14.06	16.88	19.66	22.70	24.78	26.49	27.99	29.22	30.45	31.68
广东	44.30	45.15	45.46	46.79	47.36	45.75	43.94	45.54	46.31	47.30	47.59	47.88
广西	6.85	9.04	11.81	14.94	18.46	21.54	23.85	25.91	27.54	28.91	30.27	31.64
海南	30.33	30.82	30.11	30.88	32.64	31.55	31.71	33.33	37.06	40.42	43.66	46.90
四川	10.58	13.25	15.83	18.51	21.04	23.61	24.86	26.69	28.84	30.48	32.30	34.12
贵州	0.58	3.20	5.62	8.63	14.95	17.90	19.38	21.41	23.19	24.61	26.96	29.30
云南	9.99	11.64	13.70	16.16	18.78	20.76	22.18	24.63	26.17	28.07	30.22	32.35
陕西	17.25	18.70	20.20	22.12	23.80	25.59	26.60	27.83	28.91	29.77	30.69	31.59
甘肃	3.12	5.48	10.98	14.00	17.10	20.59	21.16	22.85	24.94	27.29	29.34	31.44
青海	20.29	22.11	23.23	24.60	25.57	26.45	26.93	27.51	28.11	28.71	29.32	29.93
宁夏	20.44	21.89	23.27	24.74	25.60	26.77	26.82	27.82	28.40	28.97	29.61	30.24
新疆	25.09	25.52	26.34	27.15	28.52	30.32	29.15	29.41	30.01	30.52	31.21	31.90

附录 6.3：中国各地区“技术资源直接利用能力”维度指标指数得分值（2003—2014 年）

地区	2003	2004	2005	2006	2007	2008	2009	2010	2011	2012	2013	2014
北京	54.41	55.37	59.03	63.23	68.12	68.82	73.41	77.41	83.79	89.51	94.36	99.30
天津	35.21	38.28	39.89	44.21	46.40	50.18	55.16	57.90	66.95	72.85	79.72	87.09
河北	16.48	17.12	17.04	19.35	20.61	22.61	24.25	24.48	28.30	30.37	32.21	34.60
山西	16.15	16.85	18.04	21.45	23.07	24.85	26.96	27.68	31.59	34.22	35.85	38.43
内蒙古	10.43	13.38	15.18	17.11	20.17	22.82	26.60	29.66	36.00	39.38	44.46	49.25
辽宁	21.94	22.42	23.13	26.63	28.65	31.39	33.88	35.73	39.99	44.67	48.54	52.40
吉林	17.44	18.68	18.22	21.34	23.93	26.65	29.52	32.22	35.75	39.51	42.84	46.18
黑龙江	15.60	16.41	16.81	18.50	20.18	21.33	23.01	24.26	27.59	29.81	32.22	34.68
上海	47.42	49.02	51.31	59.17	61.58	63.75	69.85	73.64	78.82	83.14	88.00	92.90
江苏	15.77	18.00	21.00	25.03	28.09	30.73	35.05	40.04	47.37	53.04	58.95	64.86
浙江	16.05	18.40	18.58	24.69	26.96	29.65	33.34	36.01	41.76	48.03	51.27	56.68
安徽	11.34	11.05	9.47	13.56	13.82	15.84	17.63	18.15	23.33	28.49	31.51	35.82
福建	13.80	14.30	15.61	18.49	20.09	21.83	26.25	28.03	32.45	33.96	37.62	40.50
江西	13.50	12.67	11.37	14.50	17.64	18.48	20.73	18.62	23.88	25.62	25.79	26.79

续　表

地区	2003	2004	2005	2006	2007	2008	2009	2010	2011	2012	2013	2014
山东	14.82	16.00	16.15	22.39	24.47	26.65	28.51	30.14	34.59	37.55	38.48	40.85
河南	13.10	14.93	14.59	19.75	21.30	23.00	24.48	23.97	29.04	30.94	32.26	34.15
湖北	13.11	14.33	13.84	18.49	20.14	21.55	23.33	25.18	29.36	32.18	34.23	37.32
湖南	12.50	13.27	13.11	16.24	18.10	19.21	21.06	22.10	26.09	27.47	29.72	32.13
广东	18.16	19.73	21.86	25.23	28.28	30.24	33.00	34.62	40.47	44.04	46.81	49.58
广西	9.91	11.42	10.40	13.03	13.83	14.51	16.45	16.40	22.26	23.86	26.29	29.59
海南	14.70	16.69	15.33	15.74	17.64	18.81	20.71	21.74	26.36	29.25	32.50	36.18
四川	9.01	9.15	8.12	11.23	13.22	14.79	17.00	18.97	22.61	25.14	27.56	29.99
贵州	5.74	6.36	4.36	7.20	9.46	10.95	12.41	12.26	17.01	18.74	19.57	20.61
云南	2.99	6.67	5.19	7.22	8.51	9.56	10.38	11.76	15.86	18.01	16.90	18.39
陕西	14.23	15.59	15.46	18.81	20.54	21.37	24.72	27.26	30.90	34.28	37.63	41.34
甘肃	5.52	6.58	5.66	6.33	8.21	9.49	10.83	12.53	16.47	18.30	21.26	24.15
青海	5.40	6.36	6.79	8.67	10.41	11.90	14.24	14.14	19.71	21.64	24.11	27.26
宁夏	10.90	13.22	12.68	15.25	17.52	20.52	22.85	23.94	28.36	30.81	32.55	34.47
新疆	15.17	16.37	15.66	17.29	19.43	20.62	22.51	21.85	27.34	28.58	30.57	33.22

附录6.4：中国各地区“资源再配置及技术杠杆化环境”维度指标指数得分值（2003—2014年）

地区	2003	2004	2005	2006	2007	2008	2009	2010	2011	2012	2013	2014
北京	56.20	60.03	61.33	66.95	64.78	61.30	61.73	68.15	67.56	65.60	68.40	69.42
天津	45.03	50.07	48.45	54.09	53.58	48.63	48.65	48.50	51.00	53.18	53.53	54.25
河北	23.93	25.19	25.68	28.30	29.35	30.52	31.58	30.94	34.00	36.45	36.98	38.27
山西	19.55	20.55	17.46	20.02	22.08	18.47	17.95	19.32	21.46	23.87	21.00	21.77
内蒙古	12.15	14.11	14.39	19.03	19.22	18.93	19.82	20.23	21.36	21.96	23.53	24.89
辽宁	32.38	35.12	34.16	37.00	37.73	38.15	42.54	42.32	43.35	43.54	46.17	47.59
吉林	22.28	25.80	24.12	27.18	28.22	28.80	29.55	29.07	31.21	29.73	30.60	30.56
黑龙江	11.24	12.90	11.13	12.98	13.25	12.36	15.13	15.18	16.07	19.11	19.37	21.15
上海	63.04	65.96	59.54	60.48	60.92	55.96	53.44	65.59	70.01	72.63	73.85	75.06
江苏	41.34	48.84	51.59	56.27	59.98	60.24	58.85	59.49	59.18	59.26	59.31	59.44
浙江	44.73	50.18	51.98	57.49	59.92	61.16	62.95	63.51	62.75	62.72	62.18	61.60
安徽	20.81	22.88	24.77	28.16	29.00	29.22	31.42	33.28	35.29	35.07	42.74	45.60
福建	57.13	61.55	59.75	61.53	60.16	58.68	58.33	60.01	61.51	58.17	60.20	60.51
江西	16.28	19.20	20.22	22.00	26.78	29.73	33.10	33.20	36.02	37.77	41.52	43.92

续　表

地区	2003	2004	2005	2006	2007	2008	2009	2010	2011	2012	2013	2014
山东	32.48	35.53	41.00	42.75	43.26	41.79	43.89	43.64	44.33	45.64	47.50	49.36
河南	22.30	24.70	25.50	27.75	28.92	29.24	31.79	32.67	34.31	35.47	37.03	38.45
湖北	20.88	24.89	26.70	27.70	26.82	26.81	29.40	31.10	33.40	34.38	35.56	36.75
湖南	15.88	17.18	21.18	22.69	24.26	24.96	25.23	26.30	29.61	29.94	31.97	33.78
广东	62.92	63.51	63.54	65.09	67.20	64.49	62.00	61.22	64.24	65.71	66.02	66.34
广西	17.86	20.41	23.17	27.21	28.11	28.72	29.86	30.34	32.28	33.95	35.53	37.11
海南	29.41	34.24	24.89	33.31	40.21	44.02	42.34	46.48	47.90	50.06	53.03	55.29
四川	25.22	26.00	26.20	28.09	30.90	30.41	33.36	31.50	34.84	36.54	37.00	38.42
贵州	7.79	9.43	11.35	16.43	17.77	15.75	17.35	18.89	20.28	22.44	24.17	25.77
云南	11.27	14.31	16.01	15.70	18.62	20.61	21.68	21.95	25.87	27.70	29.94	31.81
陕西	10.32	11.35	11.11	12.47	13.82	13.93	16.27	16.42	18.08	17.98	19.38	20.37
甘肃	5.02	4.35	4.70	6.61	6.30	7.32	7.86	7.84	8.91	13.77	12.53	14.34
青海	6.81	10.52	12.67	10.31	14.38	15.67	16.57	19.98	18.91	20.53	24.53	26.30
宁夏	21.15	26.67	23.53	26.67	29.57	24.81	27.91	28.85	27.21	31.61	31.10	31.95
新疆	9.36	10.11	9.85	8.08	11.08	9.29	10.68	13.18	16.58	14.81	17.18	18.71

附录 6.5：中国各地区“吸收能力”总体指数得分位次及得分均值位次情况（2003—2014）

地区	均值	2003	2004	2005	2006	2007	2008	2009	2010	2011	2012	2013	2014
上海	1	1	1	1	1	1	1	1	1	1	1	1	1
北京	2	2	2	2	2	2	2	2	2	2	2	2	2
天津	3	3	3	3	3	3	3	3	3	3	3	3	3
广东	4	4	4	4	4	4	4	4	5	5	5	5	5
江苏	5	6	6	5	5	5	5	5	4	4	4	4	4
浙江	6	7	7	7	6	6	6	6	6	6	6	6	6
福建	7	5	5	6	7	7	7	7	7	7	7	7	7
辽宁	8	8	8	8	8	8	8	8	8	8	8	8	8
山东	9	10	10	9	9	9	9	9	9	9	9	10	10
海南	10	9	9	10	10	10	10	10	10	10	10	9	9
吉林	11	11	11	12	11	11	11	11	11	11	11	12	12
河北	12	12	12	11	12	12	12	12	12	12	12	15	16
湖北	13	15	15	13	13	15	14	15	13	14	14	14	13
河南	14	19	18	16	15	14	13	13	14	13	13	13	14

续 表

地区	均值	2003	2004	2005	2006	2007	2008	2009	2010	2011	2012	2013	2014
宁夏	15	14	13	14	14	13	16	16	15	19	19	19	21
江西	16	22	21	21	20	18	15	14	17	15	15	17	17
内蒙古	17	20	19	17	17	17	17	17	16	16	18	16	15
山西	18	13	14	15	16	16	18	19	20	22	20	23	23
四川	19	18	20	20	19	19	19	18	18	17	17	18	18
安徽	20	23	22	23	18	21	20	20	19	18	16	11	11
湖南	21	24	24	22	22	20	21	21	21	20	21	20	20
广西	22	25	25	25	23	23	22	22	22	21	22	21	19
黑龙江	23	17	17	19	21	22	23	24	24	24	24	24	24
陕西	24	21	22	24	24	25	24	23	23	23	23	22	22
新疆	25	16	16	18	25	24	25	25	25	25	25	25	25
青海	26	26	26	26	26	26	26	26	26	27	27	26	26
云南	27	27	27	27	27	27	27	27	27	26	26	27	27
贵州	28	28	28	29	28	28	28	28	28	28	28	28	28
甘肃	29	29	29	28	29	29	29	29	29	29	29	29	29

附录 6.6：中国各地区“技术资源获取能力”维度指标指数得分位次及得分均值位次情况（2003—2014）

地区	均值	2003	2004	2005	2006	2007	2008	2009	2010	2011	2012	2013	2014
上海	1	1	1	1	1	1	1	1	1	1	1	1	1
天津	2	2	2	2	2	2	3	2	2	2	2	2	2
北京	3	4	3	3	3	4	2	3	3	3	3	3	3
广东	4	3	4	4	4	3	4	4	4	4	4	4	4
江苏	5	5	5	5	5	5	5	5	5	5	5	5	5
福建	6	6	6	6	6	6	7	7	7	7	8	8	8
浙江	7	7	7	7	7	7	6	6	6	6	6	7	7
海南	8	8	9	9	10	9	10	10	10	8	7	6	6
辽宁	9	9	8	8	8	8	8	8	8	10	10	10	10
山东	10	10	10	10	9	10	9	9	9	9	9	9	9
新疆	11	11	11	11	11	11	11	12	14	15	15	19	20
吉林	12	13	17	16	13	13	12	11	11	11	11	15	19
黑龙江	13	12	12	13	14	14	14	15	15	13	13	14	14
内蒙古	14	17	15	12	12	12	13	13	12	14	17	20	25

续 表

地区	均值	2003	2004	2005	2006	2007	2008	2009	2010	2011	2012	2013	2014
河北	15	16	16	17	17	15	15	14	13	12	12	13	16
宁夏	16	14	14	14	15	16	16	18	17	22	24	26	27
青海	17	15	13	15	16	17	17	16	21	23	26	28	28
山西	18	18	18	18	18	18	18	17	19	21	21	25	26
陕西	19	19	19	19	19	19	19	19	16	19	20	21	23
湖北	20	20	20	20	20	20	20	20	20	17	19	18	17
江西	21	21	21	21	21	21	21	21	18	16	18	16	15
四川	22	22	22	22	22	23	23	23	23	20	16	12	11
河南	23	26	23	23	23	22	22	22	22	18	14	11	12
湖南	24	24	26	24	24	24	24	24	24	24	22	22	21
安徽	25	25	25	26	25	25	25	26	26	26	23	17	13
云南	26	23	24	25	26	26	27	27	27	27	27	24	18
广西	27	27	27	27	27	27	26	25	25	25	25	23	22
甘肃	28	28	28	28	28	28	28	28	28	28	28	27	24
贵州	29	29	29	29	29	29	29	29	29	29	29	29	29

附录 6.7：中国各地区“技术资源直接利用能力”维度指标指数得分位次及得分均值位次情况（2003—2014）

地区	均值	2003	2004	2005	2006	2007	2008	2009	2010	2011	2012	2013	2014
北京	1	1	1	1	1	1	1	1	1	1	1	1	1
上海	2	2	2	2	2	2	2	2	2	2	2	2	2
天津	3	3	3	3	3	3	3	3	3	3	3	3	3
江苏	4	10	8	6	6	6	5	4	4	4	4	4	4
辽宁	5	4	4	4	5	4	4	5	6	7	6	6	6
浙江	6	9	7	7	7	7	7	6	5	5	5	5	5
广东	7	5	5	5	5	5	6	7	7	6	7	7	7
吉林	8	6	6	8	10	9	8	8	8	9	8	9	9
山东	9	13	14	12	8	8	9	9	9	10	10	10	11
内蒙古	10	23	19	17	18	15	12	11	10	8	9	8	8
山西	11	8	10	9	9	10	10	10	12	12	12	13	13
福建	12	16	18	14	15	17	14	12	11	11	13	12	12
陕西	13	15	15	15	13	13	16	13	13	13	11	11	10
河北	14	7	9	10	12	12	13	15	15	17	17	19	18

续 表

地区	均值	2003	2004	2005	2006	2007	2008	2009	2010	2011	2012	2013	2014
湖北	15	18	17	19	16	16	15	16	14	14	14	14	14
河南	16	19	16	18	11	11	11	14	17	15	15	17	20
黑龙江	17	11	12	11	14	14	17	17	16	18	18	18	17
新疆	18	12	13	13	17	18	18	19	20	19	20	21	21
海南	19	14	11	16	20	21	21	22	21	20	19	16	15
宁夏	20	22	21	21	21	22	19	18	18	16	16	15	19
湖南	21	20	20	20	19	19	20	20	19	21	22	22	22
安徽	22	21	24	24	23	24	23	23	24	23	21	20	16
江西	23	17	22	22	22	20	22	21	23	22	23	25	26
广西	24	24	23	23	24	23	25	25	25	25	25	24	24
四川	25	25	25	25	25	25	24	24	22	24	24	23	23
青海	26	28	29	26	26	26	26	26	26	26	26	26	25
甘肃	27	27	27	27	29	29	29	28	27	28	28	27	27
贵州	28	26	28	29	28	27	27	27	28	27	27	28	28
云南	29	29	26	28	27	28	28	29	29	29	29	29	29

附录 6.8：中国各地区“资源再配置及技术杠杆化环境”维度指标指数得分位次及得分均值位次情况（2003—2014）

地区	均值	2003	2004	2005	2006	2007	2008	2009	2010	2011	2012	2013	2014
上海	1	1	1	4	4	3	6	6	2	1	1	1	1
广东	2	2	2	1	2	1	1	2	4	3	2	3	3
北京	3	4	4	2	1	2	2	3	1	2	3	2	2
福建	4	3	3	3	3	4	5	5	5	5	6	5	5
浙江	5	6	5	5	5	6	3	1	3	4	4	4	4
江苏	6	7	7	6	6	5	4	4	6	6	5	6	6
天津	7	5	6	7	7	7	7	7	7	7	7	7	8
山东	8	8	8	8	8	8	9	8	9	9	9	9	9
海南	9	10	10	14	10	9	8	10	8	8	8	8	7
辽宁	10	9	9	9	9	10	10	9	10	10	10	10	10
四川	11	11	12	11	13	11	12	11	14	13	12	14	14
安徽	12	17	17	15	12	14	15	15	11	12	15	11	11
河北	13	12	14	12	11	13	11	14	16	15	13	15	15
河南	14	13	16	13	14	15	14	13	13	14	14	13	13

续 表

地区	均值	2003	2004	2005	2006	2007	2008	2009	2010	2011	2012	2013	2014
江西	15	20	20	20	20	19	13	12	12	11	11	12	12
湖北	16	16	15	10	15	18	18	18	15	16	16	16	17
广西	17	19	19	18	16	17	17	16	17	17	17	17	16
吉林	18	14	13	16	17	16	16	17	18	18	20	20	21
宁夏	19	15	11	17	18	12	20	19	19	20	18	19	19
湖南	20	21	21	19	19	20	19	20	20	19	19	18	18
云南	21	23	22	22	24	23	21	21	21	21	21	21	20
山西	22	18	18	21	21	21	23	23	24	22	22	25	25
内蒙古	23	22	23	23	22	22	22	22	22	23	24	24	24
贵州	24	27	28	25	23	24	24	24	25	24	23	23	23
青海	25	28	26	24	27	25	25	25	23	25	25	22	22
陕西	26	25	25	27	26	26	26	26	26	26	27	26	27
黑龙江	27	24	24	26	25	27	27	27	27	28	26	27	26
新疆	28	26	27	28	28	28	28	28	28	27	28	28	28
甘肃	29	29	29	29	29	29	29	29	29	29	29	29	29

附录 8.1：2003—2015 年中国及“一带一路”沿线 15 个国家的制度指数得分情况

年份 国家	2003	2004	2005	2006	2007	2008	2009	2010	2011	2012	2013	2014	2015
埃及	40.24	40.54	42.80	39.99	40.65	42.97	43.72	42.94	40.71	39.78	36.69	35.41	37.43
巴基斯坦	33.81	32.25	33.83	37.11	35.52	33.35	33.59	32.98	32.16	31.93	32.71	33.85	34.58
波兰	59.49	56.74	60.00	58.82	58.81	61.46	62.39	64.20	65.21	65.65	66.55	67.55	67.73
俄罗斯	36.55	37.06	38.01	38.67	38.76	37.60	38.01	37.74	37.82	38.49	39.34	39.55	38.83
菲律宾	43.39	40.76	42.71	42.23	42.51	41.81	42.24	41.78	42.75	43.97	45.42	47.71	48.40
捷克	63.96	62.92	66.02	66.64	66.16	67.26	67.70	67.69	68.35	67.59	67.77	69.29	69.88
马来西亚	53.45	53.15	56.82	55.60	56.58	54.97	54.78	56.52	56.75	57.30	57.79	61.04	60.32
沙特阿拉伯	46.96	44.28	48.49	47.56	47.57	49.05	49.44	50.69	48.62	49.72	48.80	50.05	49.53
土耳其	44.64	45.15	47.56	49.84	50.32	51.04	51.47	52.69	52.98	52.56	52.42	52.86	51.21
新加坡	75.77	77.43	80.47	79.68	79.69	80.33	79.44	79.04	79.63	80.82	80.70	82.21	82.24
匈牙利	52.85	53.02	57.14	57.46	57.48	58.82	58.44	58.09	58.32	58.07	57.88	57.26	63.83
伊朗	30.36	30.24	33.79	29.78	29.61	29.14	27.43	26.48	26.98	27.50	27.52	27.54	29.05
印度	40.76	40.76	40.76	40.76	40.76	40.76	40.76	40.76	40.76	40.76	40.76	40.76	40.76
印度尼西亚	34.36	33.68	37.23	38.05	39.04	39.13	39.15	40.40	41.12	41.76	43.90	44.71	43.66
越南	32.64	32.53	36.52	36.82	36.62	36.55	37.05	35.94	37.09	37.08	37.06	37.75	38.80
中国	37.07	37.52	39.67	39.61	39.35	40.19	40.04	38.51	39.09	38.49	38.99	40.78	41.03

附录8.2：2003—2015年中国与“一带一路”沿线15个国家之间的制度距离

国家＼年份	2003	2004	2005	2006	2007	2008	2009	2010	2011	2012	2013	2014	2015
埃及	3.17	3.02	3.13	0.38	1.30	2.78	3.67	4.43	1.61	1.30	2.30	5.37	3.60
巴基斯坦	3.26	5.28	5.84	2.50	3.84	6.84	6.45	5.53	6.93	6.55	6.28	6.93	6.44
波兰	22.43	19.22	20.33	19.21	19.46	21.27	22.34	25.69	26.12	27.16	27.56	26.77	26.70
俄罗斯	0.51	0.46	1.66	0.94	0.60	2.59	2.03	0.77	1.28	0.00	0.35	1.23	2.20
菲律宾	6.32	3.23	3.04	2.62	3.16	1.62	2.19	3.26	3.66	5.49	6.43	6.92	7.37
捷克	26.89	25.40	26.35	27.03	26.80	27.07	27.66	29.18	29.26	29.10	28.78	28.51	28.85
马来西亚	16.38	15.63	17.15	15.99	17.23	14.78	14.73	18.00	17.66	18.82	18.81	20.26	19.29
沙特阿拉伯	9.89	6.76	8.82	7.96	8.22	8.86	9.40	12.17	9.53	11.24	9.81	9.27	8.50
土耳其	7.58	7.62	7.89	10.23	10.97	10.84	11.43	14.18	13.88	14.07	13.43	12.08	10.18
新加坡	38.70	39.91	40.80	40.07	40.34	40.14	39.40	40.52	40.54	42.34	41.71	41.43	41.21
匈牙利	15.79	15.50	17.47	17.85	18.12	18.63	18.40	19.58	19.22	19.58	18.89	16.48	22.80
伊朗	6.71	7.28	5.88	9.83	9.75	11.05	12.61	12.04	12.12	10.99	11.47	13.24	11.98
印度	3.69	3.55	5.76	5.25	5.96	4.88	4.53	5.78	4.99	4.97	4.77	3.78	4.31
印度尼西亚	2.71	3.84	2.44	1.55	0.31	1.06	0.89	1.89	2.02	3.27	4.91	3.93	2.63
越南	4.43	5.00	3.15	2.78	2.74	3.65	2.99	2.58	2.01	1.41	1.93	3.03	2.23

附录 8.3：2003—2015 年中国与“一带一路”沿线 15 个国家之间的制度距离大小排序

	2003 排序	2004 排序	2005 排序	2006 排序	2007 排序	2008 排序	2009 排序	2010 排序	2011 排序	2012 排序	2013 排序	2014 排序	2015 排序	平均排序
俄罗斯	1	1	1	2	2	3	2	1	1	1	1	1	1	1
印度尼西亚	2	5	2	3	1	1	1	2	4	4	5	4	3	2
埃及	3	2	4	1	3	4	5	5	2	2	3	5	4	3
越南	6	6	5	6	4	5	4	3	3	3	2	2	2	4
菲律宾	7	3	3	5	5	2	3	4	5	6	7	6	7	5
印度	5	4	6	7	7	6	6	7	6	5	4	3	5	6
巴基斯坦	4	7	7	4	6	7	7	6	7	7	6	7	6	7
沙特阿拉伯	10	8	10	8	8	8	8	9	8	9	8	8	8	8
伊朗	8	9	8	9	9	10	10	8	9	8	9	10	10	9
土耳其	9	10	9	10	10	9	9	10	10	10	10	9	9	10
马来西亚	12	12	11	11	11	11	11	11	11	11	11	12	11	11
匈牙利	11	11	12	12	12	12	12	12	12	12	12	11	12	12
波兰	13	13	13	13	13	13	13	13	13	13	13	13	13	13
捷克	14	14	14	14	14	14	14	14	14	14	14	14	14	14
新加坡	15	15	15	15	15	15	15	15	15	15	15	15	15	15

附录8.4：2003—2015年中国与"一带一路"沿线15个国家之间的政治距离

国家＼年份	2003	2004	2005	2006	2007	2008	2009	2010	2011	2012	2013	2014	2015	政治距离平均值
越南	1.47	2.68	2.26	0.25	0.62	2.44	1.51	1.70	0.87	0.30	0.36	1.86	0.29	1.28
菲律宾	2.83	1.68	3.88	0.44	0.36	2.27	2.08	1.19	1.07	3.77	5.38	5.17	3.80	2.61
印度尼西亚	8.09	7.10	3.21	0.36	0.61	1.36	1.34	0.91	1.95	3.95	7.68	4.15	1.59	3.25
埃及	1.66	1.40	2.29	2.10	0.80	0.66	1.51	0.08	6.36	6.32	10.69	14.66	12.71	4.71
沙特阿拉伯	8.07	3.36	6.66	4.30	5.50	6.39	5.79	9.78	2.59	8.05	8.18	6.54	5.01	6.17
印度	6.69	6.15	9.94	10.67	8.72	6.97	5.82	6.58	5.41	4.62	4.53	2.50	4.85	6.42
俄罗斯	4.97	6.73	6.58	6.09	7.46	8.57	8.25	6.94	7.21	5.60	4.12	7.65	9.93	6.93
土耳其	11.23	10.89	15.46	14.62	13.86	12.71	12.65	14.23	14.27	14.49	13.68	9.02	5.98	12.54
匈牙利	11.23	10.89	15.46	14.62	13.86	12.71	12.65	14.23	14.27	14.49	13.68	9.02	24.58	13.97
伊朗	6.91	8.30	9.56	13.01	14.67	16.75	20.31	19.63	17.29	15.70	16.99	17.08	14.92	14.70
巴基斯坦	9.85	14.11	11.89	9.66	13.52	17.28	18.03	16.28	18.57	17.79	16.89	17.81	17.57	15.33
马来西亚	29.43	28.32	30.40	27.74	26.34	21.54	20.72	25.87	24.61	26.30	27.25	27.42	23.86	26.14
波兰	32.08	27.47	29.83	27.71	28.36	30.87	33.19	36.16	36.84	38.38	38.09	35.81	34.77	33.04
捷克	39.58	36.31	39.67	40.09	37.40	38.25	38.78	39.87	40.70	39.77	39.04	37.49	37.91	38.84
新加坡	58.41	60.69	60.87	59.70	60.07	60.53	58.95	60.49	60.24	63.29	61.76	60.15	60.28	60.42

附录 8.5：2003—2015 年中国与“一带一路”沿线 15 个国家之间的经济距离

国家＼年份	2003	2004	2005	2006	2007	2008	2009	2010	2011	2012	2013	2014	2015	经济距离平均值
俄罗斯	1.93	0.10	3.03	1.83	0.27	3.26	2.28	0.63	1.54	0.13	0.75	1.01	1.06	1.37
印度	0.40	0.20	1.27	0.61	2.92	2.11	2.39	4.56	3.87	4.57	4.20	3.87	2.82	2.60
印度尼西亚	2.37	1.21	1.72	2.40	0.71	0.29	0.08	4.35	3.65	4.62	4.83	5.95	5.42	2.89
巴基斯坦	3.04	2.47	0.96	4.62	5.23	1.90	3.52	3.96	2.94	3.06	2.81	2.21	3.10	3.06
越南	6.09	6.24	6.72	3.92	2.99	3.33	2.71	1.57	1.05	0.22	1.36	2.46	2.12	3.14
埃及	4.46	4.37	3.76	1.63	2.51	5.80	5.78	8.91	8.59	7.82	3.70	0.41	2.63	4.64
菲律宾	8.84	6.03	0.24	2.58	3.91	2.86	4.01	5.63	4.37	6.01	6.64	7.99	10.34	5.34
土耳其	3.13	3.56	0.23	6.02	8.44	9.28	10.69	15.54	14.82	15.03	14.33	15.69	14.21	10.08
沙特阿拉伯	9.98	7.26	8.86	9.13	8.58	9.21	11.05	13.61	14.43	13.11	9.69	10.03	9.71	10.36
伊朗	9.80	9.79	5.32	11.14	9.35	10.37	10.56	9.88	12.32	11.23	11.11	15.12	14.29	10.79
马来西亚	8.13	7.45	8.98	8.84	13.07	12.02	12.70	15.32	15.72	16.78	15.84	19.05	20.23	13.39
波兰	13.17	10.19	10.48	9.92	9.87	11.65	11.90	16.79	17.13	18.07	19.27	19.64	20.48	14.51
匈牙利	16.16	15.82	15.99	17.68	19.03	21.32	20.85	22.06	21.20	21.81	21.00	19.89	19.55	19.41
捷克	19.11	18.80	17.77	18.93	21.00	20.81	21.67	24.12	23.51	24.04	24.01	24.86	25.26	21.84
新加坡	36.69	37.29	39.18	38.62	38.89	37.99	37.78	38.92	39.19	40.42	40.43	41.34	40.70	39.03

附录8.6：2003—2015年中国与“一带一路”沿线15个国家之间的文化距离

国家＼年份	2003	2004	2005	2006	2007	2008	2009	2010	2011	2012	2013	2014	2015	文化距离平均值
印度尼西亚	2.41	2.41	2.41	2.41	2.41	2.41	2.41	2.41	2.41	2.41	2.41	2.41	2.41	2.41
伊朗	2.56	2.56	2.56	2.56	2.56	2.56	2.56	2.56	2.56	2.56	2.56	2.56	2.56	2.56
巴基斯坦	3.10	3.10	3.10	3.10	3.10	3.10	3.10	3.10	3.10	3.10	3.10	3.10	3.10	3.10
埃及	3.61	3.61	3.61	3.61	3.61	3.61	3.61	3.61	3.61	3.61	3.61	3.61	3.61	3.61
马来西亚	4.15	4.15	4.15	4.15	4.15	4.15	4.15	4.15	4.15	4.15	4.15	4.15	4.15	4.15
印度	7.05	7.05	7.05	7.05	7.05	7.05	7.05	7.05	7.05	7.05	7.05	7.05	7.05	7.05
越南	7.81	7.81	7.81	7.81	7.81	7.81	7.81	7.81	7.81	7.81	7.81	7.81	7.81	7.81
菲律宾	8.70	8.70	8.70	8.70	8.70	8.70	8.70	8.70	8.70	8.70	8.70	8.70	8.70	8.70
新加坡	9.37	9.37	9.37	9.37	9.37	9.37	9.37	9.37	9.37	9.37	9.37	9.37	9.37	9.37
土耳其	10.20	10.20	10.20	10.20	10.20	10.20	10.20	10.20	10.20	10.20	10.20	10.20	10.20	10.20
捷克	14.31	14.31	14.31	14.31	14.31	14.31	14.31	14.31	14.31	14.31	14.31	14.31	14.31	14.31
沙特阿拉伯	14.60	14.60	14.60	14.60	14.60	14.60	14.60	14.60	14.60	14.60	14.60	14.60	14.60	14.60
俄罗斯	15.65	15.65	15.65	15.65	15.65	15.65	15.65	15.65	15.65	15.65	15.65	15.65	15.65	15.65
波兰	22.30	22.30	22.30	22.30	22.30	22.30	22.30	22.30	22.30	22.30	22.30	22.30	22.30	22.30
匈牙利	27.16	27.16	27.16	27.16	27.16	27.16	27.16	27.16	27.16	27.16	27.16	27.16	27.16	27.16

后　记

本书是由本人撰写的国家社会科学基金项目结题报告修改形成的。回首该项目从申报到结题的整个过程，有太多的艰辛，但亦有诸多的收获，需要感谢的人太多太多。

首先，需要感谢拉夫堡大学刘晓辉教授、重庆大学黄凌云教授、四川外国语大学彭程教授，该项目从选题到具体项目的研究过程，再到最后相关研究报告的撰写，都得到了他们的大量指导及帮助。彭程教授更是不仅在学术研究道路上为我提供帮助，也在我日常教学及工作上给以诸多方向性的建议，他严谨的治学态度、积极的工作态度及乐观的生活态度对我产生了深刻的影响。在项目研究报告写作过程中，曾经有过一段学术彷徨期，是彭程教授的不断鞭策和鼓励让我能够坚持完成该项目的研究工作，另外，彭程教授在工作上的关心和支持，让我无比温暖，他为我创造的学术环境，让我充满了无限的动力。在此，谨向三位教授致以诚挚的感谢和崇高的敬意！

其次，大概在2014年的时候，该项目研究进入了瓶颈期，所幸是这一年能够前往英国拉夫堡大学开展博士后研究工作，在这一年中，得到了拉夫堡大学商学院及伦敦大学伯克贝克学院诸多教授的指导和帮助，其中包括我的合作导师——国际商务领域大师刘晓辉教授及刘夏明教授等，他们在本项目的研究方法及数据收集方面提供了极大的帮助，让该项目研究过程中的难题一个个被突破，感谢这几位教授对本研究所作出的贡献。

再次，需要感谢四川外国语大学国际商学院、重庆市重点人文社科基地国别经济与国际商务研究中心及重庆国际战略研究院的诸位老师及学者的关心及帮助，感谢杨柏教授、陈伟教授、陈银忠教授、党文娟教授、许劲副教授、徐亮副教授在教学科研中给予的支持，特别感谢吴俊副教授、李军锋副教授的热心支持和指点，你们的帮助为我的研究报告得以顺利完成垫定了扎实的基础，在此谨向你们表示诚挚的谢意！同时也感谢我的几位研究生——张媛媛、孙祖发、常欢及宋泓锑，我在与你们一同聊天及讨论的过程中碰撞出了各种研究想法，使得该项目研究报告更为完善。

最后，感谢父母亲的日夜牵挂！感谢岳父母的后勤保障！感谢我爱人周帆长期的默默支持！感谢我两个女儿给我带来的欢乐！感谢所有关心和鼓励过我的亲人、朋友！

徐　磊

二〇二〇年夏于四川外国语大学